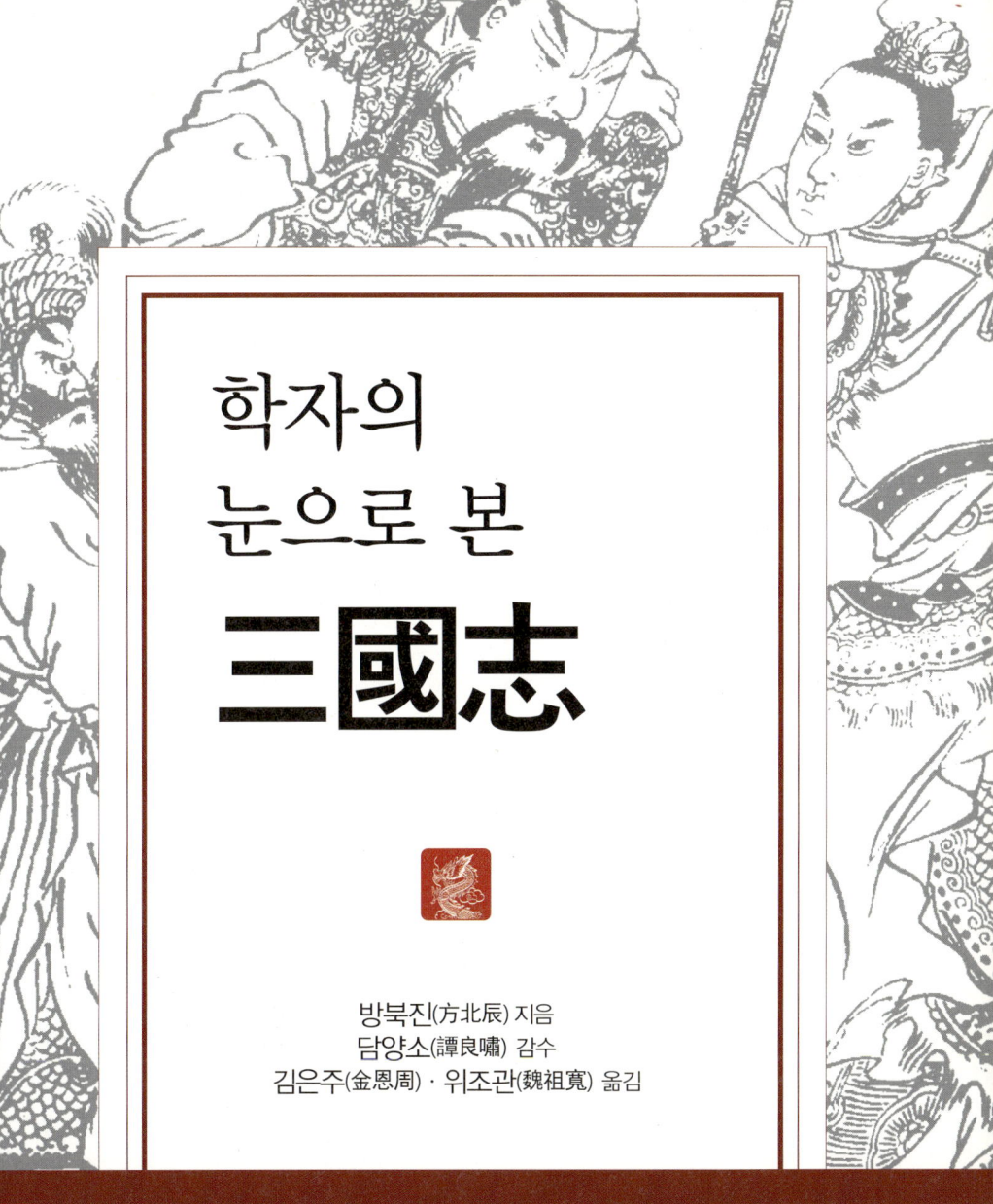

학자의 눈으로 본
三國志

방북진(方北辰) 지음
담양소(譚良嘯) 감수
김은주(金恩周)·위조관(魏祖寬) 옮김

신아사

머리말

　독자들에게 바치는 이 책은 중국 역사 학자들의 삼국 역사 문화에 대한 해석을 담은 책이다.
　중국 고대의 긴 역사 속에서 삼국시기는 가장 특별하고도 기묘한 순간이었고, 약 한 세기 동안 지속되었다. 동한 말년 천하가 분열되고 군웅들이 할거하였다. 이때 유비라는 용이 파촉에서 위로 올랐고 조조라는 호랑이가 중원을 거닐고 있었으며 손권이라는 매가 강동을 공격하며 삼국이 정립하는 형세를 형성하게 되었다. 삼국시기는 인재들이 서로 격렬하게 경쟁하는 시기였으며 이로 인해 뜻을 품은 많은 영웅이 등장하였다. 삼국시기는 또한 묵은 것을 버리고 새로운 것을 창조하는 시기였다. 그래서 이 시기에는 새로운 혁신과 성취들이 연이어 나타났다. 많은 영웅의 혁신, 성취들이 무수히 많은 이야기를 탄생시켰다. 그리고 이 이야기들은 후세 사람의 마음에 깊이 새겨졌다.
　최초로 삼국의 역사 문화를 완벽하게 기록한 사서는 서진 사학가 진수가 작성한 〈삼국지〉로 총 65권으로 이루어져 있다. 〈삼국지〉는 삼국시기의 변화무쌍한 역사의 과정과 인물들의 활동에 대해 묘사하였으며 아주 높은 사료적 가치를 지니고 있다. 특히 언급할 만한 가치가 있는 것은 당시 고대 한국의 사회 상황과 함께 한국과 중국의 교류를 다룬 이야기다. 이것은 한국과 중국의 교류 역사의 초기를 다룬 아주 귀중한 이야기다. 그 후 남조의 유송시기에는 사학가 배송이 진수의 〈삼국지〉에 대해 전면적으로 해석하고 대량의 사료를 보충하여, 〈삼국지〉를 읽는데 있어 필수적인 책이 되었고 이 책은 그 때부터 지금까지 전해져 내려왔다.

천백여 년 후의 원나라 말기 명나라 초, 나관중의 장편역사소설 〈삼국지통속연의〉가 탄생하였다. 이 소설은 후에 〈삼국연의〉라고도 줄여 불렸으며 많은 민중에게 사랑을 받았다. 〈삼국연의〉는 비록 진수 〈삼국지〉의 소재를 인용하였지만 과장, 이식, 심지어 허구 등의 예술적 각색을 더하였다. 오늘날의 한국과 일본은 종종 나관중의 〈삼국연의〉를 〈삼국지〉로 칭하기도 한다. 하지만 〈삼국연의〉는 문학작품으로써 비록 진수의 사서 〈삼국지〉에서 소재를 취하였지만, 두 책의 성질은 완전 다른 것이다. 만약 진실되고 정확한 삼국을 이해하고 싶다면 진수의 〈삼국지〉를 읽는 것을 추천하는 바이다.

전문적으로 삼국 역사 문화를 연구하고 있는 학자로서, 본인이 40여 년 동안 연구를 하며 참고했던 주요 자료는 바로 진수의 〈삼국지〉였다. 작년 가을 개인 학술 문집 〈한 성도 학자의 삼국 이야기(一個成都學者的精彩三國)〉는 중국의 성도 출판사에서 출판되어 많은 독자의 호평을 받았다. 중국의 국가 도서관, 미국의 국회 도서관, 하버드 대학 도서관, 영국의 대영도서관 등을 포함한 세계 각지의 유명한 도서관에 모두 이 책이 소장되어 있다.

최근 나는 또 한 번 이 책을 전면적으로 개편하였다. 그중 가장 핵심이 되는 부분만을 추출하여 더욱 생동감 있게 묘사하여 이〈학자의 눈으로 본 삼국지〉라는 책을 만들었다.

이 책은 일반인들이 읽을 수 있는 책이다. 만약 이 책을 다 읽은 후에도 여운이 남아 더 많은 세세한 부분의 정보를 알고 싶다면 이 책의 원저〈한 성도 학자의 삼국 이야기(一個成都學者的精彩三國)〉를 읽어보기를 추천한다.

나는 성도에서 나고 자란 성도 사람으로 성도에서 이미 74년 동안 생활하였다. 그리고 성도는 유비와 제갈량이 선정한 촉한 왕조의 수도인 이유로 오늘날 삼국의 역사 문화적 분위기가 가장 짙고 깊은 도시 중 하나가 되었다. 삼국의 역사 문화는 과거부터 지금까지 독특한 매력을 가지고 있어 많은 사람을 매료시켰다.

중국과 한국의 문화 교류가 나날이 빈번하게 일어나고 점점 더 깊어지고 있는 오늘날, 이 책이 출판됨으로써 한국 독자들도 이 책을 통하여 정신적 즐거움과 글을 읽는 재미를 느낄 수 있기를 희망한다.

조심스럽게 이 책을 내가 가장 사랑하고 아끼는 고향 성도에게 바치며, 존경하는 한국 독자들에게 바친다.

2016년 2월
중국 성도에서
방북진(方北辰)

차례

머리말 • 3

용등파촉(龍騰巴蜀)__촉한편 ································· 11
  1. 삼국시대의 두 '와룡' • 13
  2. 제갈량의 정치에 있어 본보기는 도대체 누구였을까? • 17
  3. 지혜와 계략이 영웅을 모이게 한다__삼고초려의 당대 해석 • 26
  4. 제갈량이 겪은 두 가지 아픔 • 39
  5. 유비는 제갈량이 유선을 대신해 황제가 되길 바랐던 것일까? • 46
  6. 제갈량이 유비의 시신을 안장한 사실의 역사적 진실 • 58
  7. 〈삼국지〉 촉한 부분에 대한 독서 가이드 • 79
  8. 제갈량이 성도에 복을 가져다준 세 가지 업적 • 93

호보중원(虎步中原)__조위편 ································· 107
  9. 조조의 개인적 특징 • 109
  10. 조조의 인질납치 억제를 위한 강력한 대책 • 114
  11. "동작삼대"를 건축한 조조에 대한 천고의 의혹 • 120
  12. 조조가 양수를 죽인 핵심 원인은 무엇인가? • 130
  13. 조비가 감독하고 연기한 "선양"의 정치극 • 142
  14. 〈삼국지〉 조위 부분에 대한 독서 가이드 • 154

응격강동(鷹擊江東)__손오편 ··· 177
   15. 손권 청춘기의 비극적 이야기 • 179
   16. 어린 손권이 집권한 뒤 어떻게 정국을 안정시켰을까 • 187
   17. 손권의 권학과 삼국의 경쟁 • 208
   18. 〈삼국지〉 손오 부분의 독서 가이드 • 228

천하를 종람하다(縱觀天下)__통론편 ··· 247
   19. 삼국시대의 창조적 성취 • 249
   20. 삼국 군사전략가에 대한 수치화 심사 • 288
   21. 삼국 연호에 포함되어 있는 흥미로운 비밀 • 304
   22. 삼국시기의 중요 관직에 대한 수첩 • 314

* 주요 참고 문헌 ··· 329
* 후 기 ·· 330

학자의 눈으로 본
삼국지

용등파촉(龍騰巴蜀)
—
촉한편

제1장
삼국시대의 두 '와룡'

제갈량에게는 누구에게나 알려진 별호가 있다. 바로 '와룡'이 그것이다. 이 별호는 공명이 양양 융중에 은거하던 시절, 현지의 명류인사 방덕공이 그를 높이 평가하며 붙인 별호였다. '와룡'이란 바로 구천을 날 기회를 기다리는 걸출한 인재라는 의미이다. 당시의 '용' 자는 오늘날과 같이 흔하게 쓰이는 뜻이 아니라, 황제에게만 쓰이는 글자였다. 하지만, 알고 있는가? 삼국시대에는 또 한 명의 걸출한 인물이 있었는데, 이 사람도 당시 사람들에게 '와룡'이라고 칭송을 받았다. 이 사람은 바로 조위말기의 혜강이었다. 즉, 다시 말하면 삼국시기에는 와룡이 하나가 아니라, 동시에 두 와룡이 존재했다는 것이다. 한 와룡은 삼국전기였고, 또 하나의 와룡은 삼국후기였다.

사서의 기록에 따르면 혜강은 출중한 인재였다. 강직한 성격을 가지고 있어 사회에서 높은 호소력을 가지고 있었다. 당시 조정을 통제하고 있던 사마소는 어떻게 하면 조위를 대체하여 서진왕조를 건립할 지를 고민하고 있었다. 그의 심복 종회는 그에게 '혜강은 와룡과도 같은 비범한 인재입니다. 그로 하여금 어떠한 행동을 하게 해서도 안됩니다. 천하의 다른 사람은 걱정하지 않아도 되지만, 그 한 사람만은 항상 경계해야 합니다.'라고 하였다. 사마소가 조사해 보니 혜강이 과연 자신에 대해 비방의 말을 하였다. 그래서 그를 사형에 처하였다. 혜강과 공명을 비교해 보면 '와룡'이라는 아름다운 칭호를 가지고 있었을 뿐만 아니라, 두 사람 모두 다방면에서 비슷한 점이 있다.

첫째, 두 사람은 모두 일찍이 부친을 잃었다. 그리하여 어린시절부터 생활에 어려움을 겪었다.

둘째, 공명은 집안이 빈곤하여 융중에서 농사를 지으며, 자급자족하였다. 혜강도 생활이 어려워 대장장이 생활을 하며 연명하였다. 한 사람은 농민이었고, 한 사람은 공인이었다. 모두 사회 저층에서 시련을 받던 사람들이었던 것이다.

셋째, 공명은 키가 8척, 혜강은 키가 7척8촌이었다. 비슷한 키에 모두 건장한 신체를 지닌 사내들이었다.

넷째, 공명과 혜강은 모두 수려한 외모를 지녔다.

다섯째, 공명이 저술한 〈출사표〉의 비장함은 역사 대대로 전해지며 많은 사람의 마음을 울렸다. 그리고 혜강이 저술한 〈여산거원절교서〉는 풍부한 정취로 당시의 모든 작품들보다 뛰어났다.

여섯째, 공명은 융중에서 은거한 적이 있고, 혜강도 산림에서 유유자적한 적이 있다. 이것은 '죽림칠현' 중 하나인데, 두 사람 모두 산림과 인연을 가지고 있다.

일곱째, 공명은 〈양부음(梁父吟)〉이라는 노래를 부르기를 좋아했고 혜강은 〈광릉산(廣陵散)〉이라는 곡을 연주하는 데 뛰어났다. 두 사람 모두 취미가 음악이었다.

만약 두 사람이 만나, 함께 사람들 앞에 나타났다면 서로 어울려 휘황찬란하게 빛났을 것이다. 하지만 공명은 군주가 그의 재능을 알아보아 관직의 자리에서 충분히 자신의 포부와 재능을 펼쳤다. 그런데 혜강은 당시 정치가들의 질투와 시기를 받아, 산림에서 은거하였으나, 여전히 잔혹한 박해를 피하지 못하고 낙양의 동시에서 그의 나이 40세에 처형되고 말았다.

　두 사람의 결말은 어째서 이렇게 큰 차이가 있는 것일까? 주 원인은 바로 살았던 시기가 다르기 때문이다. 공명은 삼국이 시작하는 시대에 살았다. 그 시대는 동한 왕조가 붕괴하여 군웅이 할거하던 시기였다. 군웅들은 생존하기 위해 필히 어질고 현명한 사람을 등용해야만 했다. 그리고 인재들은 자신의 포부와 재능을 충분히 펼치기 위해 자신에게 적합한 주인을 선택할 수 있었다. 이는 주유가 했던 '지금 세상은 군주가 신하를 선택할 뿐만 아니라 신하도 군주를 선택한다'라는 말과 일맥상통한다. 즉 양 측이 서로 선택하는 시대였다는 것이다. 이 시기의 공명은 어질고 현명한 인재에 목말라 있던 유비를 만나, '삼고초려'라는 아름다운 고사를 남겼다. 그러나 안타깝게도 공명보다 43세 어렸던 혜강은 시기를 잘못 만났다. 그가 태어난 시기는 마침 삼국이 끝나가던 시기였다. 이 시기 조위의 권력을 공고하게 장악하고 있던 사마소는 살아남는 것에 대한 두려움은 이미 지나갔고 자신과 의견이 다른 자들만 제거하고자 했을 뿐이다. 이 당시에는 뛰어난 인재일수록 당시 정치가들의 주의를 끌었고, 이러한 인재들이 만약 대항하고자 하는 마음을 가질 경우 더욱더 잔혹한 공격을 받았다. 혜강의 죽음은 바로 이러한 시대에서 비롯된 필연적인 결과였다. 그래서 옛 말에 '시대가 영웅을 만든다.'라는 말이 생겨난 것이다.

　하지만 만약 문화적 영구 가치적인 측면에서 바라본다면 두 사람의 결말은 결국 비슷한 특징을 지닌 듯하다. 공명은 나라를 위하여 죽을 때까지 몸과 마음을 다 바쳤고, 그의 실현되지 못한 원대한 포부의 한은 천고에 길이 남아 있다. 이는 완벽한 사물에도 결함이 있을 수 있다는 비극미를 보여준다. 혜강은 완벽한 재능과 기상, 그리고 고결함을 지녔지만, 박해를 받아 잔혹한 처형을 받고 죽었다. 이 역시 완벽한 사물에도 결함이 있을 수 있다는 비극미를 보여준다. 선현들은 비극이라는 것은 완벽한 사물에 흠을 내어 다른 사람들에게 보여주는 것이라고 말한 적이 있다. 공명, 혜강이라는 두 '와룡'은 이렇게 역사책 속에서 훼손되었던 것이다. 하지만 비극적 요소가 있는 아름다움은 가장 사람들의 심금을 울리기에 적합한 것이다. 그래서 역사에 길이 남아 오랫동안 사람들이 그들의 문장을 읽고, 그 감동을 느끼며 눈물을 흘리고 있는 것이다.

성도 무후사 박물관 제갈량 조각상

제2장
제갈량의 정치에 있어 본보기는 도대체 누구였을까?

모두 다 알고 있듯, 제갈량은 중국 고대 역사의 정치 인물 중 모범이라고 할 수 있는 사람이다. 그는 여러 방면에서 후세에 본보기를 남겼다. 그런데 그도 정치적인 측면에서 본받고자 하는 인물이 있었다고 한다. 제갈량이 정치적인 방면에서 본보기가 될 수 있었던 면모를 보여줄 수 있었던 것은 그가 본받고자 하는 이 인물과 떨어질 수 없는 관계가 있었다고 할 수 있을 것이다. 그렇다면 제갈량의 본보기가 되는 인물은 도대체 누구였을까?

그 인물은 바로 다른 사람이 아니라, 제갈량의 선조, 서한 황조의 대신 제갈풍이다. 제갈풍은 어떤 사람이었을까? 현대의 말로 정리해 보면, 그는 죄가 있는 사람은 반드시 추궁하고, 엄격하게 법을 행하는 조정의 감찰관이었다.

1. 제갈풍이라는 사람에 대해

〈한서〉에 기재된 내용에 따르면, 제갈풍의 자는 소계로 그는 서한 원제 시기 관리가 되어 빠르게 사예 교위로 발탁되었다. 이 직위는 그가 일생 동안 맡았던 관직 중 가장 중요하고, 그의 재능을 가장 잘 드러내준 직무였다. 제갈풍이 그의 직위에서 어떻게 그의 재능을 드러냈는지 이해하기 위해서는 먼저 이 관직을 이해할 필요가 있다.

제갈풍이 있던 서한은 행정상 군현제를 실행하던 곳이었는데, 군이 현을 관리하였다. 당시 중국 전국에는 수 백 개의 군과 수 천 개의 현이 있었고, 명부에 기록된 인구는 약 6천만 명 정도였다. 서한 무제 시기, 군권을 강화하기 위해 전국을 13개의 감찰구역으로 나누는 작업을 시작하였다. 모든 감찰구역에 사자를 한 명씩 특별 파견하고, 자사(刺史)라고 불렀다. 자사는 해당 주에 속한 군현들을 순찰하는 역할을 맡았는데, 여기서 중요한 점은 감찰 지방에 법을 어기고 기강을 어지럽히는 강력한 세력의 무리가 두 종류 있었다는 것이다. 한 종류는 부정부패를 일삼는 지방관리였고, 또 한 종류는 온갖 나쁜 짓을 저지르는 지방 부호 귀족들이었다. 자사는 그들의 불법 행위를 발견하는 즉시 중앙에 보고를 하였고, 그에 상응하는 조치를 취하였다. 자사는 황제의 특별 파견 사자였기 때문에, 가지고 있는 권한이 적지 않았으며, 이로 인해 '사군(使君)'이라는 존칭을 얻었다. 그중 경성 장안 소재 감찰구역을 맡은 사자는 관명이 자사가 아니라, 특별히 사예교위(司隸校尉)라고 칭하였다. 이 사예교위의 감찰 신고 대상은 소재 감찰 구역을 포함할 뿐만 아니라, 지방 각 군현의 불법을 저지르는 관리와 어두운 사회의 세력을 모두 포함하였으며, 경성 내 중앙 기구 내의 관리도 포함하였다. 그는 일반 자사보다 훨씬 더 큰 권한을 가지고 있었다.

제갈풍은 사예교위를 맡아, 엄격하게 자신의 직책을 수행하였다. 불법을 저지른 관리라면, 그의 배경이 얼마나 대단한지 여부를 떠나, 모두 실제 근거를 바탕으로 하며, 법률을 기준으로 삼아, 단호하게 징벌을 내렸다. 짧은 시간 안에 경성 내외로 부정부패를 탐하던 관리들과, 착한 백성들을 괴롭히던 악의 무리들이 사라지게 되었고, 당시 탐관오리들 사이에서는 이런 말이 유행하게 되었다. "꽤 오랜 시간 동안 형님을 만나 뵙지 못했군요. 에이, 재수없게 그 제갈풍을 만났지 뭐요!" 제갈풍의 엄격하고도 신속한 일 처리에 경성의 탐관오리들과 나쁜 무리의 세력이 줄어들게 되었고, 민중들 역시 마음 편안하게 살아갈 수 있게 되었다. 이 시기의 한나라 원제는, 그의 절개와 기상에 대해 많은 사람이 칭송하였다. 그래서 그의 봉록을 올리라고 명령함으로써 그를 격려해 주었다. 그 뒤로 나타난 삼국시기의 조조도 제갈풍에 대해 높이 칭송한 바 있다.

제갈풍이 어째서 이토록 장엄한 업무 분위기를 가지게 되었는지, 그 이유는 두 가지로 축약해 볼 수 있다.

첫째, 그의 성격이 분명하기 때문이다. 그는 독불장군 같은 강직하고 정직한 성격을 지니고 있었다.

둘째, 그의 사상이 확실했기 때문이다. 이 부분은 당시의 정치적 배경과도 밀접한 관련을 가진다. 대체적으로 한 원제의 아버지 한 선제 유순은 재위 기간 동안 엄격한 법치를 행하여, 정치적으로 큰 성과를 거두었다. 하지만, 그의 아들 한 원제 유석은 성격이 지나치게 자애롭고 부드러운 사람이었다. 그는 유가의 인서사상(仁恕思想)을 신봉하는 사람이었다. 그래서 그는 아버지가 법가 사상으로 나라를 다스린 것에 대해 불만을 가지고 있었다. 그가 황제의 자리를 물려받은 뒤, 그는 자신이 좋아하는 방식대로 인자하고 관용을 베푸는 정치를 행했다. 그는 매우 우유부단한 성격이어서 부정부패를 탐하는 관리들에게 아주 큰 기회를 만들어 주었다. 탐관오리들은 마음대로 비리를 저질렀으며, 무서울 것이 없었다. 관리들의 기강은 빠르게 악화되었고, 정치적 국세도 이에 따라 점점 쇠퇴해갔다.

제갈풍은 바로 이러한 정치적 부패가 만연하는 배경 속에서 사예교위의 직무를 시작하였던 것이다.

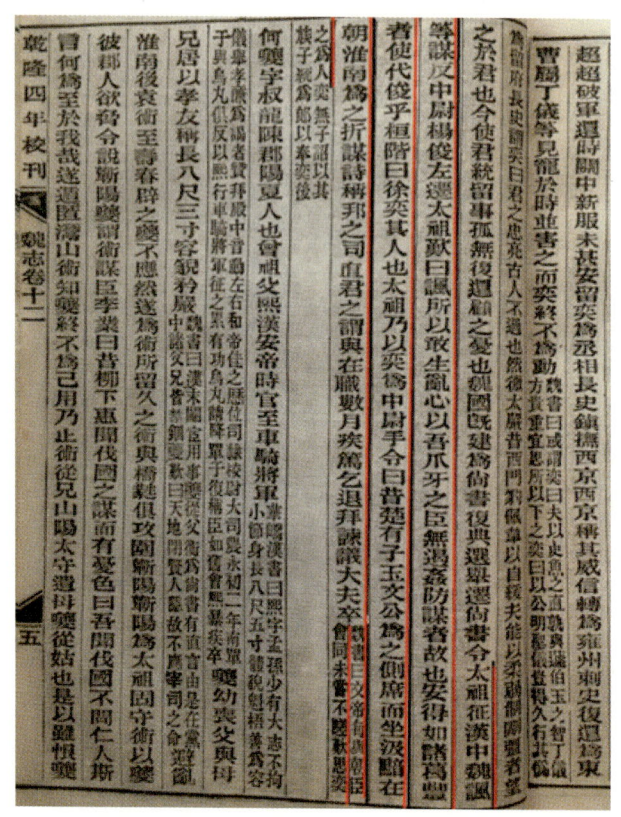

진수 〈삼국지·서혁전〉에서 조조가 제갈풍을 찬미하는 내용

　제갈풍이 직책을 맡은 이후, 앞에 놓인 길은 두 가지였다. 하나는 자신의 사리사욕을 잊고 공을 위해, 머뭇거리지 않고 의연하게 자신의 감찰 직책을 수행하며, 모든 위법 행위에 대해서는 칼을 드는 일, 또 하나는 자신의 개인적 이익을 위해, 현명하게 자신을 보호하기 위해 흐름에 따라 나쁜 통속들과 의기투합하여 하나가 되는 것이었다. 성격이 강직하고 정직한 제갈풍은 선황제의 당초 엄격했던 법치를 다시 되살려, 법에 따라 나라를 다스려야만, 나라가 위기에서 안정적

인 상태로 바뀔 수 있음을 일찍이 깨달았다. 그래서 그는 용감하게 첫 번째 길을 택했고, 파리뿐만 아니라 호랑이도, 특히 더 큰 호랑이까지도 잡는 엄격한 관리가 되었다.

하지만 불행한 것은 제갈풍이 공을 위해 사를 잊었을 때는, 법을 어기고 기강을 어지럽힌 황제의 친척과 외척들을 엄격하게 징벌하기 시작하던 시기였다. 한 원제의 태도도 빠르게 변하여, 제갈풍이 집행하는 공무의 권위를 삭감하라고 명령하였다. 제갈풍은 의견을 상주하여 황제를 만나 이 모든 것을 해명할 것을 요청하였다. 하지만 한 원제는 단호하게 거절하였고, 이후부터 그가 낸 어떠한 건의도 받아들이지 않았다. 한 원제의 지지를 잃자, 다른 이익집단의 제지와 공격도 받기 시작한 제갈풍은 사예교위라는 핵심 직무에서 경성 장안성 문을 지키는 성문교위로 파견되었다. 이러한 부수적인 업무도 맡은 지 오래되지 않아 그는 있지도 않은 죄명을 뒤집어쓰고, 관직을 잃게 되었고, 고향으로 돌아온 뒤 비분한 감정에 우울하게 삶을 마감하였다.

이것이 바로 서한 명신 제갈풍의 비극적인 인생이었다.

2. 제갈량에게 끼친 영향

말할 필요도 없이, 조상의 이러한 개성적인 비장한 이야기는 분명 제갈량의 마음속에 잊혀질 수 없는 깊은 인상을 남겼을 것이고, 그의 정치 생애에도 큰 영향을 미쳤을 것이다. 제갈량의 정치 생애에 미친 영향은 크게 다음으로 귀결할 수 있겠다.

첫째, 정치 인물에 대한 신중한 선택이다. 제갈풍은 높은 뜻을 가지고 있고, 재능도 가지고 있었으며, 굽히지 않는 기개를 가지고 있었으며, 현저한 정치적 업적을 가지고 있었다. 하지만 결국 정계에서 완전히 밖으로 배척되는 비참한 결론을 맞이했다. 이러한 결론을 맞이한 가장 근본적인 이유는 바로 그의 포부를 충분히 펼치게 해줄 만한 군주를 만나지 못했기 때문이다. 이에, 제갈량은 만약 정치를 하게 될 경우, 반드시 정치 인물에 대해 신중한 선택을 하여, 자신이 평생 보좌하기에 적합한 대상을 찾아야겠다는 마음을 먹게 된다. 이것은 분명 그의 조상에게서 얻은 깨달음이었을 것이다. 그가 오랜 시간 동안 융중에서 은거하며 27살이 되어서야 정치에 뛰어들었던 이유는 바로 자신의 조건에 맞는 적합한 사람이 나타나기를 기다렸기 때문이다. 이 점에 대해서는 다음 문장에서 상세한 소개를 하도록 하겠다.

둘째, 정치적 태도의 확고 부동함이다. 제갈풍은 비록 비참하게 생을 마감했지만, 그는 관리가 된 이후로 천하의 일을 자신의 임무로 여기고 공을 위해 사를 잊고 의연하게 자신의 감찰 직책을 수행하며, 법을 어기고 기강을 어지럽힌 관리들을 향해 칼을 들었다. 후에 한 원제의 지지를 잃긴 했지만, 여전히 의연한 정치적 태도를 유지하였다. 정확한 길에 따라 의연하게 직무를 수행하는 것, 이것이 바로 제갈풍의 확고부동한 정치적 태도였다. 이는 후의 제갈량의 생애에서도 비슷한 면모를 보인다. 제갈량도 산을 나오기 전까지는 자신을 드러내지 않았지만, 산을 나와서는 아낌없이 자신의 모든 것을 바쳐, '나라를 위하여 죽을 때까지 힘을 다하다'라는 명언을 남겨, 조상의 정치적 태도를 유지하고 지켰음을 잘 보여주었다.

세 번째, 정치적 기풍에 대한 중시이다. 제갈풍은 사예교위를 맡은 이후, 관직의 기풍 중에 부패함이 보편적으로 서려있는 현상에 대해 통한을 느끼며, 이를 고치는 것이 가장 중요한 문제라고 생각했다. 후에 그가 관직에서 완전히 배척되어 집에서 우울하게 생을 마감한 것도 정치적 부패의 직접적인 가해를 받은 사람이라고 할 수 있겠다. 제갈량은 〈출사표〉에서 직접적으로 후주 유선에게 '소인을 멀리하고 어진 신하들을 가까이 해야 하며, 소인을 가까이 하고 어진 신하를 멀리해서는 안된다'라는 정치적 원칙을 직접적으로 언급한 적이 있다. 이 원칙을 언급한 목적은 바로 관직의 올바른 기강을 확립하고, 잘못된 기강을 바로잡기 위해서였다. 그가 촉한 국정을 장악했던 기간 동안, 관직의 기풍은 바로 '진실과 성실함으로 서로 대하고, 모든 일을 공정하게 처리하며, 사실을 토대로 진실을 탐구하고, 허위를 저지한다.'였다. 이것은 그가 한평생의 힘을 다해, 만든 업적이었다. 이러한 관점에서 바라보았을 때, 그도 제갈풍으로부터 정치적인 영향을 받았음을 알 수 있다.

　넷째, 정치 행위에 있어 자신을 엄격하게 다스린 것이다. 제갈풍은 관리가 된 이후, 자신을 엄격하게 다스리는 것에 매사 주의하였다. 그렇지 않았다면 그도 역사 책에 '강직한 인물'이라는 명예로운 평가를 남기지 못했을 것이다. 비록 그는 법을 어기고 기강을 어지럽히는 실력자들과 싸우는 도중, 수많은 보복을 당했으나, 그의 정치적 생애 중에서는 법을 어기고 기강을 어지럽힌 오점을 하나도 찾아볼 수가 없었다. 그렇지 않았다면 그는 일찍이 사소한 잘못이 크게 소문나 죽음의 지경에 이르렀을 것이다. 제갈량도 정치 생활을 시작한 이후, 시종일관 엄격하게 자신을 관리하며, 멸사봉공하고 청렴한 생활을 유지하였으며, 부정부패와 같은 더러운 행위에 연루되지 않았다. 〈삼국지〉에 기재된 내용에 따르면, 그는 후주 유선에게 자신이 가진 재산에 대해 직접 보고를 한 적이 있다고 한다. 보고의 내용은 다음과 같다.

'저는 성도에 뽕나무 800그루, 척박한 밭 15경을 가지고 있으며, 자제의 의식은 이미 풍족합니다. 밖에서 직무를 행하며, 어떠한 재물도 사적으로 수취한 적이 없습니다. 몸에 지니는 의복과 먹을거리는 모두 나라로부터 받고 있기 때문에, 따로 다른 사업을 통해 이윤을 내는 행동을 하지 않았습니다. 만약 신이 어느 날 죽게 된다면, 집 안팎에 재산이 남아 있지 않도록 하여, 폐하의 기대를 저버리지 않도록 하겠습니다.'

그리고 제갈량이 죽었을 때 모든 것이 그가 말한 대로 진행되었다고 한다.

자발적으로 대외에 자신의 재산을 공개하고, 자신이 말한 대로 실천한 행위는 자기 자신을 엄격하게 다스리는 가장 좋은 예라고 할 수 있을 것이다. 이 방면에서 제갈량도 제갈풍과 같이 역사에 명예로운 고사를 남겼다.

다섯째, 정치사상에 대한 개방적 태도다. 제갈풍이 사예교위를 맡았던 때의 기풍은 법에 따라 나라를 다스리는 법가사상의 영향을 받은 것이었다. 제갈량은 법에 따른 통치가 단연 돋보이는 정치를 시행하며, 정치 지도 사상에서도 법가이론의 정수 흡수를 중시하였다. 이는 제갈량과 제갈풍의 일맥상통하는 면모를 보여준다.

하지만, 반드시 짚고 넘어가야 할 것은 제갈풍과 제갈량 두 사람은 모두 개방적인 정치적 사상을 지녔지만, 법가 외에 다른 학파들의 사상과 정치 학설들을 배척하지는 않았다는 것이다. 그들이 정치를 행했을 때, 당시의 정치적 상황의 필요에 따라 법가 사상을 더 중시할 수밖에 없었던 것이다.

사실 제갈풍은 일찍이 정치사상 측면에서 개방적인 태도를 지니고 있었다. 그는 각종 학파의 학설들을 모두 흡수하였다. 그래서 그는 인서의 도리를 따르는 유가 경전을 중시하기도 하였으며, 이 방면에 대한 조예도 깊었다. 그는 일찍이 유가 경전을 통달하여 본 군 정부의 문화 교육을 주관하는 관리로 임명된 적이 있었다. 이는 현재 시정부의 문화, 교육을 주관하는 국장이나 다름없는 자리였다. 제갈량도 개방적인 정치사상을 지니고 있었다. 그는 유씨 왕조를 위해 충성을 다하였으며, 자신을 희생하였다. 이는 유가의 면모를 잘 보여주는 모습이다. 하지만 그는 엄격한 법제를 통해 촉한을 통치하였다. 그에게 있어 법은 반드시 지키는 것이었고, 법의 집행은 엄격하게 이루어져야 했으며, 법을 어긴 사건에 대해서는 반드시 조사해야 했다. 이는 명백한 법가의 행동이었다. 이 외에도 그는 후대의 교육을 위한 〈계자서〉에서 다음과 같이 말했다.

'명리를 쫓지 않는 소박한 생활을 추구해야만, 자신의 뜻을 펼칠 수 있으며, 시끄러움을 추구하지 않아야만, 자신의 원대한 목표를 이룰 수 있다.'

이러한 소박함과 조용함을 숭상하는 사상은 도가학파의 사상을 흡수한 것이다.

우리는 여러 방면에 있어 제갈풍의 정치생애가 제갈량에게 미친 영향들을 알아보았다. 마지막 결론은 바로 '제갈량의 정치적 본보기는 확실히 그의 선조 제갈풍이었다.'는 것이다.

제3장
지혜와 계략이 영웅을 모이게 한다
__ 삼고초려의 당대 해석

지혜와 계략이라는 것은 중대한 문제를 해결할 때, 지혜가 담긴 정확한 대책을 찾는 것을 말한다. 남다른 지혜와 계략에는 뭔가 다른 점이 포함되어 있다. 삼국의 영웅들은 가장 핵심적인 순간에 빛나는 지혜를 발휘하여 정확한 대책을 찾아냈으며 이로 인해 큰 업적을 거두곤 했다. 촉한 왕조의 기초는 유비, 제갈량 이 두 영웅의 만남으로부터 시작해 성공을 향해 나아갔다고 할 수 있다. 그래서 우리는 그들의 '삼고초려'라는 첫 번째 만남 중에서 어떻게 슬기로운 지혜가 발휘되었는지 현대적인 관점에서 해석해 보고, 우리에게 어떠한 깨달음을 가져다 주었는지 살펴보고자 한다.

먼저 유비 측을 살펴보자.

유비는 '삼고초려'의 제안자다. 그의 목적은 경영 상황이 나빠진 유씨 집단을 위해, 정확한 계획과 전략을 수립하여 난국을 타개하고 발전할 수 있는 훌륭한 인재를 고용하는 것이었다. 그의 문제 해결 대책 속에서 지혜를 발휘한 핵심은 주로 세 가지였다.

첫째, 자기반성의 지혜이다.

　유비의 '삼고초려'는 깊은 자기반성에서 기인한 것이다. 그를 반성하게 한 사건은 오늘날 유행하고 있는 '다이어트'와 관련이 있다. 도대체 무슨 사건일까?
　사실 유비는 일찍이 20여 년 전에 창업을 시작하였다. 안타깝게도 사업 발전에 어려움이 있어 여러 차례 우여곡절을 겪었다. 그의 아내와 자식들은 포로로 잡히거나, 적으로부터 도망을 치던 중에 헤어질 수밖에 없었다. 이 전에도 3번 이상의 이러한 사건들이 있었다. 6년 전, 그가 조조의 추격을 받아 북방의 중원에서 남방의 형주에까지 이르렀을 때 현지의 군정장관 유표에게 의탁할 수밖에 없었다. 이후부터 다른 사람에게 의탁하여 어려운 생활을 시작하게 된다. 어느 날, 유표가 그를 자신의 집에서 열리는 성대한 잔치에 초대하였다. 연회에서 유비는 보고 싶지 않던 사람들을 만나게 되었고, 하고 싶지 않던 겉치레 말을 몇 마디 하고는 마음이 불편하여 화장실에 간다는 핑계로 나오게 되었다. 볼일을 다 본 뒤 유비는 문득 자신이 앉았다 일어나기가 힘이 든 사실을 알아채곤, 허벅지 안쪽을 살펴보았다. 원래 근육으로 단단하던 허벅지가 이미 물렁한 비곗덩어리로 변해 있었다. 그 순간 유비는 강렬한 슬픔이 마음속에서 치밀어 올라 눈물이 흘러나왔다.
　유비가 연회로 돌아와 앉자, 유표가 그의 얼굴에 있는 눈물 자국을 발견하고는 그 연유를 물었다. 유비는 이렇게 대답했다.
　"과거에는 안장과 말을 떠나지 않아, 허벅지에 비계가 없었습니다. 그런데 지금은 전투에 참가하는 일이 적으니, 허벅지에 비계가 생겼습니다. 이렇게 늙어가는데도, 내 업을 이루지 못하니, 어찌 슬프지 아니하겠습니까!"

이것이 바로 성어 '비육복생(髀肉複生)'의 유래이다.

집으로 돌아온 이후, 47세의 유비는 깊은 반성을 시작한다. 그리고 마침내 깨닫는다. 자신의 업적을 이룰 수 있는 전략을 세워 줄 훌륭한 인재가 자신에게 없는 점이 자신의 최대 단점이라는 것을 깨달은 것이다. 그래서 그는 이러한 인재를 찾기로 결심하였고, 그리하여 천추에 남긴 '삼고초려'라는 성어의 고사가 생긴 것이다. 오늘날 우리가 자주 사용하는 말인 '실패는 성공의 어머니'라는 말이 있다. 이 말은 자기 자신에 대해 열심히 반성하고 정확한 대책을 찾아냈을 때만 성립하는 말이다. 유비는 반성 속에서 반짝이는 지혜를 찾아냈고, 결국 제갈량을 얻을 수 있었다. 만약 하늘만 원망하고 있었다면, 유비는 절대 성공을 이룰 수 없었을 것이다.

둘째, 정보 조사를 통한 지혜이다.

유비가 훌륭한 책략가 인재를 얻기 전, 먼저 그에게 정보를 제공한 사람은 바로 서서였다. 서서는 다음과 같이 말했다.
"제갈공명이라는 인물은 사람들이 와룡이라고 찬미합니다. 장군, 그를 한 번 만나보고 싶지 않으십니까?"

서서는 제갈량의 친구였다. 당시 유비 수하에서 잠시 일을 하고 있었고, 유비도 그를 무척 신임했다. 하지만 유비는 그의 이 말을 그대로 믿지 않았다. 그는 직접 다른 경로를 통해 이 정보의 진실성에 대해 조사를 진행했다.

먼저 유비는 적합한 조사 대상을 선정하였다. 그 조사 대상은 바로 수경선생 사마휘였다. 어째서 사마휘를 선택했을까? 첫 번째 이유는 사마휘가 당시 형주 지식인들의 우두머리였기 때문이었다. 그는 현지의 인재에 대해 아주 잘 알고 있었다. 두 번째 이유는 사마휘가 인재를 평가하는 데 있어 정확한 안목을 가지고 있었기 때문이다. 그의 인재 평가가 물처럼 투명하고, 거울처럼 맑다는 뜻에서, '수경'이라는 칭호를 얻게 되었던 것이다. 세 번째 이유는 사마휘는 제3자의 입장에서 보다 객관적인 정보를 제공해 줄 수 있었기 때문이다.

그리고 유비는 두 가지 교묘한 질문을 설계하였다. 그는 먼저 사마휘에게 현재 '시무'에 대해 의견을 발표할 수 없느냐 물어보았다. '시무'라는 것은 바로 당시 정치 상황에 가장 필요한 임무라는 뜻이다. 사마휘는 '나는 평범한 글쟁이입니다. 어찌 시무를 이해하겠습니까. 시무를 알만한 자는 그만큼 출중해야 하는 데, 우리 지역에는 와룡과 봉추 두 명이 있습니다.'라고 대답하였다. 유비는 뻔히 알면서 일부러 와룡과 봉추가 도대체 누구냐고 물어보았다. 사마휘가 대답하며 말하길

"바로 제갈량과 방통입니다."

라고 하였다. 여기서 유비의 질문에 주의를 기울이자. 그는 제갈량과는 전혀 관련이 없는 '시무'에서 질문을 시작하였다. 처음에는 제갈량의 이름을 언급하지 않았다. 하지만 이 질문은 사실 제갈량과 아주 밀접한 관계가 있는 것이었다. 제갈량은 정말 훌륭한 인재였기 때문에, 당연히 '시무'에도 정통할 수밖에 없었다. 그리고 사마휘의 입에서 그의 이름을 자연스럽게 언급할 수밖에 없도록 만든 것이다. 자신은 제갈량이라는 이름을 언급하지 않았으며, 이로써 주관적인 요소를 개입하지 않고서 정보의 정확성을 확인하고, 조사된 정보의 객관성까지 다시 한번 보증한 것이었다.

셋째, 진심을 다해 드러낸 지혜이다.

이 방면의 지혜는 먼저 제갈량의 집을 여러 차례 방문한 것에서 드러난다. 유비가 연달아 3번이나 제갈량의 집을 방문하였다는 것은 모두들 알고 있을 것이다. 하지만 여기에 사람들이 종종 소홀히 하게 되는 더 중요한 사실이 숨어 있다. 그것은 바로 유비가 양측의 신분에 큰 격차가 있다는 사실에 대해 전혀 개의치 않았다는 것이다. 그렇다면 이 둘 사이에 얼마나 큰 격차가 있었던 것일까?

먼저 나이를 살펴보자. 삼국시기의 사람들은 나이를 계산할 때 허세(虛歲 : 만 나이가 아닌, 집에서 세는 나이)로 계산했다. 이 시기의 유비는 허세 47, 제갈량은 허세 27로, 약 스무살이나 차이가 났다. 유비가 명실상부한 대선배였다.

그리고 지위를 한 번 살펴보도록 하자. 제갈량은 당시 일개 백성이었다. 융중의 향촌에서 밭을 갈며 생활하고 있던 농촌 청년이었다. 유비는 동한 조정으로부터 정식으로 수여받은 좌장군 관함을 가지고 있었다. 고급 군직에 속하는 사람으로, 현재의 '고급장성'에 속하는 신분이었다. 그리고 유비는 주를 관리하는 행정 장관을 역임한 적도 있었다. 현재의 '성장(省長)'보다 약간 높은 정부급에 해당하는 직위였다. 그를 따르던 관우도 편장군을 역임하였는데, 이는 현재의 '중교'에 해당하는 직위였다. 장비 역시 중랑부를 역임하였고, 이는 현재의 '소교'에 해당하는 직위였다.

마지막으로 자격과 경력을 살펴보자. 공명은 정치적인 방면에서 경험이 전무후무했다. 유비는 이미 관직에서 20여 년이나 지낸 상태였다.

우선 위에서 언급한 세 가지 측면에서 보더라도, 유비의 세차례의 방문이 공명의 마음을 흔들어 놓을 수 있었다. 정부의 고급장성급 고위관리가 중교와 소교급의 장군 2명을 데리고, 연속해서 3번이나 경험도 없는 농촌 청년을 찾아가 성심성의껏 그에게 산에서 나와 자신을 위해 책략을 세워줄 것을 부탁하며, 수석의 보좌를 담당해 달라고 부탁하다니, 어느 누가 이러한 일을 행할 수 있겠는가? 만약 제갈량이 우리가 사는 이 시대로 시간을 초월하여 직장에 찾아가 일을 찾는다면 상황은 어떠했을까? 아마 연속해서 그에게 다음과 같은 세 가지 질문을 했을 것이다. 첫 번째 질문은 '학위 증명서가 있습니까?'일 것이고, 제갈량의 대답은 '없습니다.'이다. 두 번째 질문은 '업무 경험이 있습니까?'이고, 역시 제갈량의 대답은 '없습니다.'이다. 세 번째 질문은 '그렇다면 의지할 만한 아버지, 어머니가 있습니까?'일 것이며, 대답은 '없습니다. 저의 아버지와 어머니께서는 일찍이 세상을 떠나셨습니다.'이다. 마지막으로 면접관에게 돌아오는 대답은 '아무것도 없는데, 어찌 감히 와룡이라고 불리는 것입니까? 어서 집으로 돌아가서 편히 쉬십시오.'일 것이다. 오늘날 사회는 항상 인재를 존중해야 한다고 말하지만, 어떻게 해야 진정으로 인재를 존중하는 것일까? 1800년 전의 유비가 바로 우리를 위해 아주 본보기가 될 만한 행동을 하고 있었다.

제갈량이 직접 쓴 〈출사표〉의 내용을 한 번 살펴보자. 그가 유비에게 깊이 감동을 받았던 이유는 두 가지가 있었다고 한다. 첫 번째는 바로 '선제는 신하를 무시하지 않는다'는 것이었고, 그 다음이 바로 '신하의 오두막집에 세 번 찾아온 사실'이었다. 여기서 '무시'라는 단어의 함의는 개인의 품덕이 비열하다는 것을 가리키는 것이 아니라 사회적 지위가 낮음을 일컫는 것으로, 신분상 큰 차이가 있다는 말을 함축적으로 나타낸 것이었다. 고대의 단어 중에는 후에 변화가 일어나 우리가 지금 이해하고 있는 의미로 받아들이면 약간의 오해가 일어날 수 있다. 예를 들어 '소품(小品)'이라는 말이 그렇다. 삼국 시기에는 불교 경전의 정간본을 일컫는 말로, 전본의 '대품'과는 상대되는 말이었지만, 오늘날에는 무대 공연의 형식을 일컫는 말일뿐으로 편차가 상당히 크다.

다시 제갈량 측을 살펴보자.

제갈량은 '삼고초려'를 당한 자다. 그 당시 그의 나이는 27세였는데, 사실 이상적인 윗 사람을 찾아 자신의 비범한 재능을 충분히 펼쳐 사업에서 휘황찬란한 성공을 이루기를 간절히 바라고 있었다. 그는 이 중대한 문제를 처리하는 대책 중, 세 가지의 지혜를 발휘했다.

첫 번째는 사는 곳을 선택한 지혜이다.

제갈량의 고향 양도현은 오늘날 산동성의 기남현이다. 그는 문인 집안 출신이었고, 북방의 전란 때문에 형주에 와서 동생과 서로 의지하며 양양성 서쪽 20리 되는 융중에서 자신의 힘으로 농사를 지으며 공부하는 생활을 하고 있었다. 오늘날의 융중은 이미 아주 유명한 삼국 명성고적 지역이 되었다. 융중은 남양군의 등현 관할에 속해 있었고, 양양은 남군 관할에 속해 있었다. 융중은 양양과 20리 밖에 떨어져 있지 않았지만 당시 2개의 현으로 구분되었을 뿐만 아니라 2개의 군에 속해 있었다. 제갈량의 〈출사표〉에서 자신을 '신은 본래 평민으로 남양에서 밭을 갈았습니다'라고 말하는 데, 그 이유가 바로 여기 있었던 것이다. 어째서 제갈량은 사는 곳을 융중으로 선택한 것일까? 왜냐하면 그에게 있어 이곳은 들어갈 수도 나올 수도 있는 아주 좋은 지역이었기 때문이다. 형주의 정치적 중심지 양양과도 아주 가까웠고 교통이 발달된 지역으로 왕래하는 유명한 인물 역시 많았다. 그리하여 전국에서 발생하는 일들과 변화에 대한 소식을 쉽게 접할 수 있는 지역이었다. 또한 그가 생각하는 이상적인 상관을 찾기 아주 좋은 곳이었다. 그가 생각하는 이상적인 상관을 결국 찾지 못한다고 하더라도 융중의 푸른 산과 수려한 물 속에서 평생을 은거하는 것도 그가 받아들일 수 있는 인생 선택이었다. 그는 사는 곳을 정확하게 선택했기 때문에, 결국 그에게 있어 아주 이상적인 상관 유비를 얻을 수 있었던 것이다.

두 번째는 상관을 선택하는 지혜이다.

제갈량은 형주에서 12년을 머물렀다. 16세의 소년이었던 시절부터 27세의 청년 시절까지 그곳에서 생활한 것이다. 과연 그는 어떤 청년이었을까? 외모적인 측면에서, 그는 큰 키에 수려한 외모를 가진 멋진 남자였다는 것은 이미 말한 적이 있을 것이다. 내적인 재능에 대해 말하자면, 그는 보통 사람보다 뛰어난 재능을 가지고 있었고, 문무를 겸비하고 있었다. 그래서 '와룡'이라고 불리는 자신의 포부를 펼칠 시기를 기다리는 걸출한 인재였다.

고대 중국에서는 약 20세 정도 되면 성인으로 취급을 한다. 즉, 관리가 되어 일을 해도 된다는 것이다. 하지만 어째서 제갈량이라는 와룡은 27세 전에 산을 나가지 않았던 것일까? 답은 아주 간단하다. 그는 사람을 기다리고 있었다. 바로 그의 이상 속에 존재하던 상관이었다. 동쪽으로 20리 떨어져 있던 양양에는 형주의 군정장관 유표가 있었다. 유표의 큰 아들 유기는 그와 아주 잘 알고 지내던 친구였다. 만약 그가 유표 수하에서 관리가 되고자 했다면, 그것은 손바닥을 뒤집듯 아주 쉬운 일이었을 것이다. 하지만 그는 그렇게 하지 않았다. 왜냐하면 유표는 그의 이상 속의 사람이 아니었기 때문이다. 양양 북쪽으로 이 삼 백리 정도 가면 조조의 군영이 있었다. 조조는 주변의 사람이 부족하여 공개적으로 능력있는 인재를 모집했다. 만약 그가 조조의 수하가 되고자 했다면, 이것 역시 어려운 일은 아니었을 것이다. 하지만 그는 역시 가지 않았다. 조조 역시 그의 이상 속의 사람이 아니었기 때문이다.

그렇다면 그의 이상 속의 상관은 어떤 조건을 갖추고 있어야 했을까? 제갈량은 문무를 모두 겸비한 인재였다. 그의 포부를 충분히 펼칠 수 있기 위해서는 다음과 같은 상관이 필요했다. 첫 번째, 영웅이어야 했다. 큰 뜻을 품고 있어야 했을 뿐만 아니라, 인재를 아끼고 중용할 수 있는 사람이어야 했다. 두 번째, 자신처럼 정치적으로 한실을 부흥시키고자 하는 원대한 포부를 가지고 있어야 했다. 세 번째, 그의 옆에는 인재가 아주 부족해야만 했다. 제갈량과 비교할 수 있을 만한 인물이 있어서는 안 됐다. 이 세 가지 조건이 동시에 갖추어져야만 제갈량이 자신의 재능을 충분히 발휘할 수 있었다. 그는 유표를 선택하지 않았다. 왜냐하면 유표는 세 가지 조건 중 첫 번째 조건과 두 번째 조건을 충족하지 못했기 때문이다. 그는 조조도 선택하지 않았다. 왜냐하면 조조도 이 세 가지 조건 중 두 번째 조건과 세 번째 조건을 충족하지 못했기 때문이다. 그의 친구 여남 맹건은 북방으로 돌아가 조조에게 의탁하려 했었지만, 제갈량이 그를 회유하며 이렇게 말했다.

"중원에는 널린 것이 인재인데, 만약 더 멀리 날고 싶다면 어찌 고향을 향해 돌아가는 편을 선택하겠는가."

그가 상관을 선택하는 데 있어 안목이 있었기 때문에, 그는 유비를 기다려 함께 위대한 대업을 이룰 수 있었다. 제갈량은 지혜로운 선택을 하였던 것이다.

세 번째는 질문에 대한 대답의 지혜이다.

유비의 '삼고초려'는 사실 갑자기 들이닥친 면접과도 같았다. 만나자마자 질문을 던졌는데, 질문 역시 단도직입적이었다. 상대에게 바로 자신의 사업을 위해 죽음에서 삶으로 돌려놓아줄 전략을 수립할 것을 요구하였기 때문이다. 이때 제갈량의 지혜가 그의 대답 속에 충분히 드러난다. 그의 유명한 답은 진수 〈삼국지〉 35권 〈제갈량전〉에 완벽하고도 정확하게 기재되어, 사람들에 의해 '융중대' 즉 제갈량의 융중에서의 전략대책이라고 불렸다.

제갈량의 지혜로운 대답은 주로 세 가지라고 할 수 있겠다.

먼저 내용의 정제다. '융중대' 전문은 295자밖에 되지 않지만, 아주 풍부한 내용을 담고 있다. 이러한 중대한 발전 전략 대책을 오늘날 쓰고자 한다면, 분명 1만자도 부족했을 것이다. 하지만 유비가 필요한 것은 무엇이었을까? 바로 고도로 농축된 행동 강령이었다. 왜냐하면 고도로 농축된 행동 강령이어야만 아주 쉽게 마음속에 각인되어 행동 실천으로 옮길 수 있으며, 듣기에도 편하게 와 닿기 때문이다. 간단한 일을 복잡하게 이야기하는 것은 쓸데없는 잔소리를 하는 것과도 같은 일이다. 복잡한 일을 정제하여 말하는 것이야 말로 아주 큰 지혜라고 할 수 있겠다.

성도 무후사 박물관의 '융중대'를 기념하기 위해 새긴 글자

    다음은 분명한 의지이다. '융중대'의 핵심 내용은 다음 두 부분으로 나누어 볼 수 있다. 전반부는 경고하는 내용이다. 유비가 반드시 선택을 하지 말아야 할 두 곳 즉, 북쪽의 조조가 점령한 중원과 동쪽의 손권이 점령한 강동에 대해 분명한 충고를 한다. 왜냐하면 이 두 곳은 이미 세력이 형성되어 유비가 자리잡을 만한 공간이 없기 때문이었다. 후반부 내용은 계획이다. 유비가 반드시 취해야 할 세 가지의 중대한 과업에 대해서 계획한다. 첫 번째는 전력을 다해 준비를

하고 눈 앞에 있는 형주를 점령할 시기를 기다려 '무에서 유를 창조' 하듯 형주를 발판으로 삼아 세력의 본거지로 만드는 문제를 해결하는 것이다. 두 번째는 시기를 기다려 장강의 삼협을 통해 서쪽의 익주를 점령하여 '약한 것을 강하게' 키우며 세력을 확대하는 것이다. 세 번째는 기초를 잘 다지고 내부를 잘 다스려 마지막으로 형주와 익주 두 방향으로부터 중원의 조조를 향해 공세를 퍼부어 조위를 멸하고, 한실을 부흥하고자 하는 원대한 목표를 실현하는 것이다.

제갈량의 생각을 전반적으로 살펴보면, 그는 먼저 피해야 할 것을 말했고, 그 다음에 반드시 취해야 할 방법에 대해서 이야기하였다. 반드시 취해야 할 방법은 또 세 가지 절차로 나뉜다. 고리를 하나씩 채워, 점점 더 깊이 들어가는 이 방법은 사유의 분명함이라는 방면에 있어서 그의 지혜의 면모를 잘 보여준다.

마지막은 성공의 증거이다. 앞에서 언급한 내용과 생각은 모두 주관적인 설계였을 뿐이었다. 이 설계가 아무도 의심할 수 없는 객관적인 설득력을 지니려면, 반드시 성공적인 선례를 인용하여 주관적인 설계의 객관적인 증거를 마련해야만 했다. 이 방면에서 제갈량은 다음과 같이 대답한다.

"익주의 사면은 모두 험준한 산인 고산요새입니다. 중부는 수 천리나 되는 비옥한 평원이 있어, 예전부터 없는 것이 없는 천하의 창고라고 불렸습니다. 우리의 선조들은 이러한 지역적 장점에 힘입어 제왕의 위업을 완성하였습니다."

사실 서한 고조 유방은 서한 황조를 건립하기 전에 패왕 항우에 의해 익주의 한중을 분봉 받은 적이 있어, 그를 한왕이라고 칭하였다. 고대 익주의 한중 지역은 현재 섬서성 한중시이다. 한왕 유방은 익주의 믿을만한 전략적 근거지에 힘입어 정신을 보양하고 역량을 축적한 뒤 북을 향해 진령 산맥을 넘어 북방을 공격해 항우를 멸하고, 휘황찬란한 서한 황조를 건립하였다. 유방도 익주라는 근거지의 이점을 이용해 위대한 대업을 이루었으니, 유비도 익주와 형주를 차지하여 근거지를 마련하면, 당연히 항우보다 실력이 모자란 조조를 쉽게 멸하고, 한실 부흥이라는 목표를 실현할 수 있다는 것이다. 유방은 누구인가? 바로 유비의 조상이다. 그래서 유방의 성공 선례를 인용한 것은 전반적인 전략 설계에 객관적인 증거를 제공해 주었을 뿐만 아니라, 밝은 앞날을 드러내 주었고, 또한 유비의 자부심과 분투 정신을 끓어오르게 하였다. 제갈량은 이토록 비범한 지혜를 발휘하였던 것이다.

또 하나 보충하여 설명하자면, 중국 한조의 '한(漢)'은 최초 한중을 통과하여 흐르는 한수에서 비롯된 이름이었는데, 후에 문화적인 명사가 되었다. 오늘날 말하는 '한족', '한어(중국어)', '한자', '경한(굳세다라는 뜻의 중국어)', '호한', '영웅한', '남자한(사내대장부라는 말의 중국어)', '여자한(여자 중 사내대장부 기세를 지닌 사람을 일컫는 중국어)' 등의 단어는 모두 이에서 유래한 것이다.

지금까지 말한 내용은 유비와 제갈량 두 영웅의 '삼고초려'라는 첫 만남에서 발휘한 지혜에 관한 이야기였다. 이 두 사람의 지혜는 하나의 공통점을 가지고 있는데 바로 표면적으로는 특이할 것 없이 아주 평범해 보이지만, 깊이 들어가 해석해 보면 더 큰 뜻과 깨달음이 존재한다는 것이다. 이러한 특색은 북송시기 대문호 소동파의 '큰 지혜를 지닌 사람은 뛰어난 지혜와 재능을 드러내지 않아, 언뜻 보기에는 어리석어 보인다.(대지약우, 大智若愚)'라는 말로 결론지어 볼 수 있겠다. 혹은 더 나아가 '큰 지혜를 지닌 사람은 뛰어난 지혜와 재능을 드러내지 않아, 아무것도 없어 보인다.'(대지약무, 大智若無)라는 말로 결론지을 수 있겠다.

제4장
제갈량이 겪은 두 가지 아픔

　제갈량이 유비를 보좌한 이후로 유비의 사업은 빠른 발전을 이루게 된다. 먼저 성공적으로 형주의 대부분 지역을 점령하였고, 그 다음에는 서쪽의 익주를 점령하게 되어, 유비는 성도에서 황제라는 칭호를 얻게 되어 정식으로 촉한 왕조를 건립하게 되고, 큰 세력을 형성하게 된다. 하지만, 거대한 변고가 돌연 발생하고 만다. 맹우 손오가 동쪽에서 돌습을 하여 관우를 공격하여 죽이고 형주를 점령한 것이다. 크게 화가 난 유비는 대군을 출동시켜 손오를 공격하여 관우를 위해 복수를 한다. 성도를 지키던 승상 제갈량은 이때 두 가지 아픔을 겪게 된다. 그렇다면 제갈량이 이 시기에 겪은 두 가지의 아픔은 도대체 무엇일까?

　그것은 바로 촉한 장무 원년(221) 7월, 유비가 8만의 대군을 이끌고 호탕하게 익주의 성도를 떠난 일과, 동쪽의 삼협을 건너온 손오가 형주를 공격한 일이다.

　수도 성도를 지키라는 명령을 받은 제갈승상은 조정 대신들을 이끌고 성도 성남의 강변까지 군대를 배웅하였다. 그는 뜨거운 눈물을 머금고 안개가 낀 수면에서 점점 멀어져 가는 배들을 바라보며, 마음 속으로 이전에는 겪지 못한 두 가지 아픔을 겪었다.

　제갈량은 아픔을 겪지 않을 수 없었다. 왜냐하면 형주를 잃은 것과 관우를 잃은 것 모두 수석보좌대신인 자신과 관련이 있었기 때문이다.

자기 관리에 엄격했던 그는 분명 크게 자책하고 반성했을 것이다.

예전에는 적지 않은 학자들이 관우가 형주를 방어할 때 너무 자만하여 손오와 연맹 관계를 맺지 않았던 것이 그가 실패한 근본적 원인이라고 생각하였다. 이러한 설명은 사실 틀린 것이라고 할 수 있겠다. 필자는 과거 〈삼국명장〉이라는 책에서, 당시 유비와 손권이 형주의 토지 분할 문제로 인해 다툰 일에 대해 언급한 적이 있다. 그것은 서로의 핵심 이익이 심각하게 충돌한 문제였다. 이후에 비록 담판을 통해 쌍방이 상강을 경계로 다시 지반을 나누어, 상강 동쪽은 손권 소유로, 상강 서쪽은 유비 소유로 약정했지만, 서로의 핵심 이익이 충돌한 문제는 결국 근본적인 해결책을 얻지 못했다. 이러한 상황에서 관우가 아무리 양측의 관계 개선을 위해 노력을 한다고 했다 한들, 그로 인한 결과는 그리 크지 않았을 것이고, 손오는 결국 계획했던 대로 습격을 진행했을 것이다. 유비는 그 당시 깊은 자기반성을 해야 했다. 왜일까?

먼저, 이전에 유비가 익주에서 북으로 조조의 한중을 공격하던 때, 제갈량을 특별히 파견하여 후방의 대본영 성도를 둘러보게 한 적이 있다. 여기서 우리는 유비가 후방을 진수(鎭戍 : 군대를 주둔시켜 든든히 지킴)하는 것을 각별히 더 중시했다는 것을 알 수 있다. 그렇다면 관우가 형주에서 북쪽으로 출병하여 조조를 공격했을 때, 그는 어째서 중요한 인물을 파견하여, 관우를 위해 후방을 진수하는 대본영 강릉을 살펴보게 하지 않았을까? 가장 적합한 인물을 고르자면, 다른 사람보다는 역시 조운이었다. 왜냐하면 조운 조자룡은 충성스럽고 용맹했을 뿐만 아니라, 매우 신중하여 믿을 만하였기 때문이다. 게다가 조운은 그 당시 특별한 임무를 수행하고 있지 않았다. 하지만 유비는 조운을 파견하지 않았다. 더 심각했던 문제는 바로 그가 미방이라는 무능하고 덕이 모자란 인물에게 남군 태수라는 직무를 위임하여 관우를 위해 대본영 강릉을 지키라는 중대한 임무를 맡겼다는 것이다. 결국 손오 군대의 선두 부대가 공격을 시작하자마자, 죽기를 두려워하는 미방은 순순히 항복을 했고, 전쟁의 형세를 역전시키고 말았다. 미방이라는 인물은 도대체 누구일까? 유비의 첩 미부인의 형제이자, 유비 자신의 손아래 처남이었다. 인물의 됨됨이를 따지지 않고, 친분을 이용해 사람을 중용하였으니, 실패를 할 수밖에 없었던 것이다.

한 마디 더 하자면, 미방과 미부인의 성씨에 대해 진수 〈삼국지〉에서는 아주 정확하게 미록(麋鹿)의 미(麋)자라고 기록하고 있다. 하지만 나관중의 〈삼국지 통속연의〉에서는 미란(糜爛, 부패하다 썩다라는 뜻의 중국어)의 미(糜)로 잘못 기재하여 오늘날 영상 작품들도 잘못된 성씨를 사용하게 되었는데, 잘된 작품에 찬물을 끼얹은 격이다.

다음으로 유비는 당시 사람을 잘못 중용했을 뿐만 아니라 당시 전쟁의 형세에 대해서 너무 낙관적인 태도를 가지고 있었다. 당시 적대 국가의 두 우두머리 인물은 바로 손오의 손권과 조위의 조조로, 모두 직접 전선에서 직접 작전을 지휘하고 모든 군대를 움직였다. 하지만 이때 유비는 후방의 성도에 앉아 전쟁의 형세를 진두지휘하지 않았으며 조운도 형주로 파견하여 관우를 돕도록 하지 않았다. 관우라는 대장군 혼자 형주에서 혼자 전투를 벌였다. 유비는 관우 혼자 손권과 조조의 협동공격을 막을 수 있을 것이라고 생각했다. 이것이야말로 상황을 낙관했던 오류가 아니고 무엇이겠는가?

이로 인해 결론은 명백해졌다. 유비가 사람을 잘못 기용했고 상황에 대해 맹목적으로 낙관적이었기 때문에 형주를 잃는 큰 실수를 범하게 된 것이다. 그 자신이 큰 책임을 져야 마땅한 일이었다. 수석보좌대신 제갈량도 적합한 때에 유비에게 이를 건의하거나 경고하지 않았으니, 이에 있어 어느 정도 책임을 져야 했다.

제갈량도 괴롭지 않을 수 없었다. 왜냐하면 그는 매우 곤란한 처지에 놓였기 때문이다. 게다가 유비가 멋대로 출병하여 복수를 하고자 했는데, 그는 유비를 저지할 수가 없었다. 하지만 이 속에 들어 있는 현묘한 계책은 함께 살펴볼 가치가 있다.

사람들은 유비가 병사를 이끌고 형주를 공격한 것에 대해, 제갈량이 사전에 수석보좌 대신의 직책을 다하지 못했기 때문에 온갖 노력을 다해 유비를 막았어야 했다고 여긴다. 제갈량은 유비가 참패한 뒤 명실상부한 '사후제갈량'이 되었고, 죽은 법정을 끌어와 자신을 포장하고 긴 탄식을 내뱉으며 다음과 같이 말했다.

"법효직(법정대사)이 만약 아직도 건재하다면, 폐하를 저지하여 동쪽 형주를 공격하지 않도록 할 수 있었을 것이다. 폐하가 반드시 동쪽 형주를 공격해야 했을지라도, 함께 수행했던 법효직은 분명 폐하가 참패하도록 두지 않았을 것이다!"

제갈량을 책망하는 이러한 의견은 사실 너무 가혹한 것으로, 이 중대한 문제의 본질을 제대로 들여다보지 못한 것이다. 제갈량도 마음속에 내뱉지 못했던 고충이 있었기 때문이다.

그렇다면 제갈량이 내뱉을 수 없었던 고충은 무엇일까? 그것은 바로 그의 이중 신분에 있었다. 첫 번째 신분은 그가 유비의 창업 대전략의 총 설계자였다는 것이고, 두 번째 신분은 그가 손권의 책사 제갈근의 아우였다는 것이다.

첫 번째 신분을 먼저 살펴보자. 형주와 익주를 얻어, 두 가지 길로 중원을 공격하는 것은 그가 유비에게 설계해 준 창업 전략의 전체 계획이었다. 형주를 잃었으니, 두 다리 중 한 다리를 잃은 것과도 같은 상황에서, 그의 전반적인 계획은 물거품이 된 것이나 다름이 없었다. 이런 상황에서 유비에게 형주를 수복하지 말라고 설득하는 것은 자신의 융중 대책을 지금부터 포기하겠다고 선포하는 것이나 다름이 없었다.

두 번째 신분을 살펴보자. 그도 무척 난감했을 것이다. 만약 유비의 이번 출병이 형제의 정을 품고 있었던 관우를 위한 복수라면, 제갈량의 말할 수 없었던 고충도 형제 제갈근과의 직접적인 관련을 지니고 있었다. 하늘이 이번에 그에게 내린 이 운명적인 사건은 정말 너무도 잔혹한 것이었다.

진수 〈삼국지〉의 내용에 따르면 유비가 익주를 얻은 뒤, 손권은 특사를 파견하여 유비에게 이전에 손권의 수중에서 빌려 간 형주의 일부 영토, 후에 관우가 방어하던 남군을 돌려달라고 요구하였다고 한다. 당시 그 특사는 다른 사람이 아닌 제갈량의 형 제갈근이었다. 이때부터 제갈근은 남군과 밀접한 관계가 있었던 것이다. 특사로 파견되었던 것만 해도 큰 문제가 되지 않았다. 가장 문제가 되었던 것은 건안 24년(서기 219년) 하반기 여몽이 대군을 지휘하여 관우를 습격하고 형주를 점령한 전쟁에서 제갈근이 또 주요 장군 중 한 명이었다는 것이다. 진수 〈삼국지〉에서는 이에 대해 아주 명확한 기록을 남겨놓았다. 그 기록 중 중요한 부분은 세 가지로 요약해 볼 수 있다. 첫째, 제갈근이 총사령관 여몽의 명령을 받아 관우를 토벌한 적이 있다는 것, 두번째는 그 전쟁 이후에 제갈근은 수남장군으로 승진하였을 뿐만 아니라 선성현의 후작으로 책봉되었다는 것이다. 이것은 그 전쟁에서 그가 뛰어난 모습을 보여 큰 공을 세웠음을 충분히 증명해 준다. 셋째, 총사령관 여몽이 그 전쟁이 막 종료되었을 때 병으로 세상을 떠나고, 제갈근이 여몽을 대신하여 남군태수의 직책을 맡아 막 점령한, 관우가 과거 오랜 시간 동안 방어하던 대본영인, 남군을 지켰다는 것이다. 이는 그가 당시 손오 전선 대군 중에서 차지했던 지위를 잘 보여줄 뿐만 아니라, 그의 지위가 총사령관 여몽 다음이었다는 것을 잘 보여준다.

이로써 손권의 관점에서 보면 관우를 죽이고 형주를 점령한 전쟁 중 자신을 위해 큰 공을 세워준 장군은 당연히 전군을 지휘했던 총사령관 여몽, 그리고 여몽을 도와 큰 공을 세운 제갈근이었다는 것을 알 수 있다. 이로 인해 손권이 제갈근에게 내린 상은 총사령관 여몽 다음으로 컸다.

하지만 유비의 관점에서 보면 상황은 반대이다. 그의 의형제 관우를 죽이고 형주라는 토지를 강탈한 범인은 바로 여몽, 그리고 그 옆에서 계속 여몽을 보조한 제갈근이었던 것이다. 여몽은 이 시기 병으로 세상을 떠났으니, 그가 직접적으로 미워했던 대상은 바로 남군에서 병사들을 이끌고 지키는 제갈근이었다.

비록 양국이 교전을 하는 상황이지만, 자신의 형 제갈근이 이처럼 깊게 개입된 민감한 상황에서 만약 제갈량이 갑자기 유비에게 병사를 일으켜 복수를 하면 안된다고 설득했다면, 어떤 일이 벌어졌겠는가? 단언할 수 있었던 것은, 유비를 말리는데 아무런 효과가 없었을 뿐만 아니라, 유비는 분명 제갈량에게 자신의 형제 관계만 고려하고, 유비 자신의 형제 관계는 고려하지 않는다며 책망했을 것이고, 제갈량에게 가족의 사익에 눈이 멀어 국가 대의를 살피지 않는다고 책망했을 것이다. 촉한 왕조 승상의 신분이었던 수석보좌대신이 만약 군주의 엄중한 책망을 받게 된다면, 그로 인한 결과는 분명 크게 심각했을 것이다. 그렇지 않는가? 자칫 잘못하면 정권 내부의 대혼란이 일어났었을 것이다. 형주에서 방금 큰 좌절을 겪었는데, 익주의 내부에서 또 다시 큰 혼란이 발생한다면, 아직 건립한지 얼마 되지 않은 촉한 황조는 분명 큰 위기 상황을 맞이했을 것이다.

　이처럼 곤란한 처지에서도 국가 대국의 안정을 고려하며 속으로 끙끙 앓았던 제갈승상은 결국 유비를 말리지 못했다. 게다가 그는 내심 낙관적인 판단을 하고 있었다. 바로 수 백번의 전투를 겪은 황제 유비가 한중에서 방금 승리를 거둬 기뻐하고 있는 틈을 타 지형적으로 매우 익숙한 형주에서 전투를 벌이면 대승리는 아니더라도 완전히 참패하지는 않을 것이라는 희망이었다. 그렇기 때문에 그 당시 제갈량의 가장 큰 임무는 바로 괴로움을 참으며 최선을 다해 전방의 식량과 병사들이 부족하지 않도록 하여, 유비가 일찍 안전하게 돌아올 수 있도록 하는 일이었다.

　하지만 안타깝게도 그가 맞이한 것은 최악의 소식이었다. 전방은 참패를 하였고, 황제 유비는 병으로 일어나지 못한다는 것이었다.

　그래서 이제 곧 유비가 자신의 장자 유선을 제갈량에게 부탁하는 역사적으로도 전해지고 많은 사람의 심금을 울렸던 슬픈 이야기가 시작된다.

제5장
유비는 제갈량이 유선을 대신해 황제가 되길 바랐던 것일까?

유비가 임종하기 직전 제갈량은 유비에게 유선을 부탁한다는 유언을 남긴다. 이것은 삼국 정치사상 아주 중요한 사건이었고, 지금까지도 여러 사람의 입에서 회자되는 유명한 이야기이다. 하지만 〈삼국지〉에 기록된 유비의 유언 "여기부재, 군가자취(如其不才, 君可自取)"라는 말은 잘못 해석되어 유비가 제갈량에게 유선을 대신해 황제가 되어달라는 뜻으로 오인된다. 그렇다면 유비는 도대체 제갈량에게 임종 전 어떠한 부탁을 남긴 것일까? 유비가 남긴 이 말의 정확한 의미는 무엇일까?

이것은 삼국시기에서 가장 유명한 비극적인 이야기이다.
이야기의 구체적인 시간은 장무 3년(서기 223년) 초여름 4월이었다. 2개월 전, 촉한의 수도 경성을 지키던 승상 제갈량은 돌연 황제 유비가 전선에서 보낸 긴급 소환령을 받게 된다. 노왕 유영과 양왕 유리를 데리고 밤새 길을 서둘러 행궁으로 오고, 17세의 태자 유선은 성도에 남아 수도를 지키라는 것이었다. 이에 제갈승상은 급히 배를 타고 동쪽으로 가게 된다.
이야기의 구체적인 장소는 당시 영안현(현 중경시 봉절현)의 유비 행궁, 영안궁이라고 불리는 곳이었다. 오늘날 중경시 봉절현 장강 옆의 백제묘에는 유비가 이 곳에서 제갈량에게 아들을 부탁하는 조

멀리서 바라본 봉절백제묘

각상이 세워져 있다. 그렇다면 유비는 어찌하여 여기서 제갈량을 보자고 한 것일까?

  1년 전 유비가 출병을 하여 동쪽 삼협을 건너 관우의 복수를 위해 형주로 떠났다. 1년 후 손오의 어린 총사령관 육손이 불로 태워버리는 전술을 이용해 유비의 전군을 격퇴시켰다. 유비는 소수의 남은 병사들과 패장들을 이끌고, 서쪽에 있는 자신의 근거지로 도망갔다. 삼협 서단의 백제성(오늘날 중경시 봉절현 동쪽)에서 60세를 넘긴 그는 결국 병에 몸져눕고 말았다. 가을이 가고 겨울이 오자 스산한 한기가 닥쳤다. 촉한 황제 유비는 남루한 행궁에 누워 있었고, 병은 호전되는 기색을 보이지 않고 날로 심해져 갔다. 그는 자신이 살날이 얼마 남지 않았음을 알고, 승상 제갈량을 급히 소환하기로 결정했다.

  이 해 초여름 4월 24일, 일생을 분투했던 유비는 영안궁에서 63세의 나이로 세상을 뜬다.

유비가 임종하기 전, 아들 유선과 승상 제갈량 두 사람에게 아주 중요한 지시와 부탁을 남겼다. 진수 〈삼국지〉 35권의 〈제갈량전〉에는 이에 대한 자세한 기록이 남겨져 있다.

그중 유비가 아들 유선에게 남긴 말 속에 담긴 뜻은 명확하며 후세 사람들이 그 뜻을 잘못 해석하는 일은 없었다. 유비가 아들 유선에게 남긴 말은 이러했다. '제갈승상과 앞으로도 잘 지내며, 그를 아버지처럼 존중하도록 하여라.'

그러나 정확하게 이해하기 어려워 후세에 많은 논쟁을 불러일으킨 것은 유비가 승상 제갈량에 남긴 부탁이었다. 그는 제갈량에게 다음과 같이 말한다.

"당신의 재능은 조비보다 10배 강하니, 반드시 국가를 안정시킬 수 있으며 한실 부흥이라는 중대 사업을 완성시킬 수 있소. 만약 내 황위를 계승하는 아들 유선을 보좌할 수 있다면, 그를 잘 보좌해 주길 바라오. '如其不才, 君可自取(여기부재, 군가자취).'"

마지막 말은 도대체 어떤 의미를 가지고 있는 것일까? 이 마지막 문장이 바로 지금까지 논쟁이 멈추지 않는 부분이다.

"군가자취(君可自取)"에서 취(取)가 바로 이 문장을 이해하는 핵심이 된다. 후세 대부분의 사람들은 이 글자를 대체한다는 뜻으로 이해하여 유비의 말을 '만약 내 황위를 계승하는 아들 유선을 보좌할 수 있다면, 그를 잘 보좌해 주시오. 만약 그가 인재가 아니라면, 그를 대신하여 황제가 되어도 괜찮소'라고 해석했다. 나관중의 〈삼국지통속연의〉가 바로 이렇게 이해한 책이다. 그래서 제85회 '유비가 자신의 아들을 부탁하는 유서를 남기다' 편에서는 유비의 부탁을 이렇게 바꾸어 적는다. '만약 유선이 인재가 아니라면, 당신이 성도의 주인이 되어도 괜찮소.'라고.

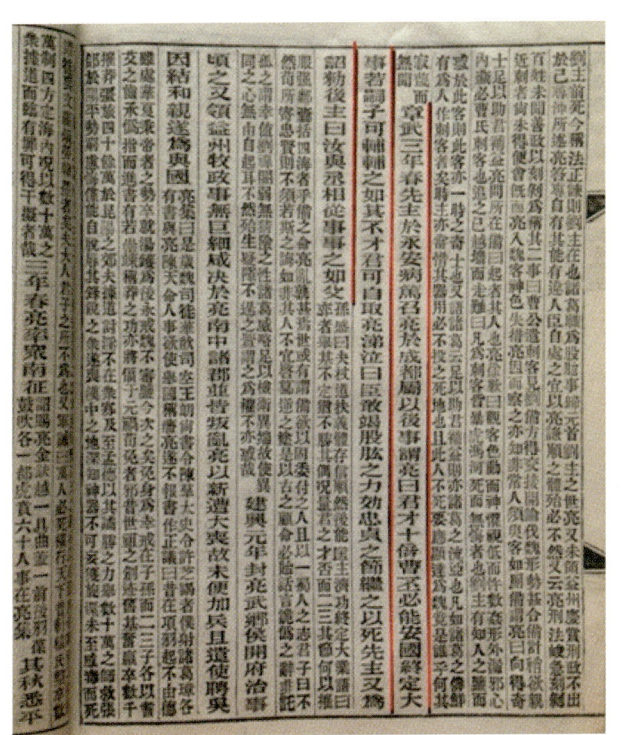

진수 〈삼국지·제갈량전〉의 유비 유언에 대한 기록 부분

그렇다면 이 해석이 과연 정확한 것일까? 이에 대한 대답은 '아니다.'이다. 왜냐하면 이러한 해석은 유비 본인의 바람과 부합하지 않기 때문이다.

유비의 바람을 정확하게 이해할 수 있는 가장 믿을만한 방법은 주관적인 추측과 판단이 아니라, 유비 임종시의 상황으로 되돌아가, 그 당시의 언어 환경 속에서 고찰을 해 보는 것이다.

왜일까? 왜냐하면 중국어의 일부 단어의 의미는 시대에 따라 변화하기 때문이다. 예를 들어 〈출사표〉에서 "선제부이신비비(先帝不以臣卑鄙, 선제는 신하의 신분이 낮음을 생각하지 않는다)"에서 비비(卑鄙)라는 단어는 당시 사회적 지위가 아주 낮은 사람을 일컫는 단어였다. 만약 이 단어를 오늘날 쓰이는 단어의 뜻인 졸렬하다는 뜻으로 해석을 한다면 제갈량은 분명 비웃을 것이다. '소품(小品)'이라는 단어도 당시에는 불교경전의 정선본을 가리키는 말이었다. 만약 이 단어를 현재의 의미인 무대 연기 형식으로 이해를 한다면 불교도들이 모두 비웃을 것이다. 이로 인해 고대 단어에 담긴 의미를 정확하게 이해하는 것은 반드시 동시대의 단어 자료로부터 관찰을 해야 하며, 오늘날의 단어로 옛 단어의 뜻을 대체해서는 안된다. 오늘날의 뜻으로 마구잡이 해석을 한다면 이상한 뜻이 되어버리고 마는 것이다.

필자는 진수 〈삼국지〉에서 쓰인 문자를 전부 통계 및 분석을 진행하였고 다음과 같은 세 가지 결론을 얻었다.

첫째, 책의 305곳에서 '取' 자가 쓰인 문구를 찾았고, 그 뜻은 비록 10종류가 넘지만, 어떠한 문장도 '取代(대체)'라는 뜻을 지니지 않았다는 것이다.

사실, '取代(대체)'라는 단어는 현대 중국어 단어다. 나타난 시기가 비교적 늦다. 이 단어의 연원은 '取而代也(그것을 취하여 대신한다)'라는 문구였다. 여기서 점점 생략되고 합병되어 '取代(대체)'라는 단어가 된 것이다. 〈사기〉에 기재된 내용에 따르면, 진시황이 밖에서 순유하며 돌아다니는 것을 항우가 길에서 본 후 이렇게 말했다고 한다. '피가취이대야(彼可取而代也)' 뜻은 '저 사람은 그의 위치를 빼앗을 수 있겠다. 후대가 그를 대신할 테니'라고 한다. 여기서 우리는 '취(取)'와 '대(代)'는 '이(而)'를 사용하여 병렬의 뜻을 지닌 두 동사를 연결한 것이며, 이 두 글자는 완전 독립적인 뜻을 지니고 있으며 서로 교체될 수 없고, 동시에 그 뜻을 가질 수도 없음을 알 수 있다. 당시의 '취(取)'는 '교체' 혹은 '그것을 취하여 대신하다'라는 함의를 가지고 있지 않았던 것이다. 그렇지 않으면 항우의 직접적인 성격에는 '피가취야(彼可取也, 저 사람을 취할 수 있겠다)'라고 직접적으로 말하는 편이 나았을 것이다.

둘째, 만약 '대체'라는 뜻을 드러내고자 했다면, 삼국시기에는 더욱 자주 사용되고, 오해를 불러일으키지 않는 단어가 있었다. 바로 '대(代)'였다. 이러한 문구의 예시는 〈삼국지〉에서도 총 100개 이상이 존재한다. 예를 들어 〈제갈량전〉에서는 다음과 같은 문장이 있다.

"회한조경선주호대현(會漢朝更選朱皓代玄, 동한 조정의 다른 선택 주호를 만나 제갈현을 대체하다.)"

"대진기위상서령(代陳祇爲尚書令, 진기를 대체하여 상서령을 맡다.)"

"의양번건대언(義陽樊建代焉, 본관이 의양인 번건이 그를 대체하다.)"

이로써, 유비가 정말 제갈량이 유선을 대체할 수 있다는 의미를 드러내고자 했다면, '군가대지(君可代之, 당신이 그를 대체할 수 있다.)'라고 말했을 것임이 명백하다. 그렇다면 그는 어째서 '군가자취(君可自取)'라는 말을 사용했을까?

셋째, 〈삼국지〉의 '취(取)' 자에는 열 가지 함의가 있다. 그중 '잡다(拿)'라는 뜻으로 쓰인 곳이 99곳으로 가장 많다. 하지만 '잡다(拿)'의 대상은 모두 물건이며, 사람은 아니다. 그 다음 많이 쓰인 곳은 '선취(選取): 선택하여 취하다'라는 뜻으로 68곳에서 쓰였다. 그 다음으로 많이 쓰인 뜻은 '진공(進攻): 공격하다', '탈취(奪取): 빼앗다', '초치(招致): 초래하다', '채집(采集): 채집하다', '획득(獲得): 획득하다', '할취(割取): 빼앗다', '접수(接受): 받아들이다', '영취(迎娶): 아내를 맞아 결혼하다' 였다.

넷째, 위에서 언급한 10가지의 함의 중, '군가자취(君可自取)' 및 아래 위 문장과 가장 잘 어울리는 것은 두 번째 함의인 '선취(選取): 선택하여 취하다'이다. 즉, 유비가 말한 '여기불재, 군가자취(如其不才, 君可自取)'의 정확한 의미는 '만약 유선이 인재가 되지 못한다면, 적합한 방법을 취하여 처리할 수 있소'라는 뜻이다. 이렇게 판단한 이유는 다음과 같다.

'불재(不才)'라는 단어의 의미는 상당히 광범위하고 불확실하다. 삼국 이전 역사의 관점에서 보면 황위를 계승한 황자가 황제로서의 능력이 모자란 경우는 네 가지 상황이 있으며, 보정대신은 그 네 가지 상황에 상응하는 방법을 취할 수 있다. 가벼운 정도의 상황에는 간곡히 회유하고 간언을 할 수 있다. 비교적 심각한 상황이라면 직언을 통해 경고할 수 있으며, 더 심각한 상황이라면 군주의 자격을 잠시 멈출 수 있다. 상대의 이윤은 태갑을 3년 동안 쫓아내 반성을 시키고 다시 돌아와 군주의 역할을 하도록 하였다. 가장 심각하고 극단적인 경우에는 폐위시키고 황족 중 다른 적합한 군주를 선택하는 것이다. 하지만 국정보좌대신이 절대 그 자리를 대신해서는 안되었다.

황위를 이은 황자가 인재가 아닌 상황은 다양했다. 하지만 유선이 황위를 이은 이후에 어떻게 할지는 아무도 모르는 상황이었다. 만일 그가 성인이 되어 완전한 판별 능력을 갖췄을 때, 제갈량과 권력 다툼을 벌인다면 어떻게 해야 좋은 것일까? 오늘날의 계산에 따르면 제갈량에게 특수한 권력을 사전에 부여하여 각 상황에 따라 알맞은 조치를 할 수 있게끔 하는 것만이 향후에 발생하게 될 복잡한 상황을 잘 대비하는 것이었다. 그렇게 해야만 국가를 안정시킬 수 있었으며 한실 부흥이라는 대업을 이룰 수 있었다. 그로 인해 '취(取)'라는 글자를 '선취(選取, 선택하여 취하다)'로 해석해야만, 그 전 문장인 '여기부재(如期不才)'가 딱 들어맞는다. 유선에게 약간의 부족함만 보여도

웃통을 벗고 그를 대체하여 황제가 되어야 할 필요는 없을 것이다.

그 외에 유비에게는 노왕 유영과 양왕 유리라는 두 명의 자식이 더 있었다. 그래서 새로운 군주가 필요하다고 해도 현재 있는 사람 중에서 중용하면 되었다. 그리고 이것과 밀접한 관련이 있는 부분이 있는데, 아직까지는 많은 사람이 주의를 기울이지 못한 부분이다. 그것은 바로 유비가 제갈량에게 두 황자들을 데리고 함께 성도에서 영안궁으로 오라고 요구했다는 사실이다. 이것은 무엇을 설명하는 것일까? 이것은 바로 그가 이미 깊은 고민을 했다는 것이다. 그는 제갈량이 황자들을 데리고 오는 길에 두 황자들의 천성과 재능에 대해 이해하도록 하였으며, 두 황자들이 현장에 와서 직접 부황의 임종을 지켜보고 유언을 듣도록 했다.

고대 중국은 봉건 황조 시대로, 군주의 수중에 있는 권력은 주로 국가의 소유권과 관리권이었다. 국가의 소유권은 신하들이 절대 건드릴 수 없는 것이었다. 만약 건드리면 대역죄에 해당했다. 반대로 국가의 관리권은 보좌대신에게 위탁할 수 있었다. 특히 군주의 나이가 어렸을 때 그랬다. 이는 역사 속에서도 자주 있었던 일이다.

제갈량이 유비의 명령을 받들어 유선을 받아들인 것은 사람들의 주목을 받는 부분이다. 이는 그가 국가의 관리권을 받아들였을 뿐만 아니라, 아주 희귀한 권력을 부여 받아, 미성년인 군주 유선이 만약 '인재가 되지 못할 경우', 그에 상응하는 방법을 취해 옆에서 보조하고 경고를 할 권력을 가졌다는 것이다. 이로서 유선이 그와 화합하며 지낼 수 있도록 충분히 보장해 주었고, 권력 다툼이라는 심각한 문제가 발생하지 않도록 한 것이다.

결국 유비가 이러한 유언을 남긴 의도는 바로 가까운 시일에 국가를 안정시키고, 먼 장래에는 대업을 완성시키려는 형세를 고려하여,

제갈량이 나라를 다스릴 재능을 가졌으나 나라를 다스릴 지위를 갖추지 못하게 하고, 또한 유선은 나라를 다스릴 지위를 가졌으나 나라를 다스릴 재능을 갖추지 못했을 경우에 적절히 대처할 수 있는 현실적인 대안을 내놓은 것이었다. 그 특수한 해결 방법은 바로 군주의 자리와 군권을 잠시 분리시켜 군주의 자리를 유선에게 계승하게 하고 군권을 제갈량에게 잠시 대리 장악하도록 함으로써 충분히 제갈량의 재능을 발휘할 수 있게끔 하여 북방 조위 정권에서 군주의 자리와 군권을 모두 자신이 점유하고 있는 조비와 필적할 수 있도록 한 것이었다. 이것은 생사존망의 시련이라는 험준한 형세 속에서 반드시 취해야만 했던 현명한 임시 방편이었던 것이다.

하지만 '군가자취(君可自取)'가 필자가 상술한 대로 해석이 된다고 하더라도, 진, 서한, 동한의 정치사에 황제가 임종하기 전에 쓴 유서 속에 이러한 부탁을 남긴 자는 유비 이전에는 선례가 없을 것이다.

선례가 없었기 때문에 유비는 이를 위해 특별한 정치적 안배를 해야 했고, 아들 유선에게 특별히 지시를 해야 했다. 이 내용은 앞에서 이미 언급한 적이 있다. 그는 '너와 제갈량은 앞으로 함께 생활하며, 그를 아버지처럼 여기고 존중하도록 하여라'라고 하였다.

표면적으로 유비의 이 행위는 가정사를 아들에게 넘긴 것이지, 중요한 국정을 넘긴 것이 아니다. 그래서 이 안에 담겨 있는 깊은 정치적 의미를 소홀히 하기 쉽다. 사실, 〈삼국지〉에서는 이 유서와 유비와 제갈량 군신 두 사람의 말을 함께 역사책에 기록하고 있다. 여기서 이미 이 유서가 얼마나 중요한지가 드러난다. 사실 이 유서는 바로 제갈량에게 한 부탁에 자신의 의견을 더 보충하고 완벽하게 한 것이다. 반드시 이 두 개를 결합하여 관찰해야만 유비의 깊은 의도와 치밀한 계획을 깨달을 수 있을 것이다.

성도 무후사 박물관 유비전의 현판

첫 번째 의도는 제갈량을 위함이었다. 그를 위해 조정을 보좌하고 권력을 행사하는 다른 무리를 없애고자 했다. 제갈량의 충성에 대해 유비는 의심을 가지고 있지 않았다. 제갈량은 매우 근면한 사람이었고 유가의 군신대의를 지켰다. 이로 인해 그에게 유선을 보좌하면서 경고와 바로잡을 권력을 부여했다고 하더라도, 그가 유선에게 그러한 권력을 휘두를 때 무척 곤란해 했을 것이다. 문제의 핵심은 어떠한 상황에서도 그는 신하의 신분이었기 때문에 말과 행동을 함에 있어 신하의 예절을 반드시 지켜야만 했다는 것이다. 그의 이러한 신분상의 곤란함을 없애주기 위해, 유비는 그에게 또 다른 신분을 부여할 수밖에 없었다. 그것은 바로 유선의 다음 아버지가 되게끔 하는 것이었다. 부자관계도 유가의 삼강 중 하나였다. 아버지가 아들을 바른 길로 이끌고 안내하는 것은 하늘과 땅의 이치 아니겠는가?

두 번째 의도는 유선을 위함이었다. 제갈량은 국정보좌대신의 신분으로 촉한의 국정을 장악하고 있었고, 자신의 잘못됨을 바로잡고 경계할 거대한 권력을 가지고 있었다. 어린 유선이 그와 어울리는데 있어 '마치 가시방석에 앉은 것'과 같은 느낌을 피할 수 없었을 것이다. 이러한 불편함은 결국 두 사람의 군신의 신분관계까지 이어졌을 것이고, 향후 조정의 정국에도 큰 위기가 될 수 있었다. 하지만 이 유서는 효과적으로 유선의 이러한 불편한 감정을 녹여버린다. 왜냐하면 아버지는 아들에게 있어 가장 믿을만한 사람이고, 자신을 제일 먼저 보호해 주는 사람이기 때문이다. 아버지는 아들에 대해 성장을 감독해야 할 책임이 있고, 힘을 다해 정당한 권익을 보호해 주어야 할 책임이 있다. 황위를 이을 황자 유선에게 있어, 그가 보유하고 있는 합법적 권익 중 가장 중요한 핵심 권익은 바로 황제 신분의 계승과 보유였다. 제갈량이 일단 유선의 아버지가 되면, 유선의 핵심이익을 보호하는 것은 제갈량에게 있어 도의상 거절할 수 없는 가장 중요한 책임이 되는 것이었다. 이러한 상황 속에서 유선의 가시방석에 앉은 것과도 같은 불편한 느낌은 적어도 기본적으로 사라질 수 있을 것이며, 군신이 서로 화목하게 지내는 상태로 이끌 수 있을 것이었다. 유비는 노왕 유영에게도 제갈량을 아버지처럼 모시라고 부탁하였는데, 이 역시 같은 목적이었을 것이다.

　세 번째 의미는 촉한 조정 대신들과 민중들을 향한 합리적인 당부와 해설이었다. 제갈량에게 선례가 없는 정치적 부탁을 한 것에 대해 이전에는 '한실 부흥'이라는 정치적 구호에 있었던 것이긴 했더라도, 여러 곳에서 한데 모인 촉한 가신들이 모두 다 이해를 하거나 찬성을 했던 것은 아니었다. 만약 가신들이 이에 대해 공감대를 형성하지 못하면 제갈량의 이후 집정은 순조롭지 못할 것이었다. 문제의 핵심은 여전히 제갈량의 단일한 신하 신분에 있었다. 하지만 유비가 명문으로 제갈량이 황자의 아버지와도 같다는 말을 남긴 이후로, 제갈량은 실질적으로 유비의 분신이 된 것과 같은 효과를 낳았다. 선제가 떳떳하게 만들어낸 선제의 분신을 대면한 가신들은 마음속으로 제갈량을 자신과 평등한 신하라는 생각을 가질 수가 없었다. 이 뿐만 아니라 선제가 직접 제갈량과 유선의 관계를 아버지와 아들의 관계라고 정해 놓으니, 제갈량과 유선 사이에 있는 모든 사무는 군신 간의 나랏일이었고, 동시에 부자 간 집안일이라는 성질도 띠게 되었다. 국가일 뿐만 아니라, 집안일까지 연관되어, 이에 대해 이의를 품는 사람이 있을 지라도 함부로 입 밖으로 그 말을 내뱉지 못했다.

이로써 유비의 아들 유선에 대한 특별한 지시는, 그가 제갈량에게 임종 전에 부탁한 것과 같은 가치를 지닌다. 임종 전 부탁은 제갈량에게 임무를 넘긴 것이었고 특별히 제갈량에게 임무를 완성해야 한다는 지시를 내린 것이었다. 그가 임무를 완성한다는 보장이 없으면, 임무를 완성하는 일은 더 어려웠을 뿐만 아니라 심지어 좋지 않은 정치적 결과를 초래했을 것이다.

제갈량이 유비로부터 받은 유언과 부탁의 내용을 살펴보면 국가의 소유권의 최저 한계는 건드리지 않았다. 또한 이 한계를 건드릴 필요도 없었다. 이 점 때문에, 이 부분이 진수에 의해 높이 평가 받았던 것이고, 유선이 황위를 계승한 뒤에도 안심하고 재위할 수 있었고 제갈량도 당당하게 자신의 재능을 펼칠 수 있었던 것이며, 〈출사표〉에서 유선에게 엄격한 충고를 남길 수도 있었던 것이다. 만약 제갈량이 이 한계를 넘어, 유선을 대체하여 황제가 되었다면, 봉건 윤리 도덕의 기준에 맞았던 아름다움이 바로 추악함으로 변하는 것이었다. 이런 상황이라면, 역사 정파인 사학가 진수는 그의 저술 〈삼국지〉에서 그에게 그렇게 높은 평가를 내리지 않았을 것이다.

제6장
제갈량이 유비의 시신을 안장한 사실의 역사적 진실

서기 223년 4월, 유비가 병으로 용안현(오늘날 중경시 봉절현)의 행궁에서 서거하였다. 그의 시신은 그의 유언과 부탁을 받은 승상 제갈량에 의해 수도 성도까지 호송되어 안정되었다. 이 사실은 〈삼국지〉 등 여러 정규 역사서적에 명확하고 상세하게 기록되어 있다. 하지만 1961년 중국의 저명한 역사학자 곽말약 선생은 유비는 기온이 높은 여름에 사망하였으며, 당시 교통이 상당히 불편하였기 때문에 봉절에서 성도까지 강을 역행하여 운반하려면 적어도 30일의 시간이 필요하다고 하였다. 또한 당시의 조건에서는 시신은 분명 부패하였을 것이며 이로 인해 제갈량은 유비의 시신을 아마 봉절에 안장하고 성도로 호송해오지 않았을 것이라고 주장하였다. 그의 이 발언은 큰 파동을 일으켰다. 이후 유비 시신의 안장 장소에 대해 '성도설'과 '봉절설'의 언쟁이 일었다. 과연 진실은 무엇일까?

먼저 곽말약 선생이 이 의문을 제기한 시간은 바로 그가 1961년 봉절을 지나던 시기였다. 비록 곽말약은 저명한 역사학자이긴 했지만, 봉절에 잠시 머무르던 시간은 아주 짧았다. 게다가 현지에서 아주 짧고 간단하게 언급하였을 뿐이었다. 그 이후로 이 의문에 대해 정식으로 글을 작성하지도 않았다. 이것은 다음과 같은 두 사실을 보여준다. 첫째, 이것은 그가 오랜 시간 동안 연구해오던 역사 과제가 아니었으며, 사료를 기초로 얻은 결론도 아니었다는 것이다. 둘째, 그는 그저 가능성만을 언급한 것이며, 의심할 여지가 없는 정론을 인정한 적이 없다는 것이다.

다음으로 곽말약이 봉절을 지나가던 시기는 그가 다른 사람의 학설을 비평하고 반론하는 일을 하던 전성기였다는 것이다. 이전 1959년에는 조조에 대한 학설을 뒤집었으며, 1960년에는 무측천에 대한 학설을 뒤집었다. 그 이후 1971년에는 두보에 대한 학설을 뒤집었다. 그리고 이에 대한 극본, 논문 등을 대량 발표하였다. 하지만 이상하게도 유비의 시신이 성도로 운송되었는지에 대한 문제에 대해서 그는 구두로만 언급했을 뿐, 그 이후 어떠한 문장도 남기지 않았다. 사학 고증은 증거를 가지고 이야기한다. 그가 고증성 문장을 발표하지 않은 가장 큰 이유는 아마도 이 논점을 지지할만한 충분히 믿을만한 증거를 확보하지 못했고, 오히려 그와 반대되는 증거 자료들만 존재한다는 것을 발견했기 때문일 것이다.

이제 세 가지 사실에 대해 총 15개의 조항으로 나뉘는 증거를 나열하며, 역사적 사실에 대한 복원 작업을 시작해 보자. 사료가 너무 많아지는 것을 피하기 위해 여기서 고른 사적 문헌은 저자가 반드시 엄격한 저술 태도를 지닌 사학가여야 하며, 반드시 전문 학계에서 호평받는 학술적 가치를 지니고 있어야만 한다.

1. 유비의 시신이 확실히 성도로 운송되어와 혜릉에 안장되었다는 증거

이에 대한 증거는 총 5개가 존재한다.

첫째, 진수 〈삼국지〉의 32권 〈선주전(先主傳)〉의 내용이다. "그 해

여름 4월 24일, 선주 유비가 용안의 행궁에서 그의 나이 63세에 서거하였다. 5월, 영구가 영안에서 성도로 운송되었고, 유비에게 '소열황제'라는 시호를 주었다. 가을 8월 성도 혜릉에 안장되었다."

둘째, 〈삼국지〉의 34권 〈선주감황후전(先主甘皇後傳)〉의 내용이다. "승상 제갈량이 후주 유선에게 보고하며 말했다. '황사부인'으로 책봉된 유비의 감부인, 그녀의 시신은 이미 성도로 운송되었습니다. 그리고 선황제 유비의 시신도 현재 성도로 운송 중입니다. 그들 부부를 합장시킬 혜릉도 곧 완성될 예정입니다. 그들을 함께 합장시키는 일도 이제 시간이 확정되었습니다."

셋째, 동진 상거 〈화양국지(華陽國志)〉 6권 〈유선주지(劉先主志)〉에 기록된 문장은 위에서 언급한 〈삼국지〉의 내용과 완전히 일치한다.

넷째, 북송의 사마광 〈자치통감(資治通鑑)〉 70권 황초 4년, 그 해 여

성도 유비 혜릉의 산문

름 4월 24일 한조 군주 유비가 영안에서 사망하였다. 그의 시호는 '소열'로 정해졌으며, 승상 제갈량은 그의 시신을 성도까지 호송하였다. 5월 황태자 유선이 황제의 지위를 계승하였으니 그의 나이 17세였다.

다섯째, 남송 정초〈통지(通志)〉8권의 문장이 위에서 언급한〈삼국지〉의 기록과 완전히 일치한다.

2. 유비의 시신이 반드시 성도에 옮겨져 안장되어야 하는 이유

이 유추에 대한 증거는 총 6개가 있다.

첫째, 유비의 시신이 만약 성도로 운송되지 않았다면, 당시의 엄격한 예절에 따라 구체적으로 장례라는 대사를 치를 인물을 선정해야 했다. 만약 법에 의거해 확정할 수 없다면 장례 절차가 진행될 수가 없었다.

유비의 황조는 양한을 계승한다고 자칭하였고, '한'을 정식 국호로 삼았다. 그렇다면 그의 국가가 준수해야 할 예의제도, 그중에서도 가장 중요한 내용 중 하나는 바로 황제의 장례예제였다. 황제의 장례는 반드시 조상의 한가 제도를 계승해야만 했다. 유비가 병으로 세상을 떠난 뒤 조정을 장악하고 있는 제갈량은 유가 예의 사상에 깊이 순화된 사람이었다. 그 역시 한가의 왕통에 대해 지극한 충성심을 가지고 있었으며, 유비에 대해 항상 감사하는 마음을 지니고 있었다. 이에 그가 주관한 장례는 더욱 성심성의껏 한가의 엄격한 예제를 따라 진행되었을 것이다.

동한시기 황제와 관련된 장례예제는〈후한서(後漢書)〉에 부가적으로 덧붙여진 사마표 〈예의지(禮儀志)〉의 '대상'이라는 부분에 아주 자세하고 명확하게 기록되어 있다. 글의 첫머리에서 황제가 사망한 뒤 정식으로 치러야 할 선결성 법정 절차에 대해 설명한다. 그 절차는 다음과 같다.

황제가 사망하면, 먼저 황후는 직접 황제가 이미 사망했다는 사실을 확인해야 한다. 그 후 황후가 조정의 임시 주재자의 신분으로 정식 조서를 내려 구체적인 장례식 진행에 대한 중임을 조정의 집정대신에게 넘겨야 한다. 선결적으로 중임을 넘기는 절차를 완성한 후, 장례식을 구체적으로 집행할 사람은 집정대신이 되는 것이며, 정당한 명분으로 업무 전체를 시작할 수 있게 되는 것이다.

촉한의 승상은 조정의 수석집정대신이었다. 이로 인해 유비의 장례식을 주관할 권리를 부여 받은 자는 바로 제갈량이었다. 하지만 그전에 그는 반드시 법에 따라 황후로부터 권한을 부여 받고 지령을 받아야만 했다. 황제의 장례이기 때문에 두 가지의 성격을 가지고 있었는데, 첫째는 황제의 가정사이고, 둘째는 조정에 닥친 국가의 일이었다는 것이다. 가정사의 관점에서 황후는 황제의 아내로 직계 가족 중에서도 의심할 여지가 없는 권위적인 발언권을 가지고 있는 사람이었다. 국가적인 면에서도 황후의 신분과 지위는 거의 황제와 동등하였다. 황제의 장례라는 특수한 국가대사에 있어서도 의심할 여지가 없는 권위적 발언권을 가지고 있었다. 황후가 여성이었기 때문에 공개적으로 얼굴을 비추며 일을 주관할 수 없어, 반드시 남성인 집정대신에게 이 일을 대신 처리하도록 맡겨야만 했다. 이 선결적인 법정 절차는 이치에 맞을 뿐만 아니라, 주도 면밀하게 모든 측면을 고려하고 있었다.

하지만 〈삼국지〉 및 기타 사적에 기록된 내용에 따르면, 당시에는 여전히 유비의 정식 황후 오씨가 건재하고 있었고, 그녀는 후방의 성도에 계속 머무르고 있었다고 한다. 그녀는 유비가 병으로 서거한 영안현으로 오지 않았던 것이다. 오황후가 직접 남편 유비의 시신을 보지도 못하고 그가 이미 사망을 했다고 확정한 상황에서 오황후는 절대 제갈량에게 정식으로 조서를 내려, 특수한 권한을 부여할 수가 없었다. 오황후가 제갈량에게 정식으로 권한을 부여하지 않은 상황에서 일관되게 법에 의거하여 나라를 다스리고 매사 모든 일을 신중하게 진행했던 제갈량도 절대 이 예법을 무시하고 마음대로 결정을 내려 황제의 장례를 자신이 주관하며 유비를 그곳에 안장시킬 수 없었을 것이다. 이로 인해 황제의 시신은 빠르게 성도로 호송되었고 법에 따라 선결적 수권 예의 절차를 마친 후에 성심성의껏 장례를 치렀을 것이다. 이것이 제갈량이 그 때 할 수 있었던 유일한 선택이었다.

둘째, 유비의 시신이 만약 성도로 운송되지 않았다면, 당시의 엄격한 예제에 따라, 정식 장례 활동의 첫 번째 순서는 가족들과 조정 대신들의 애도였는데, 이를 완전히 진행할 수 없었던 상황이었다는 것이다.

이 순서는 황제 가족의 직계와 모든 조정 대신들이 이미 목숨이 끊긴 황제의 시신을 보고 함께 황제의 죽음에 대해 애도하며 이별을 고하는 것이다. 현재의 장례식장에서 치뤄지는 고별 의식과 매우 비슷하다. 사마표의 〈예의지(禮儀志)〉의 '대상'이라는 절차에서는 이에 대해 다음과 같이 기록하고 있다.

"황제가 일단 사망하면, 황후, 황태자와 다른 황자들은 모두 황제의 시신을 대면하고 예의제도에 따라 무릎을 꿇고 통곡을 해야 한다. 조정 대신들은 대전의 아래 모여 함께 통곡하며 애도해야 한다."

하지만 〈삼국지〉 및 기타 사적에 기재된 내용에 따르면, 당시 유비의 황태자 유선은 황후 오씨와 같이 후방 성도에 머무르고 있었으며 유비가 병으로 서거한 영안현에 오지 않았다. 이외에도 촉한 조정 대신들 중, 특히 문신들 중에서도 중요한 관리들은 모두 성도에 남아 있었으며, 유비를 따라 출정을 나가지 않았다. 이 두 집단들에게 있어 황제의 시신을 직접 확인할 권리와 대면하고 슬픈 감정을 표현할 권리는 모두 지극히 신성한 합법적인 권리였으며, 어느 누구도 박탈할 수 없었다. 설령 제갈량이라고 해도 말이다. 그렇지 않으면, 제갈량은 황제의 직계 가족들에게 상황을 설명할 수 없었을 것이며, 남아서 성도를 지키던 조정의 관리들에게도 상황을 설명할 수 없었을 것이다. 이러한 상황에서 유비의 시신을 신속하게 성도로 호송해오는 것이 그가 당시 할 수 있었던 유일한 선택이었다.

셋째, 유비의 시신이 만약 성도로 운송되지 않았다면, 당시의 엄격한 예제에 따라 정식 장례 활동의 두 번째 순서는 시신을 관에 넣는 예식인데, 이것 역시 진행할 수가 없는 상태였다.

사마표 〈예의지(禮儀志)〉에 기재된 내용에 따르면,

"황제의 시신을 관에 넣는 예는 황궁 주전의 중청, 두 개의 동량 사이의 공간에서 진행되어야 한다."

구체적인 세부 절차는 다음과 같다.

"황후 및 기타 여성 직계 가족들은 시신의 서쪽에 서야 하고, 시신을 동쪽에 두어야 한다. 다른 관련 여성 가족들은 등급 질서에 따라 황후의 뒤에 선다.

황태자와 기타 황자들은 시신의 동쪽에 선다. 그중 황태자의 서쪽에 시신이 있어야 한다. 기타 황자들의 위치는 황태자의 위치에 따라 남쪽을 향해 약간씩 뒤로 물러선다. 그리고 시신을 북쪽에 두고 바라보아야 한다.

장소에 있는 자들과 함께 대성통곡을 한 뒤, 장례식 집행 권한을 부여 받은 집정대신은 계단 아래로부터 전당으로 올라가 황궁 근처에 있는 대신들의 도움을 받아, 관 내에 옥규, 옥장 등과 같은 순장품들을 넣는다.

그 다음 황제의 아들 황태자가 아버지를 향해 통곡을 하며 고별을 한다.

그 후, 장례 용품 제작을 담당하는 장인이 관을 덮고 철못을 박으며, 관을 완벽히 밀봉한다. 그리고 착도를 이용해 관을 교합하며 밖으로 튀어나온 나무들을 정리하여 관을 매끄럽게 한다. 이로써 관을 덮는 예를 종료한다."

앞서 통곡의 예와 비교했을 때 관을 덮는 예의 장소는 더 넓고, 참여하는 인원도 더 많다. 사문의 상세한 열거에 따라, 황제 가족은 황제의 동성종족 남성과 여성들까지 확장되며, 조정대신은 가장 높은 등급의 집정대신에서 가장 낮은 관직의 궁중 저급 관리까지 포함되며, 밖에서 온 여러 손님들도 포함된다. 이 사람들이 모두 대전의 광장에 모여 진행되는 것이다.

이러한 절차의 목적은 더 많은 사람이 황제에게 애도의 뜻을 표하는 것 이외에도, 더 깊은 뜻을 가지고 있다. 바로 이렇게 많은 사람이 직접 황제의 사망을 확인하고 입관을 확인하는 중대한 역사적 사실이라는 점이다. 만약 앞의 통곡의 예가 작은 범위 내에서 진행되는 시신 고별 의식이었다면, 관을 덮는 예는 광범위하게 진행되는 시신 고별 의식인 셈이다. 하지만 후자는 독특한 작용이 하나 있다. 바로 더 광범위한 사람들에게 새로운 황제가 등극한다는 사실을 보이고, 국가 역사의 새로운 장을 여는 것이다. 이 부분에 대해서는 아래에서 더 언급하도록 하겠다.

더욱 광범위한 사람들에게 지극히 신성한 권리는 바로 황제의 사망을 직접 확인하는 권리이며, 황제의 시신에 대해 슬픔을 표하는 권리, 그리고 황태자가 관 앞에서 황제의 지위를 계승하여 등극을 하는 장면을 목격할 수 있는 권리이다. 이 권리는 어느 누구도 박탈할 수 없는 권리인 것이다. 이 사람들이 권리를 행사할 수 있게 하기 위해 유비의 시신을 성도로 호송해 오는 것은 제갈량이 당시 할 수 있었던 유일한 선택이었다.

넷째, 유비의 시신이 만약 성도로 돌아오지 않았다면, 당시의 엄격한 예제에 따라 정식 장례 활동의 세 번째 절차는 바로 황태자를 황제의 자리로 등극시키는 일이었는데 이 역시 결코 진행할 수 없는 일이었다.

사마표의 〈예의지(禮儀志)〉에 기재된 내용에 따르면,

"황태자는 황제의 시신이 입관하는 당일, 관 앞에서 즉위하여 정식으로 새로운 황제가 된다."

라고 하였다.

역사의 문장에서는 다음의 세 가지 문제에 대해 명쾌한 대답을 내린다. 첫째, 황태자는 언제 즉위하는가? 바로 입관 '대렴'의 예를 거행한 당일, 예의가 종료된 다음 바로 즉위한다. 둘째, 황태자는 또 어디서 즉위하는가? '대렴'의 예를 거행한 현장에서, 관을 덮는 절차가 종료된 관 앞에서 즉위한다. 셋째, 황태자가 즉위하는 구체적인 절차는 어떻게 되는가? 사문에 기재된 내용에 따르면, 그 구체적인 절차는 다음과 같다고 한다.

"첫째, 수석집정대신이 주예관으로서, 먼저 남쪽의 계단에서 내려와 전당에 오르고, 북쪽을 향해 선황제의 관을 마주하고, 영구 앞에 놓인 새로운 황제의 어좌에서 절을 하며 예를 행한다.

둘째, 주예관이 옥으로 만들어진 옥새를 옥새가 찍힌 비단 끈으로 묶어 동쪽을 향해 무릎을 꿇고 황태자에게 전달한다.

셋째, 황태자가 옥새를 가지고 관 앞의 새로운 황제 어좌로 가서 앉는다. 그리고 남쪽을 향해 가족, 백관 그리고 내빈들의 축하를 받으며, '만세' 환호성 속에서 정식으로 조정의 새로운 황제가 된다."

주의해야 할 것은 이 사문은 선황제의 시신이 있는 관까지 언급하고 있다는 점이다. 황태자는 먼저 관 앞에 서야 하고, 주예관은 관 앞에서 재위를 선포하는 책문을 낭독해야 한다. 또한 이 관 앞에서 황태자에게 옥새를 전달해야 하고, 황태자는 옥새를 전달받은 후 관 앞의 새로운 황제 어좌에 앉아 즉위하여 황제라고 불리게 되는 것이다. 이러한 예의제도를 설계한 깊은 정치적 목적은 적어도 다음 세 가지로 분석해 볼 수 있겠다.

첫째, 새로운 황제의 권위를 표명하는 것은 선황제의 수중에서 직접 옥새를 전달받는 것인데, 이 사이에는 절대 어떠한 거짓된 요소나 불법적인 요소가 개입되어서는 안된다. 황권 수권 의식이 완전무결해야만 새로 즉위한 황제는 의심할 여지가 없는 정통성을 지니게 된다.

둘째, 새로운 황제의 권위를 표명하는 것은 직접적으로 선 황제의 신성한 협력과 주시 그리고 호우를 받는 것을 말한다. 이로 인해 황권에 의심할 수 없는 신성성이 부여되는 것이다.

셋째, 새로운 황제의 권위를 표명하는 것은 더욱 광범위한 군중들에게 직접 보여주어 의심할 수 없는 공인성을 가지게 하기 위해서이다.

정통성, 신성성, 그리고 이에 공인성까지 더해 완벽하고 무결한 합법성이 완성되는 것이다.

만약 선황제의 관이 있는 현장에서 진행되는 새로운 황제의 즉위의식만이, 가장 완전무결한 합법적 권위를 지니게 된다고 한다면, 이와 반대로 선황제의 시신과 관이 없는 현장은 어떠한 즉위 의식도 불법 행위가 되어버려 정통성, 신성성, 그리고 공인성을 가질 수 없게 된다. 유선을 부탁받은 제갈량이 성도로 돌아와서 처리한 첫 국가대사가 한씨 종친의 기정예제에 완전히 위배되는 유선의 권위의 합법성을 완전히 상실시키는 일이었을 리는 없다. 이러한 상황은 절대 있을 수 없는 상황이다. 이로 인해 유선이 성도에서 합법적으로 즉위하기 위해서 제갈량은 유비의 시신을 긴급하게 성도로 호송해 와야 했고, 이것이야말로 그가 당시에 할 수 있었던 최선의 선택이었다.

다섯째, 유비의 시신이 성도로 운송되지 않았다면 당시의 엄격한 예제에 따라 장례 활동의 네 번째 절차, 선황제에게 시호를 부여하는 예를 진행할 수가 없었다.

사마표 〈예의지(禮儀志)〉 '대상'에는 이에 대한 자세한 기록이 있다.

"한대 황제가 사망한 뒤 누리게 되는 명호에는 시호, 묘호 두 가지 종류가 있다. 시호는 죽은 자가 생전에 행했던 도덕적 업과 시호를 정해 놓은 전서에 따라 좋고 나쁨을 평가하는 의미가 있는 적합한 단어를 선택하는 것이다. 선황제의 시호는 통상 조정 관련 대신들에 의해 미리 정해졌고, 새로운 황제의 허락을 받아 확정이 되었다. 고대 예제에 따르면 군주의 시호는 아래에서 위로 의견을 낼 수 없었으나, 실제로는 반드시 하급 관련 대신들에 의해 완료되어야만 했다. 도의상 부족한 부분을 피하기 위해, 특별히 이러한 시호를 봉하는 예를 설계하였다."

전체 예의의 앞 부분은 '고익(告謚)의 예'다. 절차는 다음과 같다.

"집정대신 주예관이 밤에 시간을 맞춰 황궁 대문에 와서 새로운 황제의 조서를 받는다. 그리고 의정시호가 있는 익책을 가지고 수도 남교의 제천원단으로 간다.

　주예관이 먼저 천신에게 제를 올린다. 그 다음 태축령이 천신을 향해 무릎을 꿇고 익책을 읽는다. 그 다음 주예관이 예를 행하고 의정된 시호에 대해 천신에게 허가를 받는다. 이때 태위는 황궁으로 익책을 가지고 돌아오는데, 그 이후로는 신하에 의해 군주를 거론하는 문자가 아니라, 위에서 아래로 내린, 즉 천신에 의해 부여된 선황제의 신성한 시호가 되는 것이다.

　당시 예제에 따라 남교 제천의 원단 및 북교 제지의 방단은 특별히 '남교'와 '북교'로 불렸다. 이 둘을 합쳐 '남, 북교'라고 칭했다. 이 두 곳은 반드시 조정의 수도에 지어져야 했고, 다른 곳에는 이 예제를 위반하여 남, 북교를 지을 수 없었다. 〈삼국지〉에 기재된 내용에 따르면, 촉한 황조가 하늘과 땅에 제사를 지내던 남교, 북교는 수도 성도에 있으며, 남, 북교는 모두 성도에 있으니, '고익(告謚)'의 예도 성도에서 진행될 수밖에 없었다고 한다. 즉, 유비의 시호는 시신이 성도로 돌아온 이후에 봉해진 것이라고 할 수 있겠다.

　전체 예의의 후반부는 '선익(宣謚)'의 예다. 그 절차는 다음과 같다.

　"남교의 '고익(告謚)'의 예'를 모두 치른 뒤 황궁으로 돌아온 집정대신 주예관은 사예관의 인도를 받아 황궁으로 들어온다. 선황제의 관이 실린 차 서쪽에 서서, 동쪽의 관을 바라보고, 손에는 천신이 허가한 익책을 든다.

　그리고 태사령은 손으로 후세의 애도사와 비슷한 애책을 들고, 그의 뒤에 선다.

　새로운 황제가 현장에 진입한 뒤, 집정대신 주예관은 관을 마주보고 익책을 낭독한다.

　낭독을 완료한 뒤의 익책 원문서는 황가 문서부서의 금속상자에 넣어져 영구히 보관된다.

　새로운 황제는 익책 부본을 보관하며, 그 부본은 종묘 안에 비치하여 보관하도록 한다.

　태사령의 수중에는 애책이 들어 있는 갈대풀로 만든 광주리가 있는데, 관을 실은 차를 따라 가서 능묘 중에 함께 안장하도록 한다."

　시호를 확정한 익책은 먼저 수도의 남교에서 '고익(告謚)의 예'를 행해야 한다. 그 후 반드시 선황제의 관이 담긴 차 앞에서 낭독을 해 '선익(宣謚)의 예'를 행하여 관리들과 백성들의 높은 존경의 뜻을 선황제에게 직접 표해야 한다. 이로써 제갈량이 만약 유비의 시신을 성도로 호송해오지 않았다면 전체 시호의 예, 그리고 고익의 예, 선익의 예도 결코 진행할 수 없었던 상황이었을 것임이 분명해졌다.

성도 유비 혜릉 앞의 침전

여섯째, 유비의 시신이 만약 성도로 운송되지 않았다면, 당시의 엄격한 예제에 따라 정식 장례활동의 5번째 절차인, 새로운 황제 및 군신들이 선황제를 무덤으로 보내는 예를 완전 진행할 수 없게 된다.

사마표 〈예의지(禮儀志)〉의 '대상'에는 이에 대한 자세한 기록이 있다.

기재된 내용에 따르면, 선황제의 직계 가족의 새로운 대표로서, 그리고 조정대신들의 새로운 주재자로서, 즉위한 새로운 황제는 모든 장례 절차에 참여해야 할 뿐만 아니라, 직접 이 절차 중에서도 중요한 부분들을 행해야 한다. 이에는 관을 실은 차를 호송하는 것, 관을 실은 차를 따라가는 것, 그리고 묘실 통로 옆에 무릎을 꿇는 것, 관을 놓을 묘실에 직접 옥규, 화폐 등 진귀한 수장품을 비치해야 하는 것, 능묘의 묘혈을 흙으로 메우는 일이 포함된다.

당시가 전쟁시기였으니 불필요한 예의 절차는 간단하게 생략하여 진행될 가능성이 있다고 하더라도, 중요한 핵심 절차는 수석대신인 제갈량이 반드시 엄격히 진행해야 했고, 마음대로 그 절차를 줄일 수 없었다. 유비의 시신이 성도로 운송되지 않은 상황에서 새로운 황제 유선은 선황제 유비를 위해 어떠한 장례의 예도 치를 수 없었던 것은 말할 필요도 없다. 유선이 영안에 가지도 않은 상황에서, 제갈량을 포함한 어떠한 사람도 마음대로 유선을 대체할 사람을 지정할 수도 없었고, 선황제 유비를 위해 현지에서 장례의 예를 거행할 수도 없었다. 이로 인해 선황제 유비를 일찍이 땅에 묻기 위해, 그리고 새로운 군주 유선의 아버지를 향한 효를 충분히 세상에 알리기 위해, 제갈량이 유비의 시신을 성도로 호송해 온 뒤 선조들의 예제에 따라 장례의 예를 거행할 수밖에 없었을 것이다. 이것이야말로 당시 제갈량이 내릴 수 있었던 유일한 선택이었다.

3. 유비의 시신이 성도로 돌아와 안장되었다는 믿을만한 증거

이 유추에 대한 믿을만한 증거는 총 다섯 가지가 있다. 먼저 증거를 나열하기 전에 당시 관련된 기본 사실부터 제대로 이해하고 넘어가도록 하자.

먼저, 유비가 사망한 정확한 시간은 〈선주전(先主傳)〉에 기재된 제갈량이 후주에게 한 말에 근거하여 여름 4월 24일이다. 24절기 이론에 따르면 소만 다음으로 하지가 오기 전이다. 이 시기의 날씨는 더워지기 시작하지만, 1년 중 가장 더운 계절이라고는 할 수 없다.

그리고 당시 영안에서 성도까지 가장 편리한 교통 방법은 바로 두 땅을 연결하는 수로였다는 것이다. 만약 관과 같은 무거운 물건을 운반해야 했다면, 수로가 가장 적합했을 것이다. 수로 운반은 인력을 줄일 수 있으며, 실을 수 있는 중량도 비교적 크다. 또한 배가 앞으로 나아가는 것도 관을 운반하는 데 있어 상대적으로 안정적이다. 배 안의 사람들을 계속 교체하며 앞으로 나아갈 수 있었다. 당시의 수로는 영안에서 배를 타고 장강을 따라 서쪽으로 가는 길이었고, 강주(오늘날의 중경시), 강양(오늘날의 사천성 노주시), 북도(오늘날의 사천성 의빈시)를 거쳐, 민강에서 북으로 방향을 틀면 성도에 도착할 수 있었다. 역사 기록에 따르면, 효정전투가 발생하기 전인 건안 17년(서기 212년) 조운이 제갈량을 따라 형주에서 익주로 향해, 익주를 공격하던 유비를 급히 구하러 갔던 길도 바로 이 수로였다고 전해진다. 이후 제갈량이 집정하던 시기 비의를 손오에게 파견한 것도 이 수로라고 전해진다. 영안에서 성도까지는 오늘날의 척도로 보면 총 2000리 (약 1000Km / 1리= 500m : 이하 참조) 정도 되는 길이었다.

그리고 〈삼국지〉에 기재된 내용에 따르면 유비는 여름 4월 24일에 사망하여 5월 제갈량이 시신을 영안에서 성도로 호송했다고 한다. '봉절설'을 주장하던 사람들의 말에 따르면 여기서 유비의 시신이 없었다고 하지 않았는가? 하지만 제갈량이 성도에 도착했던 시간 및 그가 관목을 운송했다는 것은 모두 인정할 수밖에 없는 기본 사실이다. 유비가 4월 20일 사망했을 때, 아들 유선을 부탁받은 제갈량도 영안에 있었다. 제갈량이 5월 하순에 성도에 도착했다고 하더라도 이 노정에 제갈량이 쓴 시간은 오직 1개월 정도밖에 되지 않는다. 무거운 관목을 운반해야 했기 때문에 그는 분명 위에서 언급한 직통 수로를 선택했을 것이다. 여기서 당시 영안에서 성도까지 배를 타고 2,000리나 되는 수로를 건너오는데 약 30일의 시간이 걸렸으며, 매일 평균 70리를 달렸다는 것을 알 수 있다. 이 속도는 지극히 정상적인 범주에 속하는 속도다.

  이제 다음 증거들을 살펴보도록 하자.

  첫째, 진시황의 시신도 운송되었다는 역사적 사실을 알고 있다면, 유비의 시신도 성도로 운송될 수 있다는 것이다. 사마천의 〈사기〉에 따르면, 진시황 37년(기원전 210년), 진시황이 외지로 순시를 나갔는데, 7월 사구평대(오늘날 하북성 광종현 서북)에서 병으로 죽었다. 진나라 재상 이사와 환관 조고는 시신을 마차에 싣고 호송하였는데, 그 당시 육로로 서북쪽에서 정형관을 통과해 구원군(현재 내몽구자치구 포두시에 속하는 지역)에 도착해, 다시 구원군에서 남쪽으로 방향을 틀어 직선도로를 타고 수도 함양(오늘날 섬서성 함양시)에 도착했다고 한다. 그리고 9월 시신은 려산에 안장되었다.

  지리적으로 산술한 육로의 길이는 오늘날 지도의 척도로 약 3000리나 되는 길이다. 영안에서 성도까지의 총 노정보다 50%는 더 긴거리다.

소비한 시간은 7월에서 9월까지로 총 2개월을 소비했다. 제갈량이 영안에서 성도까지 도달한 시간의 2배다.

그들은 진시황의 시신을 마차로 호송했다. 배만큼 흔들림이 없지 않았고, 공간도 배만큼 넓지 않았다. 시신을 보존하기 위한 조건이 배보다 좋지 않았다는 것이다.

진시황이 사망한 구력 7월은 24절기 중 입춘, 처서에 해당하는 시기다. 진시황이 천하를 통일한 뒤 정치적 필요에 의해 하력의 10월을 연초로 선포했다고 하더라도, 하력 10월을 정월로 개명하지는 않았다. 그래서 각 달에는 자신의 원래 이름을 가지고 있었고, 각 달은 한서 사계의 특징을 모두 지니고 있었다. 중국의 대부분 지역에 있어 하력은 1년 중 기온이 가장 높은 달이다. 소서, 대서 절기가 있는 6월, 그 다음이 입추 다음인 7월이다. 이로 인해 진시황이 사망한 7월은 기온이 유비가 사망한 시간보다 더 높았을 것이다.

거리와 소비한 시간, 운반 수단, 기온 이 네 가지 조건이 모두 더 불리한 상황에서 진시황의 시신은 외지에서 수도 함양까지 운반되었다. 그렇다면 유비의 시신을 영안에서 성도로 운송하는 일은, 제갈량도 할 수 있는 일이었다. 더군다나 유비의 시신을 운송하던 시대는 진시황의 시신을 운송하던 시대보다 약 400여 년 뒤였다. 이때의 시신 보존 기술과 조건은 당연히 더 향상되었을 것이다.

둘째, 서한 체제의 시신을 보존한 역사적 사실에서 유비의 시신도 성도로 운송할 수 있다는 사실을 알 수 있다. 서한은 성대한 장례를 치르는 것이 유행이었다. 이로 인해 시신을 보존하는 기술이 장족의 발전을 이루었다. 2000년이나 된 장사마왕퇴한묘에서 여자의 시신이 온전하게 출토된 것이 바로 그 실물 증거라고 할 수 있겠다. 역사 문헌에 기재된 내용에 따르면, 서한 황제가 사망하면 그 시신은 대부분

당시 필요에 따라 일정 시간 동안 보존된 뒤 황릉에 묻혀졌다고 하며, 연대가 뒤로 갈수록 시신 보존 시간이 더 길어졌다고 한다. 예를 들어 반고 〈한서(漢書)〉의 주석 내용에 따르면, 한고조의 시신은 23일 동안 보존되었으며, 한혜제의 시신은 24일 동안, 한무제의 시신은 18일, 한소제의 시신은 49일 동안, 한선제의 시신은 28일 동안, 한원제의 시신은 55일 동안, 한성제의 시신은 54일 동안, 한애제의 시신은 심지어 105일 동안 보존되었다고 한다.

이상의 실례 중에서 보존 시간이 1개월을 넘은 것은 영안에서 배를 타고 성도로 오기까지 필요한 시간인데 소제 49일, 원제 55일, 성제 54일이 있다. 3개월을 넘은 것은 애제의 105일도 있다. 게다가 이 네 황제 중에서 소제는 하력 4월에 사망하였다. 이 시기는 유비의 사망 시기와 같다. 원제는 하력 7월에 사망하였으며, 애제는 하력 6월에 사망하였다. 이 2개월 동안의 기온은 유비가 사망한 하력 4월보다 훨씬 높았다. 가장 전형적인 애제는 1년 중 기온이 가장 높은 하력 6월에 사망했을 뿐만 아니라 시신 보존 시간도 105일로 가장 긴 3개월을 초과하는 시간이다. 이는 일찍이 무제 이후의 서한 시기에, 황

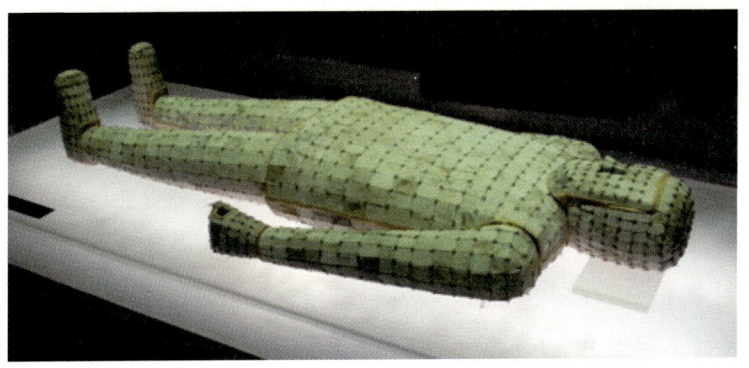

서주 박물관에서 출토한 동한 유씨 제후의 동루 옥의

족에서 보유하고 있는 시신 보존 기술과 보존 조건으로 1년 중 기온이 가장 높은 6월, 소서, 대서 절기에도 황제의 시신을 4-50일 이상씩 보관했으며 그보다 더 긴 시간을 보존하는 것도 어렵지 않은 일이라는 것을 알 수 있다. 300여 년이 흐른 뒤 기온이 가장 높지 않았던 하력 4월 유비의 시신은 온전히 1개월 이상 보관하여 수도 성도로 호송하는 것은 촉한 황조에게 있어 그다지 어려운 일이 아니었을 것이다. 상술한 서한 시대의 시신 보존 역사도 또한 한가의 조상들이 계승한 장례 문화 전통이지 않은가. 유선을 막 부탁받은 제갈량이 황제의 시신을 성도로 옮겨 오는데, 교통 불편과 더운 날씨, 시신 보존이 어렵다는 이유로 유비를 영안에 안장하고 빈 관만 성도로 운반하였다면 조정의 위 아래 모두 반대의 목소리가 퍼졌을 것이고, 심지어 그 동기와 목적을 의심하는 세력도 생겼을 것이다.

 셋째, 동한 장강 시신 운송의 역사적 사실에서 유비의 시신이 완전히 성도로 운송될 수 있었다는 사실을 알 수 있다. 〈삼국지〉와 〈후한서(後漢書)〉에 기재된 내용에 따르면, 동한 순제 건강원년(서기 144년), 무향현(오늘날 사천성 팽산현) 출신 장강은 광릉군 태수의 재임 기간 동안 병으로 사망하였다. 그가 생전에 백성들을 잘 보살피고 널리 은혜를 베풀었기 때문에, 죽은 뒤 현지 백성들이 특히나 슬퍼하여, 500여 명이 상복을 입고 시신을 그의 고향 무양현으로 호송하였고 흙을 파, 묘를 만들어 안장시켜 주었다. 광릉군의 지방관청인 광릉현은 오늘날 강소 양주시 서북이다. 광릉현에서 무양현까지 당시 가장 빠르고 편리한 교통은 바로 두 땅을 가로지르는 수로였다. 장강을 거슬러 올라가 영안에 도착하여 다시 영안을 따라 성도까지 이르는 수로로 무양현에 도착할 수 있었다. 오늘날 거리로 따져보면 수로의 실질적 거리는 약 5,000리나 되는 거리였다. 이는 영안에서 성도까지 이르는 수로 거리의 2배 반이었다. 게다가 이 일은 유비가 사망하기 80년 전에 발생한 것이었다.

넷째, 조위 고유의 아버지 시신을 운송했던 역사적 사실에서 유비의 시신이 완전히 성도로 운송될 수 있었다는 사실을 알 수 있다. 〈삼국지〉에 기재된 내용에 따르면, 조위 대신 고유는 동한말년 촉군 도위에 재임하던 중 아버지가 사망하였다. 당시 천하가 혼란스러워 도로가 모두 막혔다. 하지만 그는 아버지의 시신을 고향으로 운송하기 위해 고향 진류군의 어현, 즉 오늘날의 하남성 기현 서남에서 촉군의 지방관청 성도까지 각종 어려움을 극복하며 3년이라는 시간을 소비해 결국 시신을 고향에 안장하였다. 당시 어현에서 성도까지 그는 서쪽으로 관중을 통과하여 남쪽으로 진령을 넘는 육로를 거쳤다. 오늘날의 거리로 적어도 2,500리나 되는 거리였다. 이는 영안에서 성도까지의 거리보다 길었고, 걸어서 시신을 운송하고, 험준한 진령산맥을 넘는 어려움을 겪은 것이었다. 이것은 배에 시신을 실어 성도까지 운반하는 것보다 훨씬 어려운 일이었다. 이 일은 유비가 세상을 뜨기 약 2-30년 전에 발생한 것이었다. 그렇기 때문에 제갈량이 이 일을 못해낼 이유는 없었다. 사실 동한말년 천하가 혼란한 시기에는 외지에서 사망한 자의 시신을 고향까지 운송하여 안장하는 사례가 상당히 많았다. 장강과 고유의 아버지의 예시는 그중 아주 전형적인 예일 뿐이다.

다섯째, 유비의 감부인 시신 운송 사실과 비교하면 유비의 시신은 완전히 성도로 운송될 수 있었다. 〈삼국지〉에 기재된 내용에 따르면, 유비의 감부인은 후주 유선의 생모로서, 남군에서 병으로 죽은 뒤 현지에 안장되었다. 유비가 성도에서 황제가 된 이후, 명령을 내려 그녀의 시신을 남군에서 성도로 옮겨 다시 안장하도록 하였다. 그런데 얼마 지나지 않아 유비 본인도 사망하여, 두 사람이 성도의 혜릉에 합장되게 되었다. 감부인이 원래 안장된 곳은 남군, 오늘날 호북성 형주시의 형주구로, 영안현 동쪽으로 삼협 밖에 위치해 있었다. 즉, 남군에서 감부인의 시신을 성도로 옮기는 것은 영안에서 유비의 시신를 성도로 옮기는 일보다 더 험난했다는 것이다. 만약 감부인의 시신도 안전하게 성도로 운반되었다면 어째서 유비의 시신은 그렇게 하지 못했겠는가?

사실 〈삼국지〉에 기재된 내용에서 우리는 후주 유선에게 상소를 올려 유비의 시신과 감부인의 시신을 성도 혜릉에 합장하자고 건의한 것은 다른 사람이 아닌 승상을 맡고 있었던 제갈량이었다. 그의 이 상소문은 완전하게 〈삼국지〉에 보존되어 있다. 여기서 우리는 제갈량이 직접 유비의 시신을 성도로 옮겼으며, 이는 유비가 임종 시에 있었던 생각이 아니라, 그가 이전부터 생각해 놓은 생각이라는 것을 알 수 있다. 이렇기 때문에 조정수석보좌대신인 그는 유비부부를 성도의 혜릉에 합장시켜 새로운 황제 유선과 촉한 군신들과 백성들의 바람을 모두 원만하게 실현시킬 수 있었던 것이다.

● ● ●

지금까지 세 가지 유추에 대한 16가지의 정확한 증거를 설명하였다. 제갈량은 유비의 시신을 확실하게 성도로 옮겼을 뿐만 아니라 반드시 성도로 옮겨야만 했고, 온전하게 성도로 호송해야만 했다. 이로 인해 그가 너무 더운 기후와 불편한 교통을 이유로 유비의 시신을 마음대로 봉절에 안장시켰다고 추측하는 설법들은 역사 문헌에 기재되어 있는 객관적인 내용들을 반박할 수 없음이 증명되었다.

제7장
〈삼국지〉 촉한 부분에 대한 독서 가이드

중국은 유구한 역사를 지니고 있다. 특히 세 개의 세력이 분리된 형국은 무척 기묘한 스토리를 담고 있다. 바로 이때 전국 각지에서 영웅호걸들이 나타나기 시작했다. 그들의 말과 행동은 모두 다채롭고 성대하여 장관을 이루었다. 파촉 대지에서 온 사학가 진수는 이러한 영웅들을 한데 모아 〈삼국지〉 65권을 저술하였고, 이 책은 후에 삼국의 역사를 제대로 이해하는 데 필요한 필수서가 되었다. 하지만 이 책에 기술된 인물만 600여 명이 넘는다. 도대체 각 권마다 출현하는 인물들은 어떠한 공통점을 가지고 있는 것이고, 어떤 특징을 가지고 있으며, 어떤 특이할 만한 점이 있는 것이고, 어떠한 본받을 만한 점이 있는 것일까? 만약 이 문제에 대해 사전에 모두 이해하지 못한다면 현재 보편적인 대중 독자들은 이 책을 제대로 읽을 수 없을 것이다. 필자는 〈삼국지〉에 대해 약 40여 년 동안 전력을 다해 연구를 진행하였고, 대중들의 감상을 돕기 위해 해당 책에 대한 독서 가이드를 저술한 적도 있다. 다음부터 촉한 부분 15권 내용을 하나하나 소개하도록 하겠다.

〈촉지(蜀志)〉 1권 〈유언, 유장전(劉焉、劉璋傳)〉

이 권에서는 두 명의 동한말기 익주군정장관에 대해 소개한다. 그들은 아버지와 아들, 유언과 유장이다. 유비가 바로 그들로 부터 익주를 넘겨받아, 촉한 정권을 수립한 것이다. 그래서 촉한의 역사는 반드시 이 두 사람의 이야기부터 시작해야 한다. 당시의 익주는 전국

13주 중 하나로, 물자와 인구가 많아 천부의 나라라고 칭했다. 익주는 약 118개의 현에, 약 150만 호, 약 720만여 명의 인구를 관리하고 있었다. 익주의 호구는 전국 13주의 약 6분의 1을 차지했고, 인구 수는 전국의 약 7분의 1을 차지했다. 성도에 소재하는 중심 구역 촉군에는 30만호, 135만여 명이 거주하고 있었다. 그리고 동시에 수도 낙양이 소재하는 군인 하남윤에는 20만호, 101만 명의 인구가 거주하고 있었다. 익주의 물자 자원과 인력 자원은 너무나 풍부하여, 유언은 이 곳에서 할거하며 군림하였고, 연약한 아들 유장은 이 곳의 풍부한 자원을 제대로 통제하지 못해 결국 유비에게 내주고 말았다. 익주라는 이 영토를 유씨 부자는 어떻게 얻었다가 다시 잃었으며, 유비는 어떻게 빈손으로 이 곳을 얻었는지를 자세히 살펴 볼 수 있다.

〈촉지(蜀志)〉 2권 〈선주 유비전(先主劉備傳)〉

2권은 유비 개인에 대한 전기로 실질적으로 촉한 왕조의 창건사에 대해 설명한다. 그중에서 조조도 인정한 천하의 영웅, 유비가 짚신을 팔고 돗자리를 짜던 몰락한 집안의 젊은이에서 30여 년 동안 어떠한 노력을 기울여 성공을 이루며 어떻게 촉한 정권을 수립하고 황제가 되었으며 또한, 큰 좌절을 겪으며, 한을 품고 장강협구 백제성에서 병으로 죽어갔는지의 전 과정을 보여준다. 그의 인생 교향곡은 전반적으로 3악장으로 나누어볼 수 있는데, 어려운 창업의 시기 '격앙편', 하늘에게 제사를 지내고 황제가 된 '화려편', 참패를 겪은 '비극편'으로 나뉜다. 이 전기를 세세하게 읽어보면 그의 인생이라는 악장을 조용히 맛볼 수 있을 것이며 그가 어떻게 성공을 이루었으며 어떻게 참패하였는지 깊이 생각해 볼 수 있을 것이다. 뿐만 아니라 옛날의 사건들을 되돌아 보며 오늘날을 생각해 볼 수 있는 이성적 깨달음을 얻을 수 있을 것이다.

〈촉지(蜀志)〉 3권 〈후주 유선전(後主劉禪傳)〉

3권은 촉한 후주 유선의 재위 기간 동안의 편년대사기다. 대충 읽어보면 하나의 장부를 읽는 것과도 같은 느낌이다. 하지만 자세히 읽으면서 질문을 던져보면 책을 읽는 재미를 느낄 수 있을 것이다. 예를 들어 제갈량은 북벌을 위해 몇 번이나 출병을 한 것일까? 그리고 기산으로의 출병은 몇 번이나 이루어진 것일까? 통상적으로 말하는 '육출기산'이 정답일까? 그는 어떤 길에서 출병을 하여 유마를 사용했으며, 또 어떤 길에서 목우를 사용했을까? 어째서 다른 길에서 다른 운송 수단을 사용한 것일까? 제갈량이 죽은 뒤, 촉한은 북벌 출병을 몇 번이나 더 했을까? 그가 세상에 존재하던 때보다 많을까, 적을까? 전투 결과는 어떠했을까? 좋았을까, 나빴을까? 첫 추시공신(追諡功臣)에 관우, 장비, 마초, 방통, 황충이 포함되었는데, 어째서 충성스러운 개국원로공신 조운은 이곳에서 제외된 것일까? 마지막으로 위나라의 군대가 성 아래에 몰려왔을 때 유선은 항복을 해야 했던 것일까, 아니면 자살 순국을 해야 했던 것일까?

유선이 과거 비를 피했다던 촉나라 길에 있던 오래된 측백나무

〈촉지(蜀志)〉 4권 〈촉한후비 및 그 아들전(蜀漢後妃及其儿子傳)〉

4권은 후주 유선, 유선의 후비와 아들에 대한 내용이다. 유비는 반평생을 말 위에서 보냈고, 황제로 있었던 시간은 무척이나 짧았다. 그래서 그의 후비가 적은 사실은 충분히 이해할 수 있다. 하지만 유선이 재위한 40여 년 동안의 후비는 장비의 두 딸과 두 미녀 자매 밖에 없다. 이는 무척 의미심장한 부분으로 다시 한번 살펴볼 필요가 있다. 손권의 여동생은 유비와 부부의 연을 맺었다가 후에 헤어졌다. 그렇기에 전기 안에 기재되어도 무방하다. 진수는 단지 7권 〈법정전〉에서만 그녀가 문화적인 인물이었음을 몇 마디 언급한다. 이 부분도 자세히 살펴볼 필요가 있다. 장비의 두 딸은 모두 황후가 될 정도의 미모를 갖추었는데, 장비는 흉악한 모습이었을까, 아닐까? 4권에서는 스스로 합리적인 추측을 할 수 있게 될 것이다. 그리고 유비의 손자, 유선의 아들 유심은 장렬하게 순국하였으나, 전기에는 그 내용이 기재되지 않았다. 도대체 그 이유는 무엇인지 곰곰이 생각해 볼 필요가 있다.

〈촉지(蜀志)〉 5권 〈제갈량전(諸葛亮傳)〉

신하의 신분으로 혼자 한 권의 분량을 다 채울 수 있는 인물은 〈삼국지〉에서 제갈량과 육손 두 사람밖에 없을 것이다. 역사적으로 널리 전해지는 〈융중대〉, 〈출사표〉가 모두 5권에 들어 있으니, 자세히 읽어보길 바란다. 유가에서 제창하는 수신, 제가, 치국, 평천하를 제갈량은 부끄럼 없이 몸소 실천한 본보기라고 할 수 있을 것이다. 이런 그는 도가, 법가, 묵가의 문화에서도 배울 점을 찾아 흡수했고,

지식을 포용했다. 그래서 이 전기를 펼치면 그의 멋스러운 시문, 그의 지혜, 그의 재능, 그의 공정함, 그의 충성스러움, 그의 고집, 그의 청렴결백, 그의 담백함, 그의 걱정, 그의 한탄, 그의 자손들의 장렬한 순국, 그리고 그에 관한 감동의 모든 이야기들이 눈 앞에 펼쳐져, 보는 이로 하여금 분명 중국전통문화 정화의 성스러운 세례를 받을 수 있게 될 것이다.

〈촉지(蜀志)〉 6권 〈관우, 장비, 황충, 마초, 조운전
(關羽、張飛、黃忠、馬超、趙雲傳)〉

6권은 촉한 오호상장에 관한 전기이다. 다섯 명 모두가 용맹스럽고, 전투에 능해 지나가는 곳마다 초목이 쓰러지고, 만군 중에서도 적장의 머리만을 취하였다. 전문 중에는 이처럼 생동감 있게 표현해 놓았는데, 술잔을 탁자에 내치며 큰 소리로 낭독하며 음미해 볼 가치가 있다. 삼국은 전형적인 전쟁시대였다. 군웅들이 할거했고, 반드시 능력있는 장수를 얻어야만 전쟁터에서 승리를 거둘 수가 있었다. 이 다섯 명의 상장들은 각자 전투에서 탁월한 공을 세웠으며, 적을 위협할 만한 위세를 지니고 있었다. 하지만 장수의 재능과 지휘관의 재능은 다르다. 장수는 무예가 다른 사람들보다 뛰어나 용맹스럽게 나아가야 하며 죽음을 두려워하지 않아야 한다. 하지만 지휘관은 반드시 전략적으로 전반적인 형세를 바라볼 줄 아는 안목이 있어야 했고, 정치적으로도 민첩한 판단을 해야 했으며 사람을 사용하는 데에도 힘을 쏟아 부어야 했다. 그들 중 참패를 겪은 이유가 이 사실에 있는지의 여부는 먼저 읽어보며 판단해 보길 바란다. 그리고 관우의 무기가 정말 청룡언월도인지 아닌지는 그의 전기를 읽어보면 확실해질 것이다.

성도 무후사 박물관 조운 조각상

〈촉지(蜀志)〉의 7권 〈방통, 법정전(龐統、法正傳)〉

전문 중의 법정과 방통은 유비 수하에서 그에게 힘을 실어 주는 책략가인데, 모두 다른 사람의 수하에서 충성을 다 했던 사람들이었다. 방통은 일찍이 공명과 양양에 있었는데, 형주 학파의 영향을 받은 신흥 인재로, '와룡', '봉추'라고 불렸다. 방통은 주유의 부하가 되어 주유가 병으로 세상을 떠났을 때 고난을 무릎 쓰고 천리의 길을 달려 그의 시신을 손오로 호송하였다. 그는 자신의 상사에게 시종일관 '봉추'라는 아름다운 이름으로 불리웠으나 후에 불행히도 전쟁터에서 목숨을 잃었다. 기묘하게도 그가 사망한 나이가 주유와 같은 36세였다. 법정은 본래 유장 수하에서 심부름을 하던 사람이었다. 하지만 그는 동시에 유비와 내통하며, 유장을 음해하였다. 이러한 역할로 익주에 잠복하였으니, 유장이 어찌 익주를 다른 사람에게 내어 주지 않을 수 있겠는가? 이 두 사람의 고사는 무척 흥미롭다.

성도 무후사 박물관 방통 조각상

〈촉지(蜀志)〉의 8권 〈허정, 미축, 손건, 간옹, 이적, 진복전 (許靖、糜竺、孫乾、簡雍、伊籍、秦宓傳)〉

8권에 기재된 인물들은 모두 문관들이다. 하지만 각자의 재능은 모두 달랐다. 허정은 본래 유장의 부하로 가장 오랜 경력을 가졌지만 명성을 얻지 못하였다. 그러나 유비는 그를 잘 대해 주었다. 왜냐하면 그를 익주 본토 세력의 마음을 사로잡는 본보기로 보여주기 위해서였다. 미축, 손건, 간옹, 이적은 유비가 익주로 데리고 간 옛 부하들이었다. 정치적 공적은 많지 않지만 각자 자신들만의 특색을 가지고 있었다. 미축은 자금조달과 회계를 처리하는데 안목이 있었고 가장 적합한 시기에 재력과 인력 그리고 자신의 친 여동생을 유비에게 보내어 미부인이 되었다. 간옹은 대단한 재담가였으며, 정치적인 권고도 재치있게 돌려가며 말했다. 그가 말한 문장은 농담으로 들리기도 했지만, 사실은 뼈가 있는 말이었다. 손건과 이적 두 사람은 외교에 능했다. 진복은 익주에서 유명한 학자였다. 말을 무척 잘하여, 손오의 말재주도 그를 이기지 못했다. 그러나 그는 표면적으로는 고결해 보였지만, 속으로는 명리를 탐하였고 세속에서 벗어나지 못했다.

〈촉지(蜀志)〉의 9권 〈동화, 유파, 마량, 진진, 동윤, 여의전
  (董和、劉巴、馬良、陳震、董允、呂乂傳)〉

9권에 기재된 6명의 인물은 모든 국가 대사에 참여할 수 있고 황제를 가까이 할 수 있는 최측근으로 모두 촉한의 중요 문관들이다. 동화, 유파는 원래 유장의 부하들이었다. 마량, 진진은 유비를 따라 익주에 간 옛 부하들이었다. 그들은 모두 공평하게 요직을 맡았으니, 여기서 우리는 촉한의 인재 중용이 얼마나 개방적이고 평등했는지를 알 수 있다. 동화는 제갈량의 정무 처리를 도와주던 사람이었다. 동윤은 후주 유선을 보좌하던 정직한 관리였다. 이 두 부자는 모든 일을 처리할 때마다 착실한 태도로 임했고, 이에 역사에 함께 이름을 남길 수 있게 되었다. 마량은 외교에 능하여 손오와의 관계가 좋았고, 그의 동생 마속은 사실보다 과장하길 좋아하였고 가정전투에서 참패하였다. 동가의 부자에 비해 마가 두 형제의 전기를 읽을 때 깨닫는 바가 더 있을 것이고, 이에 개탄하지 않을 수 없을 것이다.

〈촉지(蜀志)〉 10권의 〈유봉, 팽양, 요립, 이엄, 유염, 위연, 양의전
  (劉封、彭羕、廖立、李嚴、劉琰、魏延、楊儀傳)〉

10권의 사문은 촉한에서 잘못을 저지르고 처벌을 받은 관리들을 모아둔 편이라고 할 수 있다. 그들은 도대체 어떤 잘못을 저지른 것일까? 그리고 어째서 잘못을 범한 것일까? 이에 어떠한 결론을 맞이하였으며, 어떠한 처벌을 받게 되었을까? 그들이 받은 처벌은 공평했을까, 불공평했을까? 그들은 처벌에 대해 순순히 인정했을까, 그렇지 않았을까? 다른 처벌 방법은 없었을까? 이런 의문을 가지고 10권을 읽어 내려가다 보면, 흥미진진할 뿐만 아니라, 촉한의 정치생태에 대해 깊은 인상이 남을 것이다. 사형을 당해 목숨을 잃은 유봉, 위연은 억울한 오명을 쓰고 죽었을 뿐만 아니라 사납고 고집스러운 반항 속에서 죽음을 맞이하였다. 팽양, 양의는 거칠 것 없이 말하던 입 때문에 죽음을 당했다. 가장 황당무계한 죽음은 바로 유염이다. 그는 신발로 자신의 부인을 때리다 먼지를 얼굴에 뒤집어쓰고 죽었다. 집에 아름다운 아내가 있어 뜻밖의 화를 당한자가 바로 이 유염이라는 자였던 것이다.

〈촉지(蜀志) 11권 〈곽준, 왕련, 향랑, 장예, 양홍, 비시전
(霍峻、王連、向朗、張裔、楊洪、費詩傳)〉

11권에 기재된 인물은 그 출신과 관직이 서로 다르지만, 모두 어느 한 방면에 있어 특출난 점이 있어 배울 점이 있는 사람들이다. 곽준은 가맹이라는 외떨어진 성을 수위하였으며, 바위처럼 강한 의지를 지니고 있었다. 왕련은 국가의 소금과 철의 생산을 주관하고 재정의 세수입을 대폭 증가시켰다. 향랑은 면직 후 학문을 열심히 공부하여 진정으로 사리사욕을 쫓지 않은 소박한 생활을 하였다. 장예는 친구를 대함에 있어 시종일관 같은 모습을 유지했고, 유머러스함을 가지고 있었던 사람이었다. 양홍은 다른 사람보다 넓은 식견을 가지고

있었으며, 매우 충성스러운 사람이었다. 비시는 언변에 능하여 직언을 일삼았다. 고인들의 장점을 본받아 우리의 사업을 이룰 수 있다면 어찌 좋지 아니할 수 있겠는가? 하물며 장예와 손권의 언쟁, 비시와 관우의 힘겨루기에 대한 이야기들이 아주 생동감 있게 묘사되어 있다.

〈촉지(蜀志)〉 12권의 〈두미, 주군, 두경, 허자, 맹광, 래민, 윤묵, 이선, 초주, 각정전(杜微、周群、杜瓊、許慈、孟光、來敏、尹默、李譔、譙周、郤正傳)〉

12권에서는 특별히 문화 관리들에 대해 기재하였다. 촉한의 문화와 학술, 특히 유학에 대해 더 알고 싶다면, 12권을 절대 놓쳐서는 안 된다. 양한 이래로 유학은 두 학파로 나뉜다. 한 학파는 경전의 자구에 담긴 뜻을 해석하는 것을 좋아하였고, 다른 학파는 미래의 정국 변화를 예언하는 것을 좋아했다. 전자는 규칙을 엄수하는 전통파, 후자는 정치의 시대적 유행을 받아들일 줄 아는 신파였다. 신파는 '참위(讖緯)' 혹은 '내학(內學)'이라고 불렸으며, 가장 좋아하는 일은 바로 새벽에 일어나 천체 현상을 몰래 훔쳐보고, 간단하고도 함축적인 문구로 정국의 변화를 예측하는 것이었는데, 대부분이 정치적 유언비어를 퍼뜨리고 민심을 혼란스럽게 하는 말들이었다. 12권에 기재된 관리에는 주군, 장유, 두경과 같은 신파도 있고, 래민, 윤묵, 이선과 같은 전통파도 있으며, 신파와 전통파를 모두 받아들이는 초주와 같은 사람도 있고, 문학적 투쟁을 무의 투쟁으로 승급시키는 것을 좋아한 사람, 자신의 목숨까지도 망쳐버린 사람도 있다. 이러한 관점에서 읽기 시작하다 보면 12권은 흥미진진하고 생동감 있게 읽어내려 갈 수 있을 것이다.

〈촉지(蜀志)〉 13권 〈황권, 이회, 여개, 마충, 왕평, 장의전
(黃權、李恢、呂凱、馬忠、王平、張嶷傳)〉

13권에 기재된 군정관리들은 모두 주로 촉한의 수도 성도 외의 지방에서 직무를 맡아 국가를 위해 일했던 사람들이다. 이 사람들은 두 가지 그룹으로 나누어볼 수 있다. 전쟁터에서 적국을 정복시켰던 장수 황권, 왕평, 그리고 지역 내에서 소수민족 집거구역을 통치하였던 관리, 이회, 여개, 마충, 장의다. 황권은 문직 출신이었지만, 싸움도 잘했다. 유비는 그의 합리적인 건의를 듣지 않았고, 결국 전군이 패배를 하고 말았으며 손오 군대에 의해 포로가 될 뻔했다. 왕평은 글자는 모르지만 용병 경험이 풍부하였다. 촉군은 그에게 의존하여 위기의 국면을 모면하였고, 큰 좌절을 피할 수 있었다. 당시 익주 남군의 광대한 지역은 '남중'이라고 불렸는데, 이곳은 소수민족이 모여 사는 곳이자, 촉한 북벌시 물자와 인력공급이 이루어진 후방이었다. 이회 등 4명은 남중을 안정시키고 개발하는 데 탁월한 공헌을 했다. 그들이 어떻게 서남의 광대한 지역의 민족적 관계를 처리했는지 살펴보면, 오늘날에도 귀감이 될 수 있는 의미를 찾아볼 수 있을 것이다.

〈촉지(蜀志)〉 14권의 〈장완, 비의, 강유전(蔣琬、費禕、姜維傳)〉

14권은 촉군의 대사 3명에 대한 개인 전기이자, 촉한 정권 말기의 쇠퇴기를 기록한 부분이다. 그래서 〈후주전(後主傳)〉과 비교하며 읽어보아야 한다. 〈후주전(後主傳)〉에서는 혈육에 대해 자세한 내용을 다루며, 필자의 의견이 거의 없다. 예를 들어 장완이 공명이 병으로 서

거하던 혼란한 정치적 국면에 직면하였을 때, 의연한 모습을 유지하였는지? 그때 내린 대책이 타당하였는지? 장완을 계승한 비의는 어째서 모든 일을 건성건성 처리하다가 적의 자객에게 술자리에서 죽임을 당하고 말았는지? 강유가 병사를 이끈 뒤, 어째서 이전의 성을 지키던 방침을 바꾸고 관롱으로 매년 출병을 하였는지? 그는 화를 피하기 위해서 그런 것인지, 아니면 관롱의 고향의 정 때문이었던 것인지에 대한 내용들이 담겨 있다. 장완, 비위, 방통 세 사람의 푸른 묘는 오늘날까지도 촉나라 길의 그림 같은 풍경선 상에 존재하고 있으며, 옛날을 떠오르게 하는 아주 좋은 명승지이다. 이 외에도 강유는 얼마나 큰 담력을 가지고 있었는지, 정말 전설 속의 이야기처럼 그의 담낭이 한 말 만큼이나 컸는지, 담낭이 큰 이유가 담낭에 염증이 생긴 뒤로 커진 것인지, 담낭의 크기와 관련이 없는 것인지에 대한 이야기가 실려있다.

〈촉지(蜀志)〉 15권 〈등애, 장익, 종예, 양희전(鄧芝、張翼、宗預、楊戲傳)〉

15권에 나타나는 4명은 전반적으로 문과 무에 모두 능한 관리들이다. 어느 누가 싸움을 잘하는 자는 외교를 못한다고 했는가? 등애와 종예의 전기를 보면 여러분은 그렇지 않음을 느낄 수 있을 것이다. 등애, 종예가 손권의 질문에 대해 답한 내용은 다행히 진수가 완벽히 이 편 중에 모두 기록하였다. 장래 외교관을 꿈꾸는 사람들은 이를 열심히 본받아 공부해 볼 가치가 있으며 보통 사람들도 다른 사람들과 관계를 맺을 때 어떤 점을 본받아야 할 지 생각해 볼 가치가 있다. 다른 사람에게 말을 할 때 장양처럼 허풍을 떨어도 안되고,

말이 어눌하여 제대로 된 어휘를 사용하지 못해서도 안된다. 통쾌하게 실제 있었던 일을, 특히 쌍방의 이익과 존엄을 고려하여 실질적인 말을 하는 것이 바로 등애, 종예 이 두 사람이 말을 잘할 수 있었던 비결이었다. 양희의 관운은 형통하지 못했다. 하지만 그가 저술한 〈계한보신전(季漢輔臣傳)〉은 진수의 〈삼국지〉의 내용에 대한 아주 좋은 보충 자료라고 할 수 있다. 이로 인해 〈삼국지〉와 함께 영원히 전해져 내려왔던 것이다.

제8장
제갈량이 성도에 복을 가져다준 세 가지 업적

성도는 삼국문화 중에서도 가장 풍부한 역사 문화를 지닌 도시이다. 더불어 삼국의 많은 영웅 중에서 당시 매혹적인 풍채를 가진 사람, 그리고 후세 성도 백성들에게 가장 깊은 영향을 준 사람, 이로 인해 백성들에게 가장 오랫동안 경망을 받던 사람은 당연히 제갈량이다. 제갈량이 성도에서 어떤 업적을 이루었길래 그가 세상을 떠난 천년이 지난 지금도 성도 사람들은 그를 그토록 존경하는 것일까?

진수 〈삼국지〉 기록에 따르면, 제갈량은 서기 214년 익주에 도착하여 처음으로 성도에 발을 내딛기 시작해, 촉한 서기 234년 북벌 전선에서 병으로 서거하기 전까지 21년의 세월을 성도에서 보냈다. 그가 한중으로 나가 북벌을 주도했던 8년이라는 시간을 제외하면 그가 성도에서 군정을 주도하던 실질적 시간은 약 13년이라는 시간이다. 이 시간은 그의 정치 생애의 반을 차지하는 시간이다. 필자는 성도에서 나고 자란 사람으로서, 제갈량이 성도에게 복을 가져다준 세 가지 큰 업적은 다음 세 문장으로 귀결할 수 있다고 생각한다.

첫째, 정치적인 측면에서 21개의 긍정 에너지를 지닌 인생의 교훈을 남겼다.

둘째, 경제적인 측면에서 모범적인 프로젝트 관리 제도를 남겼다.

셋째, 문화적인 측면에서 성도라는 도시의 인지도를 높여주었다.

1. 정치적인 측면에서 남긴 긍정 에너지를 지닌 인생 교훈

성도의 무후사는 중국에서 현존하는 많은 삼국 명승 고적 중에서 1961년 3월에 가장 처음으로 국무원에 의해 중국 전국 중점 문물 보호 단위로 지정된, 유구한 역사를 지닌 유명한 문화 경관 및 관광지이다. 하지만 천 년 동안의 시간을 자세히 살펴보면 성도 무후사는 많은 방문객의 마음속에 무의식적인 감동을 주었다. 성도 무후사는 일반적인 문화 경관 및 관광지이며, 정치적으로는 인생에 큰 교훈을 주는 장소인 것이다.

무후사에 오면 우선 이곳의 적막하고 고요한 문화적 분위기에 마음의 정화를 얻는다. 그리고 제갈량의 업적, 품격과 〈출사표〉 같은 저명한 저술들이 끊임없이 중화 민족의 우수한 전통 문화에서 이상, 공헌, 충성, 성실, 청렴, 봉공, 법치, 지혜, 수신, 양덕, 제가, 나라를 위해 몸과 마음을 바치는 정신 등의 인생 핵심 가치들을 전파한다. 이와 동시에 후세의 유명 인사들이 이곳을 유람하면서 문학 작품과 평론 같은 우수한 문화적 흔적들을 남겨, 사람들에게 사상적, 정서적인 측면에서 긍정적인 영향을 주어 정신적 경지를 한 단계 업그레이드시켰다. 예를 들어 시의 성인 두보는 이곳에서 칠언률의 시 〈촉상(蜀相)〉을 읊었는데, 이 시는 후세 사람들에게 사상과 감정에 있어서 강렬한 공명을 불러일으키지 않을 수가 없는 시가 되었다. 또 하나의 예로 '삼절비'를 살펴보자. 이 비문은 당대 중흥 재상 배도가 제갈량을 기리며 쓴 것으로, 이 비문을 보면 경건한 마음이 자연스레 일어날 것이다. 성도 무후사를 방문했던 여행객들은 어느 지역에서 왔든지, 어떤 신분이든지 상관없이 이곳을 한 번 유람하고 나서 많게 혹은 적게 마음의 정화를 얻고, 정신적으로도 한 단계 승화를 하게 된다. 이러한 정화와 승화는 또 정취 있고 품격 있는 유람 과정 속에서 무의식중에 감화되어, 두보 시의 '가랑비가 아무 소리 없이 만물을 적시다(潤物細無聲)'라는 성도의 봄비처럼, 사람들을 올바른 방향으로 교화시키는 작용을 하게 되는 것이다. 이로 인해 성도 무후사 박물관은 정치적으로 인생 교육을 하는 교실이라고 불릴 만하다. 흔히 우리가 보는 문화 경관과 유적지로만 보아서는 안 되는 것이다.

하지만, 무후사에서 기념되어야 할 주요 대상도 제갈량이며, 이 무후사의 건축을 주도했던 자도 제갈량이었다. 처음에 이곳은 원래 유비릉원의 옆에 위치하고 있었다. 촉한 소열황제 유비를 위해 지어진 신묘, 오늘날 편액의 제목 '한소열묘'였다. 〈삼국지〉와 기타 사적의 믿을만한 기록에 따르면, 유비가 손오를 공격하던 시기, 성도를 지키던 승상 제갈량은 조정 중대 토목공사 건설의 책임자였다. 이전에 유비의 명령을 받아 성도에 황천, 후토의 남교, 북교 두 신단을 지었다고 한다. 이것이 바로 오늘날의 천단, 지단인 것이다. 유비가 영안에서 병으로 서거한 뒤, 어린 황태자를 부탁받은 제갈량은 직접 유비의 시신을 성도로 호송해 온다. 그 후 감황후의 시신과 유비의 시신을 혜릉에 합장하는 국장대사를 맡는다. 〈감황후전(甘皇後傳)〉에서는 제갈량이 이 국장대사의 진전 상황에 대해 후주 유선에게 상세한 보고를 했다고 기록하고 있다. 그중 '선황제의 능원의 건축이 곧 완성되니, 시신을 안장할 명확한 시기가 생겼다'라는 문구가 있다. 이로 보아, 유비를 안장한 혜릉과 능원과 조화를 이루는 제사신묘는 모두 제갈량이 직접 주도하여 완성한 것이었다.

제갈량이 세상을 떠나고, 촉한도 멸망하자 제갈량을 기념하는 사당도 유비 능원의 옆에 세워졌다. 당대에 이르러 이곳의 무후사는 성도의 명승고적이 되었을 뿐만 아니라 인생교육의 교실이 되기 시작하였다. 그중에서도 당나라 시기에 가장 유명했던 무후사의 교육을 받았던 사람 중에는 직접 이곳을 방문한 시의 성인 두보와 중흥 재상 배도가 있다. 두보는 이곳을 위해 전 단락에서 언급한 불후의 시 〈촉상〉을 저작하였다. 그는 자신의 감정을 상세히 묘사해냈을 뿐만 아니라, 자신의 작품을 통해 자신이 느낀 바를 뭇 독자들에게 전파하였다. 배도가 이곳에 도착했을 때, 그는 그저 평범한 관원이었다. 하지만 그는 자신이 받은 교육과 계시를 장편의 시 '삼절비'에 자세히 기록하였을 뿐만 아니라 제갈량을 자신의 본보기로 삼았고, 나라와 백성들을 위해 충성을 다하고 자신을 희생할 것임을 다짐하였다. 이로 인해 후세에 역경에도 굴하지 않는 당나라 후기 중견인물이 되었던 것이다.

그리고 후세에 들어, 제갈량을 기념하는 무후사는 유비의 한소열묘를 향한 제사와 하나가 되었을 뿐만 아니라, 더 나아가 성도 민중

성도 무후사 박물관 정문

에게는 '무후사'라는 이름이 '한소열묘'라는 원래의 명칭보다 더 익숙해지게 되었다. '무후사'라는 이 칭호의 유행은 성도 민중들의 마음의 소리를 완전히 반영하는 것이다. 그리고 이러한 현상은, 제갈량이 한평생 이룬 '공적'으로 인해 뭇 민중들로부터 얻은 진심에서 비롯되었다.

인물기념을 주제로 중국의 명승고적을 둘러보면 인생 교육에 있어 긍정적인 교훈을 남긴 명승고적이 비교적 많음을 알 수 있다. 그리고 그 영향력의 크고 작음은, 주로 세 가지 측면에서 결정된다고 할 수 있다. 첫째, 기념하고 있는 인물의 사회적 지명도다. 지명도가 높을수록 영향력이 크다고 할 수 있다. 둘째, 기념하고 있는 인물의 숭고한 품성의 완벽성이다. 품성이 완벽하고, 여러 사람에게 미친 영향이 클수록 영향력도 크다고 할 수 있다. 셋째, 기념하고 있는 인물 품성의 시대 초월성이다. 해당 인물이 존재했던 시대를 초월하여 현재에도 그 가치를 지닌 인물로 남아 있으며, 그 영향력이 크다고 할 수 있다. 이 세 가지 측면 중에서 한 가지라도 두드러진 인물이 있다면, 그 인물은 사회적으로 큰 영향력을 가지고 있는 사람이라고 할 수 있다. 더 나아가 이 세 가지 측면에서 모두 훌륭한 모습을 보인 자는 아주 귀중한 역사적 인물이라 할 수 있다. 성도의 무후사가 바로 이러한 귀중한 역사적 인물을 모시고 있는 장소이다. 제갈량의 지명도는 의심할 여지가 없다. 그의 숭고한 품성은 수신, 제가, 치국, 평천하의 여러 측면을 모두 포함하고 있음도 의심할 여지가 없다. 현재의 가치를 드러내고 있느냐는 측면에서는 엄격한 자녀 교육, 멸사봉공, 법에 의한 정치, 여러 사람의 의견을 구하는 그의 행동, 이 네 가지는 오늘날 우리에게도 깊은 깨달음을 줄 수 있는 부분이다. 성도 사람으로서 이러한 부분에 대해 뿌듯함을 느낄 뿐만 아니라 이 인생 교육이 담겨 있는 생생한 교실을 더욱더 보호하고 싶은 마음이 생긴다.

2. 경제적으로 모범이 되는 공정관리제도

오늘날의 성도는 많은 민중의 진심에서 우러러 나온 살기 좋은 도시, 한가로운 도시 등으로 평가받는 도시이다. 이러한 명칭들을 얻게 된 것은 당연히 아주 영광스러운 부분이다. 평평한 지세, 온화한 기후, 풍부한 물자, 합리적인 가격은 살기 좋은 도시의 기본적인 요소이다. 낮은 생활 비용, 적은 생존 스트레스, 좋은 거주 환경은 많은 민중이 한가로울 수 있는 전제조건이다. 하지만 이러한 모든 요소와 전제조건은 도강언(都江堰 : 사천성 두장옌 시에 위치한 제방. 유네스코세계문화유산)의 강물과 아주 밀접한 관련이 있다. 이 강물이 있었기 때문에 이러한 토지가 있을 수 있었으며, 이러한 물과 토지 덕분에 유유자적하며 자유로운 성도인이 있을 수 있었던 것이다. 널리 알려진 것처럼, 성도의 서쪽 민강 위의 도강언은 아주 유명한 세계문화유산이다. 아주 독특한 특색을 지니고 있는 수리공정은 선진시기의 이빙이 주도하여 건설된 것이다. 하지만 주의할 만한 것은 비록 도강언의 수리공정은 이빙의 공이지만, 도강언의 보호(호언)에 대한 공은 제갈량에게 있다는 것이다. 만약 제갈량이 도강언을 보호(호언)하는 데 공을 세우지 않았더라면, 도강언은 지속 가능한 발전을 이룩하기 어려웠을 것이며, 성도를 2천 년 이상 빛내준 지금의 기적을 만들어내지 못했을 것이다. 더불어 제갈량의 도강언 보호(호언)에 대한 큰 공헌은 바로 국가의 명의로 모범적인 공정관리제도를 만든 것에 있다.

중국 고대 하류 지리를 기술한 명저 〈수경주〉에서는 제갈량이 조위북벌을 준비하였기 때문에, 도강언이 농업의 근본이자, 국가의 지지대라는 사실을 고려할 수 있었으며, 이에 대해 직접 아래에 명령을 내렸다고 명확하게 기재하고 있다. 제갈량이 내린 명령의 요점을 세 가지로 요약해 보면, 첫째, 도강언 공정만을 위해 전체적인 관리 및 책임을 담당하는 '언관'을 설치하였다는 것이다. 둘째, 언관 아래에 1,200명의 '정정'을 설치하였다. 특별히 도강언을 보호할 장정들을 선발한 것이다. 셋째, 언관과 정정의 책임은 명확하게 '도강언을 보호(호언)'하는 것으로 규정하였다. 이 '호' 자에는 두 가지 의미가 있다. 건축 과정 중에서 제방을 보호하는 것과 안전 측면에서 제방을 보호하는 것이었다. 오늘날의 시각으로 바라보면, 전문적인 기구가 신설되고, 인원이 파견되었으며, 명확한 책임이 주어진 것이다. 이것은 역사적으로 볼 때에, 처음으로 국가에 의해 전문적으로 도강언 관리국을 설립한 것이었다. 또한 국가에 의해 도강언 공정 보호 건설을 위해 제정된 관리제도였던 것이다.

  2,200명의 장정은 어떤 개념일까? 사서에서는 당시 촉한 전국의 명부에 기록된 인구는 그저 100만 명밖에 되지 않았다고 기록한다. 하지만 촉한의 지역은 오늘날의 사천, 운남, 귀주성의 주요 지역 및 섬서성 남부를 포함한다. 그중 핵심구역인 성도와 비교하면, 성도시의 공식적인 데이터에 따르면 2011년 말 상주인구는 1,400만보다 약간 많은 수준이었다. 이로 인해 100만의 총인구를 가지고 있었던 촉한에서 1,200명의 장정을 선발했다는 것은 오늘날의 성도시 사람 중 약 16,800명의 청년 장정을 선발했다는 것과 같은 의미이다. 삼국 중 인력자원이 가장 부족했던 촉한이 이렇게 많은 장정들을 선발해 건축, 보호 작업에 투입하였던 것이다. 여기서 우리는 제갈량이 도강언 공정을 얼마나 중시했는지를 알 수 있다. 이 수리 공정도 제대로 보호하지 못한다면, 어찌 전체를 보호할 수 있겠는가?

  제갈량 때부터 시작되어, 국가 명의로 전문적인 관리 기구와 완벽한 관리 제도를 설립하는 것은 후세 사람들에게 좋은 본보기가 되었

성도 금강의 봄날의 물줄기

다. 이러한 본보기가 있었기 때문에, 도강언의 위대한 수리공정도 장기적 지속 가능한 발전을 이룰 수 있었던 것이고, 2000년 이후의 오늘날까지도 여전히 비옥한 도평원을 적셔줄 수 있어, 성도라는 도시가 경제적 효익이 오래 지속되는 도시의 혈맥이 될 수 있었던 것이다.

  사실상, 제갈량이 이러한 본보기를 만든 이후, 역대 조정에서는 전문적으로 관리들을 파견하여 도강언의 수리에 대한 기록을 매년 진행해왔다. 이에 비로소 사적 문헌에서 끊임없이 나타날 수 있었던 것이다. 이러한 관점에서 볼 때 풍부한 성도 농산품, 맛있는 성도 음식, 아름다운 성도의 풍경, 살기 좋은 성도의 주거 환경은 모두 제갈량의 공헌과 밀접한 연관이 있다고 할 수 있다. 그래서 세계유산 도강언은 다음 문장으로 결론지을 수 있다.

  도강언 건축의 공은 이빙에게 있지만, 도강언을 보호한 공은 제갈공명에게 있다.

오늘날 도강언 풍경구 안에는 도강언을 보호하는 데 있어 업적을 쌓은 10명의 역사적 인물 조각상이 있다. 이 조각상을 세워 사람들에게 기억이 되고 있는데, 그중 가장 중요한 앞 위치에 자리하고 있는 것이 바로 제갈량 조각상이다. 제갈량의 도강언 보호의 공은 끊임없이 흐르는 도강언의 물줄기처럼 사람들의 기억 속에 오래도록 존재할 것이다.

3. 문화적으로 빛나는 도시 이미지

제갈량은 성도를 위해 빛나는 도시 이미지를 남겨주었다. 그것은 바로 '금성' 즉 '금관성'이라는 이름이다.

원래 성도 평원의 토지는 비옥했고, 기후도 온화했다. 특히 도강언이 끌어다 주는 충족한 관개로 인해, 뽕나무를 심고 누에를 치기에 아주 적합하였으며, 이로 인해 명주실을 사용한 견직물 수공업이 한나라 시대부터 보편적인 산업이 되었다. 하지만 한나라 시대의 성도 견직물 산업은 대부분 개인 생산으로 분산되어 있어, 산업 규모가 크지 않고 제품의 품질도 천차만별이었다. 하지만 제갈량이 국정을 장악한 이후, 이러한 상황에 큰 변화가 생겼다.

제갈량이 촉나라를 통치하던 기간, 성도의 성남에 한 구역을 분리시켜, 견직물 산업을 집중 발전시켰고, 동시에 이곳에 '금관'을 설치하며 전문적으로 견직물 산업을 관리하도록 하였다. 이 견직물 산업의 집중 구역은 주변에 성벽을 설치하였기 때문에 '금관성(錦官城)' 혹은 '금리(錦裏)'라고 불리었다. 후에 '금관성'이 '금성'으로 줄여졌고, 성도를 대표하는 이름이 된 것이다.

사천성 박물관에서 출토된 동한 뽕나무밭 그림 벽돌   동한 뽕나무밭 그림 벽돌의 탁본

　이 금성은 중국 역사상 방직 산업이 가장 일찍 번성한 국가급 산업시범단지로, 제갈량이 직접 주도하여 집단화 산업으로 개조시켜 큰 성공을 이루었다. 당시 동쪽에는 강동의 손오, 북쪽에는 중원의 조위가 있었는데, 이들에게는 촉금 같은 정교하고 세밀한 견직품이 없었다. 그리하여 아름답고 고운 촉나라의 비단은 오, 위 두 나라의 상층사회에서, 특별히 군주 및 궁중 여자들에게 인기 있는 고급 사치품이 될 수가 있었다. 그리하여 촉한이 독점하고 있는 견직물들은 각종 경로를 통해 끊임없이 해외로 수출되었다. 연맹국 손오의 나라뿐만 아니라 손오에 의해 다시 적국 조위에게로 수출되었다. 제갈량은 수출로 인해 거액의 재산을 손에 거머쥘 수 있었으며, 이를 촉한의 군사 지출 및 경제 발전에 사용하였다.

　제갈량의 비단 집단화 개조는 경제적인 측면에서 이 시점 이후로도 장기적으로 번영할 수 있는 지주 산업을 열어놓아, 지금까지 계승될 수 있었다. 또한 문화적인 측면에서 성도에 '금성'이라는 이름을 남겨 아름다운 도시 이미지를 남겨주었다. 그렇다면 이 도시에는 도대체 어떠한 우수한 점이 깃들여있는 것일까?

　첫 번째 우수한 점은 바로 독특하다는 것이다. 중국의 무수한 역사 문화 도시 중, 아름다운 이미지를 가진 도시는 성도만 있는 게 아니다. 광주는 '양성(羊城)'이라는 이름이 있고, 제남은 '천성(泉城)'이라는 이름이 있다. 하지만 대표적인 상품으로 큰 산업을 이끌고, 하나의 산업단지를 이루어, 동맹국과 적국에 큰 무역 시장을 열어, 정권을 지지할 수 있는 국가 경제의 주 수입원을 마련해 주고, 도시에 문화적으로 빛나는 이미지를 심어준 곳은 성도가 가장 처음이었을 것이며, 앞으로도 유일한 도시라고 할 수 있을 것이다.

　모두 다 알고 있듯이, 비단은 과거 중국에만 있었던 사치품이었다. 비단의 수출이 있었기 때문에 세계에서도 유명한 '실크로드'가 있을 수 있었다. 촉의 비단도 대량으로 판매되었기 때문에 '금성'이라는 멋진 이름을 얻을 수 있었다. 비단은 중국 고대 지명에 아주 깊은 문화적 흔적을 남겼다. 가장 유명한 것은 바로 실크로드와 금성 이 두 단어다. 이 각도에서 살펴보면, 아주 독특한 우수한 점을 지녔다고 말할 수 있을 것이다.

　두 번째 우수한 점은 바로 아름답다는 것이다. 이 측면에서는 두 가지 원인이 있다. 첫 번째 원인은 '금'이라는 글자 구조에 아름답다는 의미가 함축되어 있다는 것이다. 중국 고대 각종 비단을 부르는 이름 중 대부분은 '사(糸)' 자를 변방에 두어, 명주실과 밀접한 관계가 있음을 표시한다. 예를 들어 繡(수놓을 수), 紈(흰 비단 환), 絹(명주 견), 綢(비단 주), 綈(깁 제) 같은 한자들이 있다. 금성의 '금(錦)' 자만 유독 다른 모습을 보인다. 황금의 '금' 자, 사백(絲帛)의 '백' 자가 합쳐져 만들어진 것이다. 옛 사람들은 어째서 이런 방식으로 글자를 만들어낸 것일까? 동한 유희〈석명(釋名)〉이라는 책에서의 해설은 이러하다. 왜냐하면 '금'이라는 견직물은 마치 황금처럼 귀하고, 수를 놓을 때 드는 공수도 상당히 많아 가격이 황금처럼 비쌌기 때문에 '백(帛)' 자와 '금(金)' 두 글자를 한데 합쳐 '금(錦)'이라는 글자를 만들어냈다는 것이다. 이 해석을 내놓은 유희는 동한 말년의 언어학자였다. 그가 생활

했던 시대는 삼국과 밀접한 관련이 있었고, 그는 촉한의 관리 허자(許慈)의 지도교사이기도 하였으며 손오의 관리 정병(程秉)과 학문을 논한 적도 있었다. 그래서 그의 '금성'에 대한 해석은 비교적 참고할 만한 가치가 있다고 볼 수 있다. 그의 이러한 해석에 따르면, 옛 사람들이 만들어낸 '금(錦)' 자에 포함되어 있는 의미는 바로 황금처럼 진귀한 비단이라는 뜻이다. 황금은 당연히 아주 좋고 아름다운 물건이다. 그리하여 '금성(錦城)'이라는 이름에 담겨있는 함의 역시 아주 아름답다는 뜻인 것이다.

그렇다면 당시의 비단은 왜 그렇게 많은 공수가 들었을까? 왜냐하면 비단은 다른 색깔의 경선과 위선을 사용하여 만들어졌기 때문이다. 직기에서 꽃무늬 도안을 수놓은 비단에 수를 놓는 것은 바늘을 사용하여 실로 꽃무늬 도안을 수 놓는 것인데, 이렇게 수를 놓으면 다른 비단과는 다른 느낌이 난다. 구조가 원시적이던 직기에 복잡한 꽃무늬 도안을 수 놓으려면, 속도도 아주 느릴 뿐만 아니라 수작업이 상당히 많이 들어간다. 당시의 촉나라 비단은 여기에 또 다른 가공 프로세스가 더 있었다. 그것은 바로 꽃무늬 도안의 수를 모두 놓은 뒤에, 부근의 강물에 가서 한 번 헹구어 내고, 그늘이나 바람에 말리는 것이다. 이렇게 하면 더욱 아름답고 선명한 빛을 내는데, 이러한 과정도 많은 수작업이 요구된다. 지방지에 기재된 내용에 따르면, 당시의 금관성에서 생산된 촉나라 비단은 반드시 성 옆 강물에서 한 번 헹구어 내야만, 이상적인 효과에 도달할 수 있었다고 한다. 다른 강물에 넣으면 완전 다른 효과가 나왔다고 한다. 금관성 옆의 강물은 바로 후세에서 말하던 탁금강, 오늘날 줄여 말하면 금강이다. 이 강물은 특히 봄에, 도강언의 민강에서 물이 흘러내려오는데, 이로 인해 촉나라의 비단은 도강언과 아주 밀접한 관계를 가지게 되었다.

두번째 원인은 '금(錦)'이라는 자로 구성된 단어와 성어에도 아주 아름다운 의미가 담겨있기 때문이다. 금문(錦文), 금의(錦衣), 금인(錦茵), 금슬(錦瑟), 금표(錦標), 금낭(錦囊) 그리고 금상첨화(錦上添花), 화단금족(花團錦簇), 금의환향(錦衣還鄕), 금심수구(錦心繡口), 금의오식(錦衣玉食), 금수전정(錦繡前程) 등의 성어가 있다. 그래서 사람들은 '금성'이라는 두 글자를 들으면 아름답고 좋은 것을 연상하게 된다. 이 '금성'이라는 두 글자는 글자의 의미만 좋은 것이 아니라 그 안에 담고 있는 의미도 무척이나 기묘하다. 과거 성도는 금수지방이라고 불렸다. 그리고 현재의 성도는 금수가원이라고 불린다. 미래의 성도는 전정사금이라고 불린다. 다른 도시의 비교적 중성적 의미를 지니는 별명들과 비교해 보면, 아주 독특한 문화가치를 지니는 브랜드 명함이라고 할 수 있겠다.

'금성'이라는 이 도시의 명함이 독특하면서 또한 아름답기 때문에, 이와 관련된 중국의 문학 작품들도 끊임없이 나타났던 것이다. 요새는 국내 해외에서 온 귀중한 손님들과 여행객들이 이에 대해 감탄하고 있다. 어떤 사람들은 전형적인 말로 성도를 칭찬한다. '정말 하늘이 성도라는 이 도시에게 내린 아름다운 선물이구나!'라고 말이다.

● ● ●

성도에게 복을 가져다준 제갈량의 세 가지 업적은 직접적으로 성도 민중들의 정신세계와 물질세계까지 많은 영향을 미쳐, 나중에는 눈으로 확인할 수 있었고, 손으로 만질 수 있었고 심지어 직접 몸소 느낄 수 있게 되었다. 이로 인해 성도 민중들에게 있어 제갈량의 공적은 사서에서만 확인할 수 있는 멀기만 한 종이 위의 기록이 아니라, 현실 생활 속에서 직접 느낄 수 있는 실질적인 것이었다. 제갈량은 더 이상 천 년 이전의 낯선 고인이 아니라, 모든 사람들 옆에 함께 하고 있는 온화한 선인(先人)인 것이다. 중국의 많은 역사 문화의 도시들 속에서 위대한 업적을 쌓고, 그 업적들이 오늘날 우리의 현실 생활 속에서 직접적으로 우리에게 영향을 미치는 역사적 인물은 정말 드물 것이다. 이러한 연유로 성도의 민중들은 지금까지 그를 존경하는 마음을 지니고 살아가고 있으며, 이러한 일들이 당연한 일이 되었다.

진수《삼국지·제갈량전》의 인쇄물

학자의 눈으로 본
삼국지

호보중원(虎步中原)

—

조위편

제9장
조조의 개인적 특징

진수 〈삼국지〉 1권 〈무제기(武帝紀)〉는 조조의 46년을 기록하고 있다. 도입부에서는 그의 고향과 출신가정에 대해 설명한 뒤, 조조라는 인물에 대해 상세하게 묘사하기 시작하는 데, 그를 설명하는 첫 단어가 바로 '기민한 아이'였다. 여기서 우리는 조조가 어렸을 때부터 상황에 기민하게 대처할 줄 아는 능력이 있었음을 알 수 있다. 그야말로 천부적인 능력이라고 할 수 있겠다. 이 단어가 전기의 가장 앞 부분에 쓰이는 바람에, 위세 등등한 조조의 멋진 모습이 가려져버렸고, 이에 사람들이 조조의 위세 등등한 모습에는 크게 주의를 기울이지 않았다. 하지만 '기민'하다는 글자는 조조의 우수한 인품 중 그의 인생에 가장 큰 영향을 미친 특성이다. 조조 외에도 삼국의 다른 두 영웅인 개국군주 유비와 손권은 또 어떠한 특징을 가지고 있을까?

조조가 처음으로 전통체제에 갇혀있는 관리가 되었을 때, 그는 비록 열심히 노력하였지만, 그가 원하는 이상을 실현할 수 없었다. 그러자 조조는 당시 정국의 불안한 상황을 일찍이 파악하고, 바로 관리를 그만두었고, 고향으로 돌아가 자신이 다시 나설 시기만을 기다렸다. 그리고 그 시기가 되자, 그는 일말의 주저함 없이 동한말년의 혼란한 정치 속으로 뛰어들었다. 이것이 바로 그의 기민함이었다.

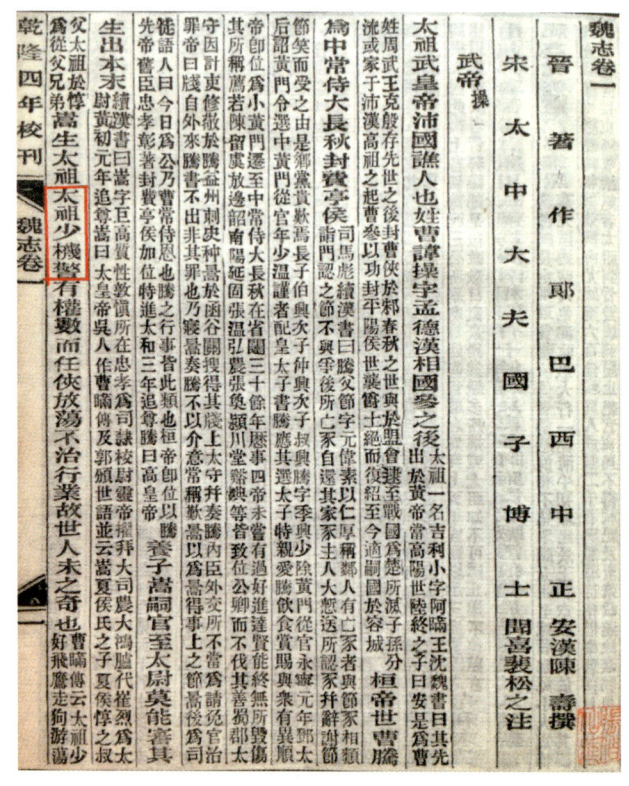

진수 《삼국지·무제기》에서 조조의 기민한 성격에 대한 문장

그 후 지방관리 왕분 무리가 동한의 영제를 폐하고 새로운 황제를 세우기 위해 조조를 끌어들였다. 조조는 왕분이 이렇게 큰 일을 이룰 수 있으리라고 생각하지 않았다. 머지않아 닥쳐올 혼란한 정세를 예측하면 새로운 황제로 바꾼다고 해서 문제가 근본적으로 해결되지는 않는 일이었다. 그래서 조조는 단호하게 거절을 하였고, 그들의 무고한 희생양이 되지 않았다. 이것이 바로 그의 기민함이었다.

후에 동탁이 죽임을 당하였고, 한 헌제가 장안에서 낙양으로 허겁지겁 도망을 갔으나 몸을 의탁할만한 안전한 곳이 없었다. 관동 지역에서는 천자를 우습게 여긴 군사들이 사방에서 약탈을 일삼으며 군량을 보충하던 때, 조조는 이 기회를 틈타 헌제를 허현에서 모셨고 임시 도성을 건립하여, '천자의 명을 내세우며 제후들에게 명령을 내린다'. 동시에 허현 일대에서 토지를 대규모로 개간하여 '밭을 일구어 군량을 비축하였다'. 그는 이곳에서 정치적, 군사적 우위를 점하고, 이후의 성공을 위해 튼튼한 기초를 쌓았다. 이것이야말로 그의 일품 기민함이라고 할 수 있겠다.

삼국 창업의 군주인 조조, 유비, 손권은 모두 비범한 영웅호걸들이었다. 만약 조조의 성공에 있어 핵심 인품이 바로 기민함이라고 한다면, 유비와 손권은 어떠한 인품을 가지고 있는 것일까?

필자가 보기에 유비의 핵심 인품은 바로 강인함이고, 손권의 핵심 인품은 바로 인내다.

유비는 봉기를 일으켜 창업을 시작하면서부터 적벽대전에서 조조를 물리치고 승리를 거두며 촉한 정권의 기초를 쌓기까지, 약 25년의 시간 동안 힘든 공격과 좌절들을 여러차례 겪었다. 그는 공손찬, 도겸, 여포, 조조, 원소, 유표에게 몸을 의탁한 적이 있었고, 부인들이 포로로 잡혀가거나 가족과 헤어져야만 했던 때도 네 차례나 있었다. 그는 비록 여러 번 일어나 여러 번 실패를 겪었지만, 또 다시 여러 번 실패하고도 다시 여러 번 일어났으며, 절대 의기소침해지지 않았다. 50세가 되었을 때도 그는 여전히 고통 속에 빠져 있는 것을 달가워하지 않았으며, 전력을 다해 끝까지 싸웠고, 제갈공명이라는 인재를 찾아가 산에서 나오기를 청하였다. 그리고 드디어 그의 세계가 열리기 시작하였다. 이것은 평범한 강인함이 아니라, 바로 일품 강인함이라고 할 수 있다. 진수 〈삼국지〉에서는 그를 '어려움이 있어서 굽히지 않는다'라는 말로 찬미한다.

손권의 일품 인내는 2가지 방면에서 찾아볼 수 있다.

먼저 지리방위적 측면이다. 그는 서쪽의 촉한이라는 이웃이 침입하는 모욕을 참아냈다. 그리고 그는 북방의 조위에 대해서도 군신 명분의 모욕을 견뎌냈다.

유비가 익주를 공격하여 점령한 뒤, 유비의 세력이 점점 커져갔다. 형주를 지키던 관우는 변경에서 계속 사고를 일으켰을 뿐만 아니라 손권의 혼인 요구도 거절하였다. 두터운 호의를 가지고 있었던 손권은 큰 모욕을 당했다. 손권은 화가 났지만, 참았다. 더 큰 힘을 모아 회남 방향의 조조에게 한 방을 먹이기 위함이었다. 조조의 주력군이 북쪽에서 내려오는 관우의 강한 공격에 의해 약화되었고 손권의 부담은 경감되었다. 그리하여 서쪽의 형주를 칠 수 있는 좋은 기회가 되었다. 그는 바로 조조에게 겸손하게 자신을 신하라고 칭하며 전력을 다해 관우를 공격하고 서부 강역을 삼협 일선까지 확장시켰다.

유비의 동쪽 복수를 막기 위해서 그는 막 황제가 된 조비에게 자신을 신하라 칭하며 공납하였다. 조비는 그에게 작위를 내렸으며, 그도 그것을 기쁘게 받아들였다. 그가 자신을 신하로 칭하며 했던 말들은 어찌나 겸손하고 존경하는 말투였던지 조위의 대신 종유마저 문학적 감각이 깊은 조비에게 손권의 그 행동을 생각하면 너무나 귀엽다고 말할 정도였다. 하지만 그는 시기를 기다려 효정전투에서 유비를 격퇴시키면서 서쪽의 위협 요소들을 철저히 제거한 뒤, 조비에 대한 태도가 싹 바뀌면서 결국 무기를 들고 전쟁을 일으켰다.

다음으로 정치적인 칭호의 관점에서다. 손권은 자신을 왕으로 칭하던 신하로 칭하던 삼국에서 가장 아래 자리에 끝까지 앉아 있었던 사람이었다. 군주의 모욕은 장래에 이룰 대업의 관점에서 인내할 만한 것이었다. 오나라 손권은 확실히 선진시기 월나라의 구천과 견줄 수 있을만한 사람이었던 것이다.

  후에 사람들은 이 세 사람을 평가하며 '조조가 하늘의 기회를 얻었을 때, 손권은 땅의 이점을 얻었고, 유비는 사람을 얻었다'라고 말하게 된다. 하지만 하늘의 기회, 땅의 이점, 사람은 모두 자기 자신이 아닌 객관적인 요소다. 이 모든 것은 자신 개인의 인품과 힘으로 잡는 것이며, 장악하는 것이고, 쟁취하는 것이며, 만들어내는 것이다. 그래야만 비로소 공고히 자신의 것으로 만들 수가 있으며 자신의 성공으로 확실하게 전환시킬 수가 있는 것이다. 그렇기 때문에 이 세 영웅의 가장 근본적인 성공 요소는 모두 다 그들 자신의 주관적인 요소에 있었다고 할 수 있겠다.

제10장
조조의 인질납치 억제를 위한 강력한 대책

오늘날 인질을 납치하는 사건은 수도 없이 많이 일어난다. 국제사회는 아직까지도 인질사건을 저지할 만한 효과적인 대책을 내놓지 못했다. 일찍이 동한과 삼국에서도 인질을 납치하는 사건이 성행한 적이 있었다. 정계의 강자 조조는 이를 위해 특별히 강력한 대책을 마련하여, 인질 납치 사건에 대해 높은 처벌을 가했고, 이로 인해 인질 납치 사건의 발생이 현저하게 억제되었다. 그렇다면 조조의 강력한 대책이란 도대체 무엇일까?

조조가 직면한 인질 납치 사건은 〈삼국지〉 9권 〈하후돈전〉에서 생동감 있고 자세하게 기록하고 있다.

동한 헌제 흥평원년(서기 194년)이었다. 조조의 사업은 아직 초기 단계에 머물러 있었고, 그 당시 조조는 자신의 주력군단을 데리고 도겸을 공격했었다. 복양현(오늘날 하남성 복양시)을 지키던 주장 하후돈이 여포 수하로 항복하여 들어온 장사에게 납치되었다. 그리고 보물과 재물로 인질을 교환하자고 요구하여 군영이 혼돈에 휩싸였다.

이 시각, 하후돈의 부하 장군 한호가 일어났다. 그는 자신 수하의 군대를 지휘하며 군영 정문을 통제하는 사람이었다. 그는 각 부대의 장군들을 소집하여 부하들을 잘 통제하여 혼란을 방지하고 군영의 질서 회복과 안정이 되도록 요구하였다. 그 후 한호는 군대를 이끌

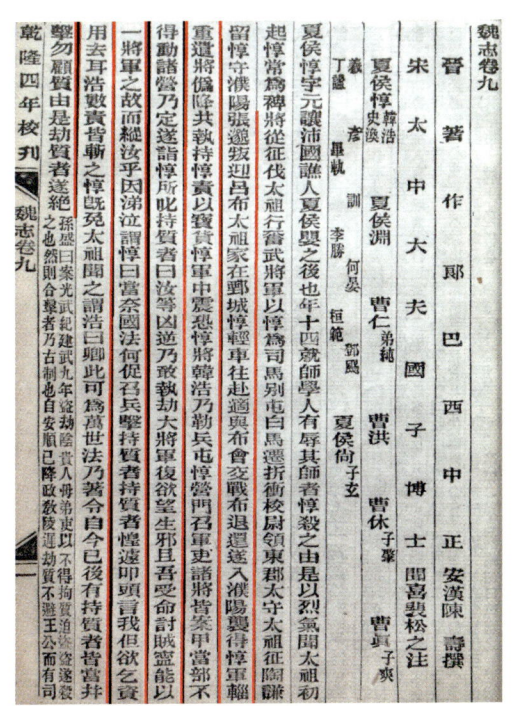
진수 《삼국지·하후돈전》의 인질 납치에 관한 문장

고 하후돈이 납치된 곳으로 가서, 인질 납치범에게 큰 소리로 이렇게 말했다.

"반역자들! 감히 우리 군의 대장을 납치하고도 살고자 하다니! 나는 지금 너희를 토벌하라는 명령을 받았다. 하후돈 장군을 인질로 잡고 있다고 너희들이 온갖 나쁜 짓을 저지르도록 가만두지 않겠다!'

그리고 그는 눈물을 흘리며 또 하후돈에게 말했다.

"국법을 어찌 거역하겠습니까!"

그는 말을 마치고 의연하게 자신의 수하 장사들에게 인질 납치범을 공격하라고 손짓하였다. 많은 보물과 재물로 자신의 장군을 되찾아갈 것이라고 생각했던 상대는 한호의 의연한 질책과 공격에 크게 놀라 급히 머리를 조아리며 말했다.

"저희는 그저 통행료를 좀 받고자 했을 뿐입니다."

한호는 인질 납치범들을 모두 포획하여 참수시켰다.

하후돈이 위험에서 벗어난 뒤, 조조는 이 이야기를 듣고 무척 기뻐하며 한호를 불러 그를 크게 칭찬하며 이렇게 말했다.

"납치 사건 처리를 아주 잘 하였구나! 천추에 길이 남을 본보기로다!"

그래서 조조는 정식으로 법령을 반포해 명확하게 규정한다.

"오늘부터 인질 납치범이 생기면, 그 유관부서는 그 인질납치범을 단호하게 공격하도록 하며, 인질의 안전은 고려하지 않아도 된다."

그 후로 인질 납치 사건은 더 이상 발생하지 않았다.

이 역사 기록에 따르면 강력한 수단을 통해 인질 납치를 억제한 방법은 조조 시대부터 시작된 것이라고 한다. 하지만 사실은 그렇지 않다.

역사책의 기록에 따르면, 일찍이 동한 초기 광무 건무9년(서기 33년)에 경성 낙양에 아주 중대한 인질 납치 사건이 발생했다고 한다. 광무제 유수가 가장 총애하던 당시 '귀인' 1급이라는 황제의 첩이었던 음려화, 그녀의 어머니 등씨와 남동생 음흔이 강도에게 납치가 된 것이었다. 당시 관련 관리들은 동한 조정의 명확한 규정으로 인해, 인질 때문에 강도의 협박에 휘둘려서는 안되며, 그렇게 되면 인질 때문에 모두가 다 강도에게 죽임을 당할 수 있다고 하였다. 소위 '인질 때문에 강도의 협박에 휘둘려서는 안된다'라는 것은 치안당국과 인질의 가족들이 납치범들과 담판을 하여 상대가 원하는 각종 협박성 조건들을 받아들이는 것을 말한다. 이 말에 담긴 숨은 뜻은 일단 이러한 안건들이 발생하면 당국이 취할 수 있는 방법은 한 가지, 바로 무장 세력을 조직하여 강력하게 대응하여 납치범을 응징하는 것이었다. 인질의 생명은 조금도 아까워하지 않았다.

이러한 규정의 목적은 바로 폭력을 폭력으로 다스려 납치범에게 어떠한 이득을 얻을 수 있는 틈도 주지 않는 것이었다. 일단 사회에 이런 사실이 널리 알려지게 되면 인질범도 차차 인질을 납치하는 것은 이득을 얻을 수 없을 뿐만 아니라 이로 인해 자신의 생명도 잃을 수 있다는 것을 알게 될 것이고, 이에 따라 납치범들도 대폭 감소될 수 있을 것이었다.

보아하니 동한 초기에 이러한 규정을 아주 엄격하게 집행했던 것 같다. 황제 유수의 장모와 처남이 납치되었는데도 관계 당국은 규정대로 일을 처리하였기 때문이다. 사서의 기록에 따르면, 이로 인해 음귀인은 어머니와 남동생을 잃었지만, 절대 이러한 규정에 대해 불만을 가지지 않았다고 한다. 그리고 광무제도 그녀에게 돌아가신 어머니와 해를 입은 남동생에게 후작이라는 명예로운 칭호를 하사하는 작은 행위로 위로를 했다고 한다.

하지만 동한 중기 안제 시기에, 인질 납치가 다시 성행하기 시작했다. 납치범은 관리들을 납치했을 뿐만 아니라 일반 백성들도 납치하기 시작했다. 인질의 가족들은 항상 어떠한 방법을 취해서라도 납치범이 제시하는 각종 조건들을 만족시켜 인질을 되찾고 싶어했다. 하지만 이러한 방법은 더 많은 납치범을 양성시켰을 뿐이었다. 영제 시기에 교현의 아들이 납치된 사건이 발생된 이후, 납치 사건들이 비로소 다시 억제되기 시작했다.

교현은 조조의 친구였다. 그는 과거 조정에서 태위의 고위직무를 맡은 적이 있었다. 교현은 후에 병으로 인해 직무에서 물러났고, 그 후 집에서 수양을 하고 있었다. 하루는 교현의 10살된 아들이 혼자 집 문 앞에서 놀고 있다가 돌연 무기를 든 3명의 사람에게 납치가 되고 말았다. 그리고 그 납치범들은 교현의 아들을 데리고 교현의 집안으로 쳐들어왔다. 그들은 교현 집의 고루에 올라 높은 곳에서 아래를 향해 소리를 지르며 교현에게 거액의 재물로 아들의 생명과 바꾸자고 요구하였다. 하지만 교현은 아주 단호하게 거절하였다. 곧이어 경성 지역의 3급 행정 장관, 즉 주의 1급 사예교위, 군 1급의 하남윤, 현 1급의 낙양현령들이 치안부대들을 모두 끌고 교현의 집에 도착했다. 그들은 교현의 아들이 다칠까 두려워 감히 공격을 가하지 못했다. 이때 교현이 화가 난 눈을 하고 군대를 향해 크게 소리쳤다.

"간사한 자들, 나 교현이 어찌 아들 하나의 생명 때문에 강도를 가만히 두겠는가!"

그는 이렇게 소리치며 어서 강도를 공격할 것을 요구하였다. 그래서 군대 관병들이 행동을 시작하였다. 격렬한 전투를 거쳐 납치범들이 모두 소멸되었고 교현의 아들도 결국 납치범들에게 죽임을 당하고 말았다.

그 후 교현은 황궁으로 가 자신의 어린 아들을 지키기 위해 수도 지역에 혼란을 일으킨 점에 대해 황제에게 사의를 표했다. 그리고 그는 황제에게 오늘부터 모든 인질 납치 사건들은 모두 납치범들을 죽이는 방법으로 대응하며 대물과 인질을 교환하는 행위를 엄격히 금지하여 인질범들이 불법적인 이익을 취할 수 있는 문을 열어 주지 말자고 상소하였다.

교현의 상소에 대해 영제는 동의를 표하였고, 천하에 교현이 상소한 내용을 발표하여 그대로 집행하도록 하였다. 그리고 과거 빈번하게 발생하던 인질 사건이 비로소 눈에 띄게 감소하기 시작하였고, 이러한 현상은 하후돈의 인질 납치 사건이 발생했을 때까지 지속되었다.

여기서 우리는 폭력으로 인질을 납치하여 재물을 요구하는 현상이 고대 중국에서 최소 삼국 이전 동한 시기부터 이미 존재했음을, 그리고 강력한 수단을 취하여 인질 납치를 억제한 것도 조조 때부터 시작된 것이 아니었음을 알 수 있다. 조조가 인질 납치 사건을 억제하기 위해 취했던 강력한 대책은 사실 동한 시기 관방 대책의 계승이자 강화였을 뿐이었던 것이다.

인질 납치범을 공격하는 행위는 인질의 안전을 보호하는 것이자 동시에 재물을 약탈하는 인질납치 사건을 방지하는 것이었다. 조조의 강력한 정책은 인질의 안전을 보호하는 것에 과도하게 편중되어 있었으며 재물 약탈이라는 부분은 간과되었다. 이것은 그 당시의 역사를 이해하는 한부분으로 여길 수 있지만 그것을 반드시 본보기로 삼아야 한다고 할 수는 없을 것이다.

제11장
"동작삼대"를 건축한 조조에 대한 천고의 의혹

조조는 북방의 적 원소를 공격하여 멸한 뒤, 원래 원소의 근거지였던 업현(오늘날 하북성 임장현 서남)을 잘 경영하여 자신의 정치 중심으로 만들고자 하였다. 당시 업현성 구역의 남부는 보통 민중들이 거주하던 구역이었고, 북부는 조조의 궁전과 관서가 있는 구역이었다. 조조는 자신의 궁전 구역 서쪽의 후화원인 서원 내에, 3개의 웅장한 누대, 동작대, 금호대, 빙정대를 세웠고, 이 세 누대를 합쳐 '동작삼대'라고 불렀다. 그중 동작대가 가장 유명하다. 그때 당시와 후세에서도 많은 문학 속에서 동작대에 대해 묘사하고 있으며 이로 인해 삼국문화의 상징적인 부분이 되었다. 하지만 사람들에게 잘 알려지지 않은 '동작삼대'의 건축은 대체 조위의 정치와 어떤 밀접한 관계가 있는 것일까? 그렇다면 이 배후에 숨겨진 천고의 의혹을 하나씩 풀어나가 보자.

1번째 의혹 – 동작대는 도대체 언제 준공된 것일까?

나관중의 〈삼국지통속연의〉 제 54회에서는 '건안 15년 봄, 동작대를 완성하였다. 조조는 문무대신들을 업군에 모두 불러들여 축하연회를 열었다. 그 대는 장하를 정면으로 마주하고 있었으며 중앙에는 동작대, 왼쪽에는 옥룡대, 오른쪽에는 금풍대가 있었다.'라고 하였다. 여기서는 동작대의 준공 시간을 건안 15년, 즉 서기 210년 봄이라고 말하고 있다. 그렇다면 이 기록은 정확한 것일까?

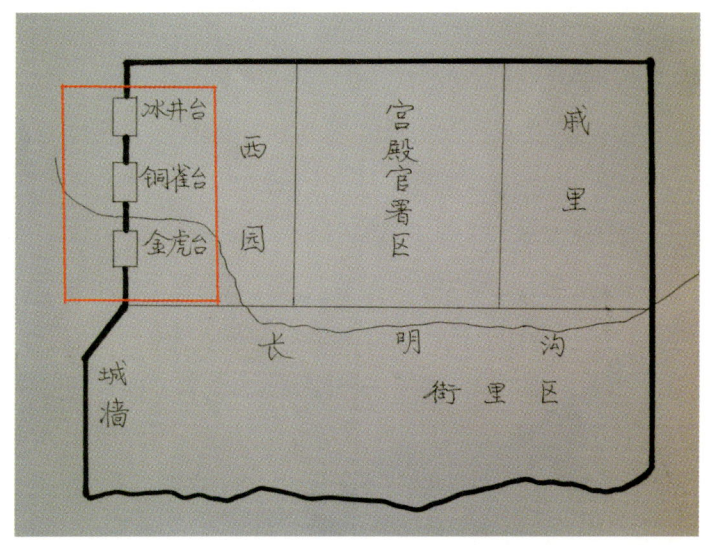

업현 동작삼대의 소재 위치 설명도

조조의 동작대 건축에 대해서 진수의 역사서 〈삼국지〉에는 짧고 간단한 기록이 있다.

"건안 15년 겨울 동작대를 짓다. (建安十五年冬, 作銅雀台。)"

문장이 간단하고 짧아, 큰 의혹을 불러일으키기에 충분하다. 왜냐하면 '동작대를 짓다(作銅雀台)'라는 문장은 막 건축을 시작했다는 말로 이해될 수도 있고 이미 준공이 되었다는 뜻으로도 이해가 될 수 있어 의미가 확실하지 않기 때문이다. 나관중은 이 문장을 나름대로 판단하여 건안 15년을 준공의 시간으로 여겼다. 그리고 장면을 묘사하기 위해 겨울을 봄으로 바꿨다. 〈삼국지토옥연의〉는 통속 성질을 지닌 소설이기 때문에, 그 영향력은 진수의 〈삼국지〉보다 훨씬 광범위하다. 이로 인해 오랫동안 많은 사람들은 동작대가 준공된 시간이 건안 15년 봄이라고 여겼다. 하지만 사실 이것은 나관중이 모두를 속인 것이었다.

당대의 유명한 문헌 〈예문류취(藝文類聚)〉에 기록된 내용에 따르면, 건안 15년 겨울, 조조는 동작대의 건축을 시작하라고 명령한다. 그리고 준공된 시기는 2년 후인 건안 17년 봄이었다. 소요된 전체 건축 시간을 계산해 보면 약 1년 반 정도이다.

동작대가 준공된 후 얼마 되지 않아, 조조는 또 동작대의 남, 북 양쪽에 같은 규모의 거대한 금호대와 빙정대를 세워 이 세 개의 대를 합쳐 '동작삼대'라고 불렀다. 역사 문헌은 '동작삼대'의 위대하고 웅장한 모습에 대해 생동감 있게 묘사하고 있는데, 동작대의 높이는 약 10장, 즉 24미터정도 되며, 8층으로 된 건물만큼 높았다고 한다. 윗면에는 수 백 개의 화려한 방을 지었는데, 그중 어떤 방은 얼음을 저장해 공기의 온도를 떨어뜨려 식품을 저장했다고 하며, 또 어떤 방은 석탄을 저장해 주방에서 식품을 가공할 때 사용했다고 한다. 그리고 생활 용수와 불을 끄는데 사용하는 물을 공급하는 깊은 우물이 있었다. 모든 건축에는 화려한 장식이 있었고, 6~7리 길 밖에서도 똑똑하게 보여서, 마치 신선이 거주하는 찬란한 곳처럼 보였다고 한다.

이 화려하고 웅장하며 보기 드문 건축은 당시 전쟁으로 인해 불꽃이 휘날리고, 괴로워하는 민중들의 비참한 사회 풍경과는 극대한 차이를 보였다.

모두 다 알고 있듯이 조조는 근검 절약하는 성격이었다. 그는 항상 근검절약하는 생활을 제창했다. 사서의 기록에 따르면 그의 아들 조식의 아내는 조조가 정해 놓은 엄격한 집안의 규율을 어기고 화려한 옷을 입고 후원을 거닐다가 조조가 높은 곳에서 그 모습을 보고 크게 화가나 바로 그녀를 사형에 처했다고 한다. 군웅이 할거하던 전쟁 시대에 거액의 재산과 부를 군사와 국가의 긴급한 일에 사용하지 않고 누각의 건축에 사용한 것은 현명해 보이지 않을 뿐만 아니라, 근검 절약의 조조의 성격과는 충돌되는 모습을 보인다. 그렇다면 조조의 이러한 행동은 어떻게 해석될 수 있는 것일까?

이전의 학자들은 두 가지 해석이 있었다. 첫 번째, 생활의 관점에서 살펴본 것인데 조조가 향락의 필요에 의했다는 것이다. 두 번째는 군사적 관점에서 본 것인데 그의 이 건축은 자신의 안전을 위한 군사적 방어 체계였다는 것이다. 그렇다면 이 두 가지 해석은 정확한 것일까? 사실은 그렇지 않다.

만약 조조가 자신의 향락을 위해 동작대를 만들었다면, 어째서 두 개의 비슷한 누대인 금호대와 빙정대를 또 만들었던 것일까?

군사 방어 조치라는 이야기가 있다. 당시에는 높은 누대를 지어 거점을 방어한다는 군사 이론이 있었다. 예를 들어 유주에 거점을 두고 있던 공손찬도 바로 이 이론을 신봉하는 사람 중 한 명이었다. 그는 과거 수천 개의 높은 누대를 지은 적이 있다. 그중 300만곡(斛, 곡물을 세던 과거 용량의 단위)의 곡물을 저장한 곳이 있었는데 공손찬은 그곳을 좀처럼 함락되지 않는 금성철벽이라고 생각했다. 어느 누가 그의 적 원소가 기묘한 공격 수단을 생각해 내어 이 금성철벽을 무너뜨릴 수 있으리라고 생각했겠는가? 원소는 몰래 땅굴을 파서 공손찬의 높은 누대 아래에 도달하였고, 그 아래에 점차 깊은 구덩이를 팠다. 그리고 잠시 여러 나무 뿌리로 그 공간 위의 중량을 지탱하도록 하였다. 그리고 아래층의 대부분이 빌 때를 기다려 사람을 보내 나무 기둥들을 불살라버렸다. 나무 기둥들이 불살라 중량을 지탱하던 기둥이 쓰러지자 높은 누대가 무너졌고, 공손찬의 세력도 연기와 함께 사라지게 되었다. 이것이 바로 조조가 누대를 짓기 10년 전에 발생했

123

던 사건이다. 조조는 뛰어난 군사적 재능을 지녔다. 그가 과연 공손찬의 어리석은 행동을 반복하겠는가? 당연히 그렇지 않았을 것이다.

결국, 생활을 즐기기 위한 것이거나, 군사 방어의 표상이라는 관점에서 살펴보았을 때 그럴듯한 해석이 나오기는 어렵다. 천고의 의혹을 풀기 위해서는 먼저 중국 고대 높은 누대를 건축하게 된 정치 문화적 연원부터 이해해야 한다.

두 번째 의혹 – 조조는 왜 동작삼대를 지었을까?

당대의 역사 문헌 〈초학기(初學記)〉에 남겨진 기록에 따르면, 웅장한 높은 누대를 건축할 수 있다는 것, 특히 동시에 3개의 높은 누대를 지을 수 있다는 것은 일반 사람이 할 수 있는 것이 아니라 천자만이 할 수 있는 일종의 권위를 드러내는 정치 문화의 상징이었다고 한다. 즉, 웅장한 높은 누대를 건축한다는 것, 특히 3개의 웅장한 높은 누대를 건축한다는 것은, 진정한 천자만이 누릴 수 있는 정치적 권리이며, 다른 어떤 사람도 넘볼 자격이 없다는 것이다. 만약 우리가 이 관점에서 조조가 '동작삼대'를 건축한 깊은 동기를 살펴보면, 이 천고의 의혹이 쉽게 풀리게 된다.

조조가 동작대 건축을 명령하기 2년 전은 동한 헌제 건안 3년(서기 208년) 6월이었다. 조조는 과거 조정의 삼공, 즉 태위, 사도, 사공의 세 가지 관직을 폐지하고 자신이 승상의 직위를 맡도록 개정하여 조정의 대권을 철저히 자신의 수중에 넣은 적이 있었다.

하지만 승상의 직위로 권력을 장악하는 것은 조조의 궁극적인 목적이 아니었다. 그의 궁극적인 목적은 바로 자신의 조위 왕조를 건립하여 자신의 세력 기반을 다지는 것이었다. 결정적인 첫걸음이 바로 자신의 깊은 정치적 의도를 말로는 설명할 수 없고 마음으로만 터득할 수 있는 미묘한 방식으로 조정 내외에 퍼뜨리는 것이었다. 이렇게 되면 자신을 지지하는 사람들은 굳이 이야기 하지 않아도 조조의 마음을 알아차릴 것이었으며, 조조에게 반대하는 사람들도 공개적으로 그를 비난하기 어려워질 것이었다. 조조가 '동작삼대'를 지은 진정한 동기는 바로 이것이었다.

그는 구체적인 행동으로 옮기는 과정에서 무척이나 전략적이었다. 사적에 기재된 내용에 따르면, 동작대는 건안 17년 봄에 준공되었다고 한다. 그리고 나머지 2개의 고대, 즉 금호대와 빙정대의 건축은 그보다 조금 뒤인 건안 8년(서기 213년) 9월에 시작되었다고 한다. 먼저 동작대를 지었던 것은 민심을 살펴보기 위한 것이었다. 그는 조정 상하의 반응을 살펴본 뒤 다시 금호대와 빙정대를 건축한 것이다. 이로써 그는 조정에 큰 변혁을 일으키는 것을 피할 수 있었다. 이야말로 오늘날 우리가 말하는 '연착륙'의 최고 사례라고 할 수 있겠다.

조조가 '동작삼대'의 모든 공정을 완료한 뒤인 건안 18년(서기 213년) 5월, 그는 자신의 작위를 '위공'으로 진급시켰다. 즉 위군을 봉지로 가지고 있는 공작이라는 뜻이다. 이로써 그는 과거 다른 성을 가진 신하는 왕작 혹은 공작이라는 두 가지 높은 작위를 가질 수 없었던 동한의 전통 제도를 돌파하였다. 위국의 정권은 이로써 정식으로 탄생하게 되었고 조위 왕조의 기반이 여기서 공고히 다져지기 시작하였다. 3년 후인 건안 21년(서기 216년), 조조는 또 자신의 작위를 위왕으로 진급시킨다. 건안 22년(서기 217년), 조조는 황제와 완전히 동등한 정치 특권을 가지게 되면서 사실상 황제가 된다. 조위 왕조의 정권이 여기서 완벽하게 형성된 것이다. 지금까지 언급한 정치적 대변화를 중국 고대를 건축한 정치 문화적 이유와 결합시켜 보면 조조가 '동작삼대'를 건축한 천고의 의혹이 완벽히 풀리게 된다.

간단히 종합해 보면 조조가 '동작삼대'를 건축한 일은 절대 일반적인 향락 혹은 안전을 위한 조치가 아니라, 정치적으로 중요한 의미를 가지는 무언의 선고이자, 분명한 계시였다는 것을 알 수 있다. 그는 본인의 궁극적인 정치적 목표인 가장 높은 천자의 자리에 앉겠다라는 의지를 선고하였다. 그는 귀족과 고위관리 그리고 하층의 서민 백성들을 포함한 모든 사회 구성원에게 자신의 정치적 바람에 대해 모두 지지해야 함을, 그렇지 않으면 필요한 조치를 취할 것임을 암시하였다.

세 번째 의혹 – 조식의 〈동작대부(銅雀台賦)〉에서 강동의 미녀 이교에 대해 언급한 적이 있는가?

나관중의 〈삼국지통속연의〉 44회의 〈공명이 지혜롭게 주유를 자극하다〉 편에서 제갈공명이 주유를 지혜롭게 자극하는 생동감 있는 이야기가 있다. 이 이야기에 대해 자세히 말해 보자. 공명이 주유에게 계책을 하나 주었는데, 그것은 바로 조조에게 2명의 미녀만 바치면 강동을 걱정 없이 보전할 수 있다는 것이었다. 이에 주유는 어떤 사람을 보내야 하는지 물었고, 공명은 대교와 소교를 보내야 한다고 대답하였다. 주유가 다시 공명이 그렇게 말한 근거가 무엇인지를 물었다. 그러자 공명은 조조의 아들 조식의 〈동작대부〉가 바로 그 증거라고 말하며, 그 자리에서 동작대부의 문장을 암송하였다. 그중에는 '동남쪽에서 이교를 얻어, 아침 저녁 대교와 소교와 함께 즐거움을 누리리라(攬二喬於東南兮, 樂朝夕之與共)'라는 시구가 있다. 그런데 소교는 바로 주유의 부인이었다. 주유는 이 시구를 듣자마자 크게 화를 내며 조조와 전쟁을 벌이기로 결심하게 된다.

이 이야기에 따르면 세 개의 나누어져 진 권력 구조를 형성하게 된 적벽대전 발발의 결정적 원인은 바로 어떤 한 문장의 시구 2구절 때문이었다는 것이다. 그렇다면 조식의 〈동작대부〉에서는 정말 강동의 미녀 대교와 소교에 대해서 언급을 한 것일까? 이 역시 후세 사람들 사이에 논쟁이 끊이지 않는 의혹 중 하나다.

진수 《삼국지·조식전》의 동작대부에 관한 인쇄물

사서에 기재된 내용에 따르면 동작대의 건축이 완성되었을 때 조조는 자신의 아들과 대에 올라 유람을 한 적이 있을 뿐만 아니라, 그 자리에서 다른 사람들에게 동작대를 찬미하는 글을 작문할 것을 요청한 적이 있다. 그리고 당시 작문을 했던 사람들은 주로 조조의 큰 아들 조비, 조비의 셋째 아우 조식, 두 사람이었다. 조식이 작문한 문장은 〈삼국지〉에 온전하게 기재되어 있다. 만약 조식의 문장을 자세히 살펴본 사람이라면, 그의 문장 속에는 〈삼국지통속연의〉에서 언급한 강동 대교와 소교에 관한 문구가 없다는 것을 발견했을 것이다. 〈삼국지통속연의〉에서의 두 문장은 나관중이 거짓으로 조식이 지은 문장이라는 사실을 지어냈던 것이다. 그의 뛰어난 작문 실력, 그리고 교묘하게 잘 어울리는 부분에 그 문장을 집어 넣어 후세의 많은 독자가 이 부분을 진짜라고 여기게 된 것이다.

나관중의 허구는 여기서 그치지 않는다. 사서에 기재되어 있는 조조가 건축한 동작삼대의 진정한 이름은 동작대, 금호대, 빙정대였다. 하지만 나관중은 이를 동작대, 옥룡대, 금봉대로 바꿔 진술하였다. 아마 나관중은 금호, 빙정이라는 명칭이 서로 짜임새 있게 연결된 이름이 아니라고 생각해 그것을 옥룡, 금봉이라고 바꾼 것이었다. 사실, 금봉이라는 이름은 그 함의에서 약간 쓸데없이 중복된 느낌이 있다. 빙정이라는 이름은 대 아래에 깊은 우물을 파서 식물을 보존하고 기온을 떨어뜨리기 위해 얼음을 보존하고 있었기 때문에 지어진 것이었다. 빙정이라는 이름이 다른 이름으로 바뀌면서 원래 이름이 지녔던 특징들이 모두 사라지게 되었다.

결국 지금까지 살펴본 세 가지 의혹에 대한 궁금증 해결은 우리로 하여금 문학적 창작과 역사적 사실 기재 사이에 큰 차이가 존재한다는 사실을 알게 해 주었다. 후세 사람들이 나관중의 〈삼국지통속연의〉를 평가하면서 '70%는 사실, 30%는 거짓'이라는 말이 생기게 되었다. 나관중은 소설가로서 이야기의 서술을 위해 필요한 부분에서는 역사적 사실을 조금씩 변형하였다. 만약 후세의 독자들이 그의 작품을 진정한 역사적 기재에 근거하여 저술한 것이라고 여긴다면, 진실이 사라지게 되는 크나큰 문제가 발생하게 될 것이다. 〈삼국지통속연의〉는 가벼운 마음으로 읽어야 하는 것이며 실사구시의 안목으로 삼국의 역사를 고찰해 보아야 하는 것이다. 절대 소설과 역사를 혼동해서는 안된다. 이것이야말로 삼국의 역사 문화를 좋아하는 사람의 정확한 태도라고 할 수 있겠다.

제12장
조조가 양수를 죽인 진짜 이유는 무엇인가?

조조가 자신에게 힘을 실어준 부하 양수를 죽인 일은 지금까지 대대로 전해져 내려오는 삼국의 유명한 이야기 중 하나다. 후세 사람들은 이 이야기를 대부분 나관중의 장편소설 〈삼국지통속연의〉에서 알게 된다. 하지만 〈삼국지통속연의〉에서는 조조가 양수를 죽인 원인에 대해 문제의 핵심을 파악하지 못하고 있다. 그렇다면 문제의 핵심은 무엇일까? 사학가 진수의 〈삼국지〉 속에서 함께 살펴보도록 하자.

1. 〈삼국지통속연의〉 관련 기록의 큰 오류

양수는 삼국시기에 유명한 비극적인 인물이다. 그는 처음에 조조의 신임을 받는 부하였다가 후에 사형에 처하라는 명령을 받는다. 양수의 죽음은 후세 사람들의 큰 흥미를 불러일으켜 널리 전해진 삼국시기의 이야기다. 희극 무대에서도 끊임없이 공연되고 있는 부분이다. 이렇게 된 이유는 그의 죽음이 닭 한 마리의 작은 늑골과 밀접한 관련이 있어 '한 마리의 닭의 뼈가 유발한 피의 사건'이라고 불리기 때문이다. 우리가 지금 알고 있는 '계륵'이란 성어가 바로 여기서 유래한다. 역사에서 하나의 작은 닭의 뼈가 유발한 피의 사건은 아주 보기 드문 희귀한 사건이라고 할 수 있겠다.

하지만 오늘날 대부분의 사람들이 알고 있는 '계륵'의 이야기는 모두 〈삼국지통속연의〉라는 소설에서 유래한 것이다. 삼국연의의 제 72회는 '제갈량의 지혜로 한중을 취하고, 조조는 병사를 속여 경사가 심한 계곡으로 퇴각하다'라는 주제를 가진 내용이다. 이에 대해 다음과 같은 생동감 있는 설명이 있다.

　조조가 한중의 전선에서 촉한의 군대와 전쟁을 벌이고 있었다. 조조는 공격을 하고 싶었지만 유리한 지형을 점령한 적군에게 저지당하여 병사를 퇴각하려 하였으나, 상대에게 비웃음을 당할까 두려워하였다. 어찌할지 결정을 못하고 있을 때 주방에서 닭고기 탕 한 그릇이 조조에게 내어졌다. 탕 안에는 닭의 계륵이 있었다. 그는 자신도 모르게 깨달음을 얻었다. 바로 이때 부관이 와서 오늘 밤 군영의 연락 암호를 물었다. 조조는 생각나는 대로 '계륵, 계륵이다!'라고 말하였다. 부하 양수는 이 사실을 안 뒤 바로 참모들에게 행장을 정돈하고 철군하여 돌아갈 준비를 하라고 하였다. 그리고 그들에게
"계륵을 먹을 때에는 살은 별로 없지만, 그것을 버리기에는 아깝다. 지금은 공격을 하여도 이길 수 없으니, 퇴각을 하면 다른 사람이 비웃을까 두렵구나. 이곳은 더 이상 무익하니 일찍 돌아오는 것이 더 낫다. 그래서 위왕은 반드시 군대를 철수하여 조정으로 돌아가야 한다. 그러므로 먼저 행장을 정리 정돈하여 혼란이 일어나지 않도록 하여라."
라고 말하였다. 이 이야기가 조조의 귀에 들어가게 되었고 조조는 크게 놀라 재빨리 양수를 불러 물었다. 양수는 사실대로 대답하였다. 그러자 조조는 크게 화를 내며
"네가 감히 내 군심을 흔들다니!"
라고 말하였다. 그리고 그는 도부수에게 양수를 끌어내다 목을 자르라고 호령하였다. 그리고 양수의 목을 군영의 문 앞에 걸어 두어 다

른 사람들이 볼 수 있도록 하였다. 이때 양수의 나이는 34세밖에 되지 않았다.

〈삼국지통속연의〉의 이 문장에서는 '양수가 조조에게 죽임을 당하였고, 그 원인은 자신의 재능이 뛰어나다는 사실을 너무 믿고 조조와 여러 번 부딪혔고, 이에 인정이 없고 재능이 있는 자를 질투하고 시기하는 조조에게 결국 양수를 죽일 수 있는 동기를 마련해 주었고, 양수가 자신의 재능을 드러냈었던 여러 증거를 보여주며, 이 사실을 증명한다.' 계륵 사건에 이 증거들을 모두 더하면 양수의 죽음은 자기 자신의 재능과 총명함을 너무 과시하였기 때문이라는 것은 어느 누구도 반박할 수 없는 사실이다. 하지만 〈삼국지통속연의〉에서 말하는 이 요점은 정확한 것일까? 이에 대한 답은 그렇지 않다는 것이다. 문제의 요점은 그렇다면 어디에 있을까? 우리 함께 기록 속에서 역사의 진실을 살펴보도록 하자.

먼저 우리는 '계륵' 사건의 진실된 상황을 고찰해야 한다. 〈연의〉에서는 양수를 죽인 이야기는 조조와 유비가 한중을 차지하기 위한 전선을 장면으로 하고 있는데, 시간과 지점, 사망 연령이라는 측면에서 엄밀히 사실과 다르다는 문제를 가지고 있다.

우선 시기적으로 이야기해 보자. 이번 조조의 촉한과의 전쟁은 〈삼국지〉의 정확한 기록에 따르면 동한 헌제 건안 24년(서기 129년) 봄 3월부터 한중에서 전군을 퇴각시킨 그 해 여름 5월까지 일어난 일이었다. 하지만 양수가 죽은 정확한 시간은 그 해 가을이었다. 여기서 우리는 양수가 조조에게 처형을 당한 시간이 절대 조조가 한중에서 철수할 때가 아니라는 것을 알 수 있다. 설령 가을의 첫째 달을 7월부터 계산한다고 하더라도, 〈삼국지통속연의〉도 양수의 죽은 시기를 근거 없이 24개월이나 당긴 것이었다.

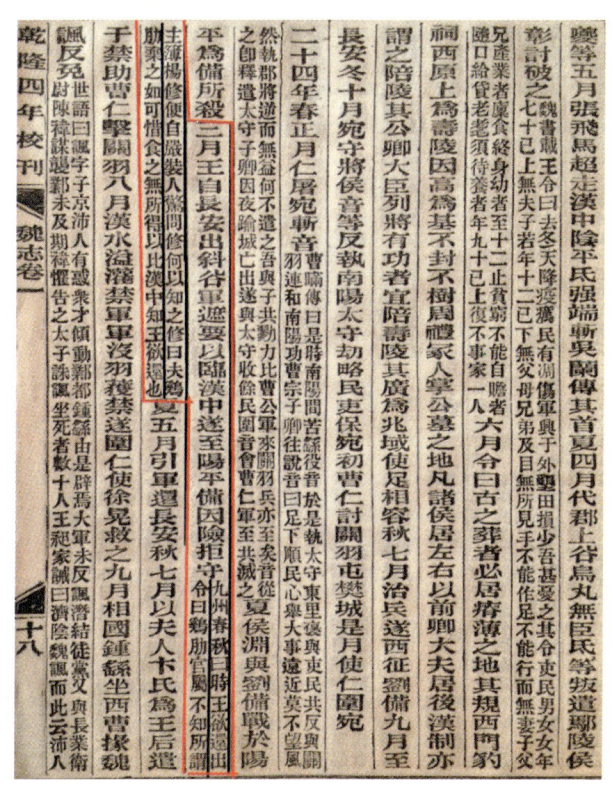

양수 〈삼국지·무제기〉의 '계륵' 사건에 관한 역사적 문장

다시 지리적 위치로 이야기해 보자. 이번 조조의 노정은 역시 〈삼국지〉에 명백하게 기재되어 있다. 내용은 다음과 같다. 그 해 여름 5월 조조가 한중(오늘날 섬서성 한중시)에서 철군을 시작하여 북쪽의 장안(오늘날 섬서성 서안시)으로 이동하였다. 그리고 그 해 겨울 10월 그는 장안에서 다시 동쪽의 낙양(오늘날 하남성 낙양시)으로 돌아왔다. 그리고 같은 달 또다시 남쪽의 형주로 방향을 틀어 양양(오늘날 호북성 양양시)의 관우를 공격하였다. 다음 해 봄 정월에 그는 양양에서 다시 북쪽의 장안으로 갔다. 그 달 23일 조조는 길을 가던 중 낙양에서 병으

로 세상을 떠난다. 당시 그의 나이 66세였다. 여기서 우리는 그 해 가을 조조는 한 도시에만 있었고, 그 도시는 바로 장안이었다는 사실을 알 수 있다. 조조를 계속 수행하던 양수가 가을에 죽었으니, 죽음 장소는 당연히 장안이었을 것이다. 절대 남쪽의 진령과 멀리 떨어진 한중이 아니었을 것이다.

그리고 양수가 죽었을 때 그의 나이는 〈삼국지통속연의〉에서는 34세라고 기재되어 있다. 하지만 사서의 정확한 기재에 따르면 양수가 죽었을 때 그의 나이는 45세였다. 여기서 우리는 또 〈삼국지통속연의〉에서 양수의 사망 시의 나이를 아무런 근거 없이 11세나 감소시켰다는 것을 알 수 있다.

〈삼국지통속연의〉에 묘사된 시간, 장소 그리고 사망 나이는 모두 역사의 진실과 부합하지 않는다. 그렇다면 책에 쓰여있는 그의 사망 원인은 믿을 만한 것일까?

그렇다면 양수의 죽음의 진정한 원인은 도대체 무엇일까?

2. 양수의 죽음의 진정한 원인

양수는 뛰어난 재능과 지혜를 지녔고, 자신을 드러내기를 좋아했다. 이것은 확실한 사실이다. 그리고 이것은 확실히 그가 죽임을 당한 원인 중 하나이다. 하지만 절대 결정적인 원인은 아니다. 정확한 결정적인 원인은 역사에 기재된 양수 본인의 복잡하고도 민감한 가족 정치 배경과 관련이 있다.

〈후한서(後漢書)〉 등 역사 고서의 명확한 기재내용에 따르면 양수는 화양현(오늘날 섬서성 화양시)의 양씨 대가족 출신이었다. 화양 양씨는 동한 시기 최고급 명문 대가족이었다. 양수의 조상 양희는 서한 고조의 개국공신이었다. 그의 고조부 양진은 유학으로 천하에 이름을 떨친 동한 안제 시기의 조정대신이었다. 사람들은 그를 관서 지역의 공자라고 존칭하였다. 그의 증조부 양병은 동한 환제 시기의 조정대신이었다. 그는 정직하고 결연하게 비리를 일삼는 환관과 간신 같은 악의 세력들과 투쟁을 벌여 세상에 이름을 떨쳤다. 그의 조부 양사는 동한 영제 시기의 조정대신이었고, 충직하고 직언을 잘해 이름을 떨쳤다. 그는 상서를 올려 환관 세력들의 전권과 정치를 문란하게 한 사건을 알렸고, 이에 당시 환관 세력들의 미움을 샀다. 양수의 조상들이 증오했던 환관은 조조의 조부 조등 무리였다. 그래서 양씨 가족들은 정치적 입장에서 조씨 가족과 완전 대립되었던 것이다.

 여기서 주목해야 할 것은 양수의 부친 양표이다. 그는 조조와 직접적으로 정치적인 싸움이 있었던 사람이다. 동한 왕조 시기의 조정대신으로 가풍을 이어받아 한실에 충성을 다하는 정직한 사람으로 강직하며 폭력을 두려워하지 않았다. 조조가 처음으로 한 헌제를 보았을 때 양표는 헌제 옆에 시립(侍立)한 일등 신하로서 조조의 의기양양한 모습에 분노하였고, 조조는 이 모습을 보고 양표가 시위에게 명령을 내려 자신을 처치할까 두려워하여, 연회가 시작되기도 전에 화장실에 간다는 이유로 몰래 자신의 군영으로 돌아왔다. 정적을 제거하기 위해 조조는 양표를 포획하여 감옥에 가둘 것을 명령하였고, 살육의 전쟁을 준비하였다. 하지만 조정의 청렴한 사대부들의 단호한 반대로 인해, 조조는 잠시 양표를 놓아주었다. 양표는 조조의 정치적 세력이 빠르게 강해지고 있다는 것을 본 뒤, 동한 조정이 위기에 처했을 때 두 다리에 경련이 일어났다는 것을 핑계로 관직 활동에 참가하는 것을 일절 거절하며, 이로써 조조와의 정치적 관계를 철저하게 끊어버렸다.

양표가 조조의 적대시 하는 대상이 되어버린 또 하나의 중요한 원인은 그가 조조의 정치적 적수 원술과 결혼의 연을 맺었기 때문이다. 그의 부인은 원술의 누나 혹은 여동생이었다. 그래서 양수는 원술의 친조카였던 것이다. 원술도 동한 시기 고급 명문 대족 출신이었고, 대를 이어 조정에서 관직을 지냈다. 원술과 그의 배다른 형 원소는 후에 동한 말년 군웅이 할거하던 전란 속에서 조조와 여러 번 살육 전쟁이 발생한 적이 있었던 강적이었다. 양씨와 원씨는 모두 청렴한 사대부 집단의 대표였다. 이 집단의 정치적 특징은 바로 한실에 일관된 충성을 하며, 환관 세력에 반대하며, 사회적 양심과 도덕적 정통을 스스로 지킨다는 것이었다.

환관 집안 출신인 조조에게 있어, 양씨와 원씨가 대표하는 정치적 세력은 조조의 집안과 역사적 원한이 있었을 뿐만 아니라 한실을 대신해 새로운 조위 왕조를 세우려는 자신의 현실적 정치 목표에 있어서도 큰 장애물이었다. 조조는 장애물을 없애고 목표를 실현하기 위해 당시 청렴한 사대부 집단에게 강건책과 유화책을 동시에 사용하는 책략을 펼쳤다. 한편으로는 와해 술법을 사용해 대다수 사람들의 지지를 얻으려는 것이었고, 또 한편으로는 옛 조정에 미련이 남아 있는 자신과 대항하는 자들 중, 대표적 인물을 골라 제거를 함으로써 일벌백계를 하기 위함이었다. 이러한 제거 행동은 주로 조조의 후기에 많이 발생하는 데, 이 시기는 옛 것을 제거하고 새로운 것을 세우려는 정치적 의도가 점점 더 드러났을 때였다. 천하에 이름이 알려져 있던 공융은 건안 13년(서기 208년)에 죽임을 당했고, 조조의 수석 보좌를 담당했던 순욱은 건안 17년(서기 212년)에 압박에 못 이겨 자살했다. 조조의 부하 최염은 건안 1년(서기 216년)에 처형을 당했다. 동시에 다른 부하 모개도 파면을 당했다. 조조는 순욱과 최염 같은 훌륭한 자질을 지닌 부하들을 제거할 때 조금도 주저하지 않고 단숨에 결단을 내렸다. 양수도 상황은 그러했다.

먼저 양수의 부모는 동한의 양씨와 원씨 집안 출신이었다. 그래서 그들은 청렴한 사대부 집단의 가장 대표적인 인물들이었다. 그들의 일거수일투족이 모두 큰 영향력을 지니고 있었다. 그리고 양수의 조상들은 환관과 계속 대립구조를 이루어 조조의 집안과 역사적인 원한을 가지고 있었다. 그리고 가장 중요한 것은 바로 그의 아버지 양표였다. 양표는 조조와 이미 생사를 같이하는 은혜와 원한을 가지고 있었다. 그의 외삼촌 원술, 원소는 모두 조조와 과거 여러 번 격렬한 교전을 한 적이 있는 적수였다. 양수 본인은 조조의 직계 친척이 아니었고, 조조의 개국 공신도 아니었다. 그는 단지 능력과 경험으로 조조의 임용을 받았다. 이렇게 복잡한 가족 배경에 이처럼 박약한 상하관계를 가졌으니 양수 본인의 처세는 조심스럽고 신중해야만 했다. 모두 큰 문제를 일으킬 수 있는 가능성이 있었기 때문이다. 하물며 그가 이처럼 자신을 뽐내고 다녔으니 눈에 띄지 않을 리가 있었겠는가? 조조는 자신이 고생을 겪은 개국 초기에는 잠시 양수의 언행과 행동들을 용인해 주었다. 하지만 말기의 조조에게는, 특히 그가 공융, 순욱, 최염 등 청렴한 사대부들을 제거한 뒤에 아주 큰 변화가 생겼다.

이때 조조에게 양수는 양표의 아들 겸 원술, 원소의 조카였고, 그의 모든 행동들은 우연성을 지닌 개인의 행동거지들이 아니었다. 모두 특수한 정치적 의도를 가지고 있었던 집단 행위였다. 그 특수한 정치적 의도는 두 가지로 나뉘었다. 첫째, 눈 앞의 조조의 정치에 불

안정한 요소를 만들어 한실의 기세를 북돋고자 함이었다. 둘째, 조조의 아들 사이에 대립 요소를 만들어 조조가 죽은 뒤 조위의 통치 세력을 분열, 와해 시켜 한실을 부흥시킬 먼 미래의 준비를 하기 위함이었다. 조조의 마음속에 일단 이러한 생각이 들었으니 양수의 죽음은 이미 눈 앞에 닥친 꼴이나 다름없었다.

3. 조조의 양수 처형을 유발한 원인

마지막으로 조조가 양수에게 죽음을 내리게 한 것은 바로 다음의 두 가지 원인이다.

첫 번째 원인은 돌발적인 위풍의 모반 사건 때문이었다.

건안 24년(서기 219년) 가을, 즉 '계륵' 사건이 발생한 후, 유비가 조조의 유명한 대장 하후연을 참살하고, 한중을 완전히 점령하였다. 그리고 이어서 관우가 형주의 번성에서 조조의 군대를 물에 빠뜨려 조조의 명장 우금을 포획하여 압도적인 대승을 거두었다. 서쪽 전선과 중간 전선 양 쪽에서의 패배는 조위 조정 내부를 크게 흔들었고, 조조는 동한 조정을 당시의 임시 수도 허현(오늘날 하남성 허창시)으로 옮길 뜻을 품는다. 이로써 관우의 날카로운 칼날을 피하고자 함이었다.

외부의 불리한 형세와 호응을 하듯 내부 핵심 지역에서도 갑자기 반란이 일어났다. 그 해 가을 9월 조조가 몇 년 동안 경영을 한 실질적인 정치적 중심지, 그의 봉토 위나라의 수도 업현에서 나라를 뒤흔든 위풍 반란 사건이 일어난 것이다. 이 사건이 바로 조조가 양수를 처형하기로 결심하게 된 도화선이 되었다. 사서의 기재된 내용에 의

하면 위풍이라는 사람은 양수처럼 능력이 출중하여 당시 업현 사람들의 마음을 울린 사회적 인물이었다. 그리고 업현을 지키던 위왕국 수석 대신 종요는 위풍의 능력에 감탄하며 특별히 그에게 자신의 상국부라는 직위를 맡게 하였다. 그리고 양수는 조조의 한승사부수라는 중요한 직위를 맡겼다. 위풍과 양수는 이처럼 비슷한 면을 가지고 있었다. 하지만 위풍은 몰래 문무관리들에게 연락을 취하여 반란을 일으켜 조조의 후방인 업현을 공격, 점령하고 사방에 호소를 하며 조조를 함께 성토하였다.

수하의 두 명의 비슷한 인물을 대면하고, 그 둘이 맡았던 관직도 비슷하자, 조조는 위풍으로부터 양수를 떠올리지 않을 수가 없었다. 그를 더 걱정시켰던 것은 양수와 위풍을 비교하면 양수가 더 민감하고 더 혁혁한 가정 정치 배경을 가지고 있었던 것이다. 그래서 양수는 자신에게 반대를 할 이유와 동기가 더욱 충분했다. 양수가 일단 반역의 마음을 품으면 그는 관료사회와 사회적으로 위풍보다 더 큰 호소력과 선동성을 지닌 인물이었기 때문에 더 큰 위험요소를 지니고 있었다. 이 특수한 혼란의 시기에 혼란한 사건이 발생하자 특수한 가정 배경을 가지고 있었던 양수는 조조에게 있어 잠재적 반란 요소이자 위험분자였기 때문에 반드시 죽여야 할 '블랙리스트' 중 한 사람이었다.

조조가 칼을 들게 했던 두 번째 원인은 그 자신의 연령과 건강 때문이었다. 앞에서 이미 조조가 양수를 처형한 정확한 시간은 조조가 병으로 세상을 뜨기 전, 즉 그가 임종하기 4~5개월 전이라고 언급한 적이 있다. 이때 조조는 나이가 이미 65세였다. 진수 〈삼국지〉에서 조조가 최종으로 양수를 처형하기로 결심한 원인을 언급할 때 특별히 조조가 '시종지변(始終之變)'을 무척 걱정했다는 점을 짚

는다. 이 말에는 깊은 뜻이 담겨있다. 조조는 양수가 시종일관 자신

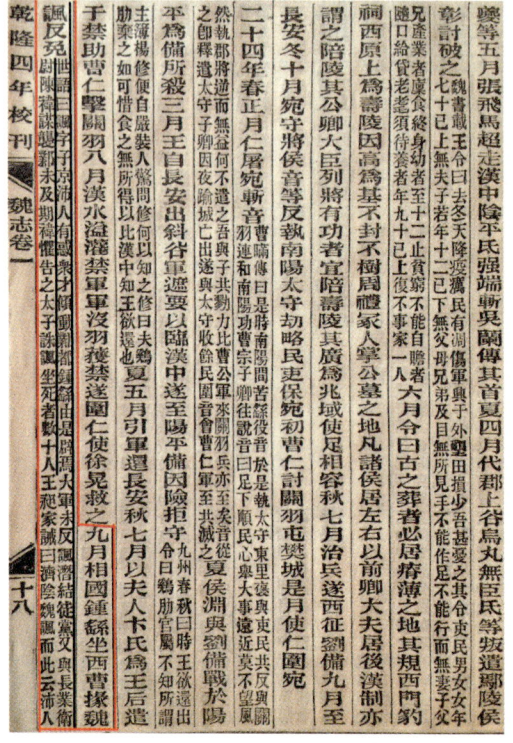

진수 〈삼국지·무제기〉의 위풍의 반란 사건에 관한 역사적 문장

의 편이 아니라 마지막에 두 번째 위풍이 될까 걱정했다는 것이며, 자신이 죽고 자신의 아들이 자신을 이어 직위를 하게 되었을 때 위풍의 반란과 같은 집단성 정치 반란이 일어날까 걱정했다는 것이다.

　사실 몇 년 동안의 전쟁과 군사, 국가 일로 바빠 조조의 건강은 분명 좋지 않았을 것이다. 약 2개월의 힘들고 긴 행군과 바람이 부는 추운 바깥에서의 노숙, 그리고 여러 번 왕복한 높고 험준한 진령 산맥, 장안에서 한중으로 다시 한중에서 장안으로 가던 길, 그리고 동

서에서 발생한 전쟁의 패배, 그리고 위풍의 반란. 이 모든 것은 조조의 건강을 해치기에 충분했다. 그가 양수의 처형을 명령했을 때 그의 나이는 65세였다. 그의 건강은 분명 좋지 않은 상태였을 것이다. 조조가 건재했을 때 위풍 무리가 자신의 정권의 중심 도시인 업현에서 감히 반란을 일으켰는데, 그가 세상을 떠나면 어리고 경험도 부족한 자식이 정권을 물려받아 위풍과 같은 위험한 인물이 어찌 더 방자하게 판을 치지 않을 수 있겠는가? 그는 이후의 정치적 안정을 위해 일찍이 위험한 인물을 제거해야만 했다. 그의 마음속에 이러한 생각이 일었으니 양수는 이미 죽은 목숨이나 다름이 없었다.

　결국 양수의 죽음의 가장 관건이 되었던 원인은 바로 그의 복잡하고도 깊은 가족 정치 배경에 있었다. 특히 그의 아버지 양표와 조조 사이의 삶과 죽음이 얽힌 원한이 있었다. 이러한 가족 배경에 특수한 혼란의 시기가 겹치고, 또 특수한 사건이 발생하게 되었고, 자신의 연령과 건강의 우려 속에서 조조는 결국 양수를 향해 칼을 뽑을 수밖에 없었던 것이다. 객관적으로 양수는 반란과 관련된 말이나 행동을 하지 않았다. 조조가 그를 죽인 것은 그저 예방적인 조치였을 뿐이었고, 지나친 방어적 색채를 띠고 있었을 뿐이었다. 그래서 양수의 죽음은 원통할 수밖에 없었다. 하지만, 그의 재능이 너무 총명하고 능력이 너무 '과분하게' 뛰어났다고 말하는 것은 적합한 표현이라고만 할 수는 없을 것이다.

제13조
조비가 감독하고 연기한 "선양"의 정치극

조조의 후계자 조비가 위왕에 오른 뒤 한 헌제를 압박하여 황제의 자리에서 물러나게 하고 정식으로 조위 황조를 건립한 것은 삼국 역사의 상징적인 사건이다. 이 사건은 동한 황조의 200여 년 역사의 종결을 의미하는 것과 동시에 삼국 역사가 이 시기부터 시작되었다는 것을 의미한다. 조비는 뛰어난 문학적 재능을 지니고 있었다. 그래서 그는 강제성이 농후한 퇴위강요 사건을 점잖고 고상하게 감독하고 연기해 상서롭고 평온해 보이지만 도처에 위험을 숨겨놓은 것이다. 그렇다면 '선양'이라고 불리는 정치극은 도대체 어떤 이야기가 담겨있을까? 조비의 개성있는 연기를 살펴보도록 하자.

1. 살인 동기가 숨겨져 있는 "남정"

서기 220년 정월, 조조가 낙양으로 가던 길에 병으로 세상을 뜨고, 그의 태자 조비가 정식으로 그의 권력을 계승하여 조조의 정치 유산의 소유자가 된다. 이 시기 조비가 보유하고 있던 정치적 유산 중 가장 중요한 것은 다음 세 가지라고 할 수 있겠다.

첫 번째는 동한 국가 기구의 정치 체제 내에서 조비는 부친 조조가 남겨놓은 가장 혁혁한 직위를 물려받은 것이다. 그 직위는 바로 동한 조정의 승상이었다. 이 시기의 동한 조정은 비록 형식적으로 천자의 존칭을 가지고 있는 한 헌제가 여전히 존재했지만 이미 다른 사람의 허수아비가 되어 조정의 군정 전체 권력이 전부 승상 조비의 수중에 들어가 있었다.

두 번째는 동한 국가 기구의 정치 체제 밖에서 조비가 부친 조조가 남겨 높은 가장 높은 작위인 위왕국의 국왕, 위왕을 물려받은 것이다. 동한 시기에는 황족과 가까운 구성원 및 위대한 공적을 세운 문신 및 무장에게 황제가 관례에 따라 다른 등급의 작위를 하사하였다. 왕작, 공작, 후작이라는 작위가 바로 그것이다. 동시에 작위 등급과 적합한 봉토도 하사하였는데, 이 봉토를 '국'이라고 칭하였다. 통상적인 규정에 따르면, 황제와 같은 성인 황족은 작위에 있어 높은 등급인 왕작, 공작을 하사받을 수 있었고, 황제와 다른 성을 지닌 대신들에게 내리는 작위는 비교적 낮은 등급인 후작이었다. 하지만 조조가 정권을 장악한 후반기에 그는 이 전통 규칙을 완전히 무너뜨렸다. 그는 자신의 작위를 빠르게 가장 높은 등급의 왕작으로 끌어 올렸다. 황제 위치와 한 발자국밖에 차이가 나지 않는 작위였다. 그리고 업현(오늘날 하북성 임장현)을 중심으로 하는 지역을 자신의 봉토로 삼고 위왕국이라고 명명하였다. 동한 황조의 국가에게 있어 이 위왕국은 명실상부한 나라 속의 나라이자, 실질적인 정치적 핵심지라고 할 수 있었다. 이때 모든 중요 정령들이 위왕국 수도 업현에 있는 위왕 조조에게서 나왔고, 남쪽 수 백 리 밖에 있는 동한 황조의 임시 수도 허현(오늘날 하남성 허창시)에 살고 있던 한헌제는 완전 상징적인 허수아비와도 다름이 없었다.

셋째, 동한 국가 정치 체제의 내부와 외부에서 조비는 부친 조조가 남겨 높은 충실한 추종자들을 얻을 수 있었다. 인원수도 충분히 많았을 뿐만 아니라, 정치 군사의 중요 권력을 직접 장악하고 있었고,

사상 여론 측면의 선전과 방향도 장악하고 있었다. 인원수도 많고 실력도 강대한 집단은 실질적으로 모두 조조가 조위라는 새로운 황조 건립을 위해 다져놓은 두터운 정치적 기반이었다.

이와 같은 모든 것을 가진 위왕 조조가 사실 가볍게 한헌제를 대체하고 황제라는 보좌에 올라 새로운 조위 황조를 세울 수 있었음은 말할 것도 없었다. 하지만 교활하고 치밀한 그는 그렇게 하지 않았다. 그는 이 창호지를 자신의 아들 조비에게 찢으라고 물려주었던 것이다.

그래서 조비가 위왕의 자리에 오른 지 5개월이 된 후 그는 행동을 시작했다. 그는 '선양'이라는 정치적 대극을 감독하고 주연하기 시작했다. '선양'이라는 것은 고대의 제왕 사이에 권력과 위치에 대한 평화적 성질을 지니는 정권 교체를 말한다. 사람들에게 가장 전형적으로 알려져 있는 것은 바로 원고 시대 당요와 우순, 우순과 하우 사이의 '선양'이다. 이제는 조비의 등장 순서에 이르렀다. 그렇다면 그는 도대체 이 장면을 어떻게 연기했을까?

그가 연기해 낸 첫 번째 장면은 사람들의 귀와 눈을 덮은 소위 '남정'이었다.

이것은 그 해 6월 무더운 여름이었다. 34세였던 위왕 조비는 직접 십 만여 명의 육군을 이끌고 당당하게 위왕국의 수도 업성을 떠났다. 그는 남쪽으로 강동을 정벌하여 손오의 손권을 잡아오겠다고 하였다. 하늘과 땅을 울리는 북소리 속에서 선양의 역사적 정치극이 드디어 서막을 연 것이었다.

위왕 조비는 어떻게 무더위의 여름을 견디며 병사를 통솔하여 남정을 떠났을까? 융통성없는 관리들은 그것이 조비가 연기하는 '성동격서'의 연극이라는 것을 이해하지 못하였다. 동남쪽을 향해 강동을 정복하러 간다고 했지만 실질적으로는 가던 길에서 다시 서쪽으로 방향을 돌려 허현의 한헌제를 끌어내리려고 했다는 것을 알 수 있었겠는가? 중대한 기밀을 알 수 없으니 관리들은 아무말도 할 수 없었다. 그러나 그중에 군수 공급을 주관했던 관리 곽씨는 아무것도 모르며 많은 사람을 동원해서는 안된다는 상소를 올렸다. 조비가 이를 보고 화가 치밀어 올라 곽씨를 처형하라고 명령하였다. 다른 사람들은 이 모습을 보고 놀라서 두번 다시 이 일에 대해 논하지 못했다. 아무소리가 없자 조비는 위풍당당하게 성을 나가 남쪽으로 향했다.

한여름의 견디기 힘든 무더위에 전차에 앉아 있던 조비는 땀이 비오듯 흘렸고, 무기를 어깨에 짊어지고 가는 병사들은 말할 것도 없었다. 대군은 남쪽으로 황하를 건넌 뒤 계속 남쪽으로 향했다. 그리고 7월 하순에야 초현(오늘날 안휘성 박주시) 성 아래에 도착할 수 있었다.

초현에 도착하자 조비는 이 일대를 유람하며 사냥이나 하자고 공개적으로 선포하였다. 위왕이 더 이상 손권을 치기 위한 남정을 제창하지 않고 이곳에서 사냥을 하라고 하자, 신하들 중 총명한 자들은 이번에 위왕이 진정으로 사냥을 하고 싶은 대상은 서쪽 멀지 않은 허현성에 있는 한헌제라는 것을 알아차렸다.

초현은 조비의 고향이었다. 조비는 어렸을 때 고향을 떠나 성인이 된 후 고향으로 돌아올 기회가 없었다. 고향에 돌아온다고 해도 아버지와 함께여서 자신은 밝은 달 옆에 있는 작은 별 정도밖에 되지 않았다. 이번에는 조비가 위왕의 신분으로 고향에 돌아왔으니, 감정적으로 말하자면 고향 사람들 앞에 한껏 자랑을 하고 싶었을 것이다. 정치적으로 그는 서한 고조 유방, 동한 광무제 유수를 모방하고 싶은 마음이 있었다. 과거에 그들은 황제가 된 뒤 고향에 돌아와 천자가 된 모습을 드러냈던 선례가 있었다. 그래서 그는 초현에서 성대한 연회를 열어 위군 전체 장수들과 백성들을 초대하였다. 술을 마시며 흥이 한껏 달아올랐을 때 기악백희(伎樂百戱)를 공연하라고 명령하였다. 바로 오늘날의 잡기와 마희였다. 그래서 위로는 문신과 무장, 아래로는 노점상인까지 술에 취하고 배가 부르지 않은 자가 없었다. 득의양양한 모습을 한 조비는 군민들을 대표하는 자로부터 술잔을 받은 뒤 초현 백성들의 세금을 2년 동안 면제해 주겠다고 선포하였다. 연회에는 기쁜 목소리가 가득하였고, 이렇게 석양이 서쪽으로 지고 어둠이 짙어지자 조비는 자리에서 일어나 궁으로 돌아갔다.

조상의 능묘에서 제사를 지내고, 옛 친족들을 모두 방문한 조비는 하늘이 높고 날씨가 선선해진 가을이 되어서야 초현을 떠났다. 이치대로라면 강동을 공격하려면 동남쪽의 길을 택해 장강 방향으로 전진해야 했다. 하지만 그는 손권을 공격하겠다는 일을 모두 잊은 듯했다. 오히려 군사들을 서쪽 방향으로 지휘하였다. 9월~10월 4일까지 병사와 말들이 영음현(오늘날 하남성 허창시 동쪽) 경내 곡려라는 이름의 지방에서 머물렀다. 조비는 각 군영에 이 곳에서 휴식을 취하라고 명령하였고 1개월 넘게 이곳에 머물렀다.

곡려는 영수 북안의 작은 시골이었다. 그렇다면 무엇 때문에 조비가 이곳에서 오랫동안 머무른 것일까? 역사 지도를 보면, 이 비밀을 풀 수 있다. 곡려에서 북쪽으로 50여리 정도 떨어진 곳은 바로 한헌제가 소재하고 있는 허현이었다. 위왕 조비는 직접 10만 대군을 이끌고 한헌제의 근처에서 주둔하며 진격도 하지 않고 퇴각도 하지 않았다. 한헌제가 과연 편안하게 밥을 먹고 잠에 들 수 있었을까? 시국을 이해하였다면 어서 천자의 보좌를 양보해 주고 물러났을 것이다.

2. 번거로움을 귀찮아하지 않는 '권진'

조비의 두 번째 연기는 번거로움을 귀찮아하지 않은 '권진'이라고 할 수 있겠다. 여기서 권진이라는 뜻은 바로 권력을 장악한 실력자에게 정식 등극을 권하는 것이다. 한 위 왕조 사이의 정권 교체 과정이 바로 이곳에서 정식으로 시작된다.

'권진'이라는 단어는 중국 정치사에서만 쓰이는 전문적인 용어로 조정 대신 여럿이 한 통치자에게 가서 대담하게 정치적 한계를 돌파하고 황제의 보좌에 등극할 것을 권하는 일이다. 왜 이렇게 해야 하는 것일까? 왜냐하면 이렇게 해야만 원래 통치자 자신이 마음속으로 무척 하고 싶었던 일을 여러 조정대신들이 요청하여 한 일이 되기 때문이다. 이렇게 하면 사회적으로 그를 향한 비난을 경감시키거나 없앨 수가 있었다. 사실 조정대신들의 '권진'은 모두 당시 통치자가 고의로 암시를 하거나, 직접 계획을 한 결과였다. 결국 모두 자신이 짠 연극이자, 다른 사람들의 눈과 귀를 가리기 위한 연극일 뿐인 것이다. 결국 주관적인 욕망을 포장하여 객관적인 어쩔 수 없는 상황으로 만들어버리는 것이었다. 이것이 바로 '권진'의 정치적 역할이었다.

당시 '권진'의 구체적인 과정에 대해서는 진수 〈삼국지〉에서 아주 자세하고 생동감 있게 기록하고 있다. 여기서는 간략한 소개만을 선택하여 기술하도록 하겠다.

먼저 해당 월의 초사일, 동한 헌제가 황조의 최고 통치자라는 신분으로 조정대신들과 천하의 백성들에게 자신이 위왕 조비에게 황제 위치와 통치 권력을 물려줄 것이라는 공개적인 조서를 하달한다. 이로써 법정 당사인의 신분으로 명확하게 자신의 주관적인 의지라는 것을 드러내고, 그 다음에 이어질 각종 기정 절차에 대해 법적 전제성

기초를 다져놓는 것이었다. 그리고 후기 조정 문무대신들의 '권진'에 합법적인 문을 열어놓기 위함이었다. 이것은 이 정치적 연기의 시작을 '선창'하는 부분이라고 할 수 있겠다.

다음으로 조정 문무대신들이 각종 이유와 증거들을 가지고 위왕 조비에게 '권진'을 요구하며 조정 내외에 열렬한 분위기를 만드는 것이다. 이렇게 되면 정치적 연극은 '합창'단계에 진입하게 된다.

이 열렬한 분위기 속에서 그 달 13일 동한 헌제가 직접 위왕 조비에게 정식적인 문건을 하달한다. 당시에는 '책서'라고 부르는 것인데 이것이 '합창'의 첫 번째 클라이막스를 형성하게 된다.

앞에서 언급한 '선창'과 '합창'에 대해 조비는 모두 간단한 회답만 주면 되었다. 그 회답 중에 모두 겸손하게 사양하는 뜻을 내비쳤다. '권진'에 대해 인정하고 허가하고 싶지 않다는 것을 드러낸 것이다.

위왕 조비의 겸손한 사양에 대해 동한 헌제나 조정의 문무 대신들은 모두 동의를 하지 않는다. 동시에 계속해서 반복적으로 '권진'을 청한다.

그리고 마지막으로 그 해 28일 조비 본인도 이 정치극이 이미 충분히 달아올랐다고 생각했다. 그는 그저 한 마디 긍정적인 대답을 하여 '권진'의 전 과정을 종료시킨다. 심오하고도 긴 의미를 담고 있는 이 글자는 역사상에서 '가(可, 허가한다)'라고 기록되어 있다. 뜻은 너희들의 '권진'에 동의한다는 것이다.

이 정치극의 전 과정에 대해 통계를 진행하여 얻은 데이터는 다음과 같다.

동한 헌제는 조정대신과 천하의 백성들에게 황제의 자리를 선양하겠다는 조서를 1회 하달한다.

동한 헌제가 직접 조비 본인에게 황제 자리를 선양하겠다는 조서를 총 4번 하달한다.

　모든 조정 문무 대신들의 '권진' 횟수는 총 17회다.

　조비 본인이 동한 헌제와 조정 문무 대신의 요청에 대해 겸손하게 사양한다. 최후의 동의를 포함하면 총 20회다.

　전체 과정은 그 달 초 4일에 시작되어 28일에 종료된다. 25일 간 지속된 것이다.

　중국 고대 황조에서 열광적인 허례허식이 이 정치극에서 충분히 표현되었다고 볼 수 있겠다.

　조비는 어떻게 이러한 정치극을 주도할 수 있었을까? 그 원인은

성도 무후사 박물관에 보관된 위문제 〈수선비(受禪碑)〉의 탁본

대략 세 가지이다.

첫째, 한을 대체하여 황제가 되는 일은 아버지 조조도 생전에 하기 어려운 일이었다. 조비는 이에 대해 조금이라도 모양새를 제대로 갖춰야 했다. 고대의 선양 의식처럼 말이다.

둘째, 그와 그의 동생 조식은 오랜 시간 동안 후계자의 자리를 두고 다투었다. 게다가 자신이 불리한 위치에 처해 있었다. 지금 마침 결실을 맺을 때가 되었다. 그는 이 얻기 어려운 기회를 빌어 마음속에 여러 해 동안 묵어왔던 답답함을 없애버려야 했다.

셋째, 조비는 문장을 좋아하였고, 문장에 능했다. 이러한 좋은 기회를 만났으니, 당연히 자신의 능력을 충분히 발휘하여 다음에도 자신보다 뛰어난 사람이 없어 보이게 해야만 했다.

3. 제멋대로 알리는 '고천(告天)'

조비가 연출한 세 번째는 제멋대로 세상에 널리 알리는 '고천'이었다.

소위 '고천'이라는 것은 중국 정치사에서만 쓰이는 전문적인 용어로 새로 등극한 황제가 자신이 정식으로 등극하여 황제가 된 것에 대해 거행하는 일종의 성대한 의식이었다. 의식이 야외 제단에서 진행되며 핵심 의식은 하늘의 신령을 향해 기도하며 제사를 지내는 것이었기 때문에, 하늘의 신에게 자신이 황제가 된 것에 대해 완전한 인정을 받는 것이었다. 그래서 간략히 '고천'이라고 불렀다.

조비의 '고천' 의식은 그가 '가(可)'라는 글자를 뱉은 다음날 즉, 그 달 29일에 진행되었다.

일찍부터 관련되어 있던 신하들은 이미 거행 의식을 위한 특별건축물인 단장의 수리를 완료해 놓았다. 단장은 곡려의 부근인 평평하고 광활한 들에 위치하고 있었다. 수 만 명의 사람들을 수용할 수 있는 광장 정 중앙에는 두 고대가 우뚝 세워져 있었다. 북쪽에 위치하고 있는 고대는 하늘에게 제사를 지낼 때 불을 지피는 대였다. 대의 모양은 정방형이었으며 변은 50보 정도의 길이, 높이는 7장 정도 되었다. 대 아래 중앙에는 황천, 후토신의 자리가 있었고, 그 외에는 오악(태산, 형산, 화산, 항산, 숭산)과 사독(장강, 황하, 회수, 제수) 신의 자리였다. 신의 자리 앞에 놓여있는 것은 검고 웅장한 소, 양, 돼지의 3종 제물이 있었다. 이 외 대 위에는 다섯 무더기의 하늘에게 제사를 지낼 때 태울 목재들이 있었다.

 이 대의 남쪽에는 선양을 받는 대가 있었다. 이 대도 정 방향의 모양이었으며, 변은 30보 정도의 길이, 높이는 2장이었다. 그 너비와 높이는 모두 하늘에게 제사를 지내는 대보다 약간 작았다. 단상 정 중앙에는 황제를 선양 받는 자리가 설치되어 있었다. 단장의 주변에는 수 만 명의 병사들이 숙연하게 기립하며 수위를 하고 있었다. 푸른 하늘 아래, 갖가지 색의 깃발들이 바람에 따라 휘날리며 장엄하고 신성한 분위기를 뽐내고 있었다.

 이 날 새벽, 선양 의식이 정식으로 시작되었다. 조비는 조위 신 황조의 문무백관들을 이끌고 궁에서 이곳으로 도착했다. 이때 수선대 주변 광장에서 이미 수 만 명의 군사들과 백성들이 숙연하게 기립하며 조비를 기다리고 있었다. 황제의 관복을 입은 조비는 먼저 천천히 수선대, 즉 황제의 자리에 오른 뒤, 북쪽을 향해 숙연하게 섰다. 그 다음 호정 문무백관들과 각지의 지방정부와 변경 각 소수 민족의 대표들이 대에 오르고, 북쪽을 향해 함께 위치한다. 이 숙연한 분위기 속에서 제천대 위의 다섯 군데의 목재들에 불이 붙고 세차게 타오르는 화염과 검고 짙은 연기가 하늘로 오른다. 이렇게 천상의 신령들과 인간 사회에 충분한 소통의 길이 열리게 되고, 새로운 황제 조비가 경건하고 정성스럽게 신령에게 제사를 지내는 문고를 낭독한다.

조비는 이 문고를 고저장단을 잘 맞추어 분명하고도 유창하게 읽었다. 낭독이 끝나고 사의관 앞에 무릎을 꿇고 조비 수중에 있던 제사 문건을 건네주고, 남쪽의 수선대를 걸어 내려와 북쪽의 제천대로 오르고, 문건은 활활 타오르는 화염 속에 넣었다. 순식간에 한 줄기 푸른 연기가 하늘로 사라지는데 이는 새로운 황제의 기도가 이미 하늘의 신에게 도달하여 긍정의 답을 얻었음을 의미한다. 그래서 수석 대신은 금반으로 받친 황제의 옥새를 무릎을 꿇고 조비 앞에 바쳤다. 조비는 황제의 옥새를 받은 뒤, 점점 꺼져가는 불을 주시하며, 군신들을 이끌고 수선대를 내려왔다. 이렇게 황제 등기 의식이 모두 완료되었고, 고막이 터질 것 같은 '만세'의 환호성 속에서 조비는 옆에 있는 신하들에게 천천히 이렇게 말했다.

"원고 시대 우순, 하우의 수선 역사 고사를, 이제서야 완전히 이해했도다!"

조비는 황제의 자리를 이어받아 한을 대표하여 황제가 되었다. 연호를 황초로 바꾸고, 평생의 소망을 이루었다. 하지만, 이야기는 이렇게 끝내서는 안되었다. 그 다음에 해야 할 급한 일이 있었다.

먼저 한헌제 유협의 처치 문제였다. 이 문제에 있어 조비는 비교적 관대한 모습을 보인다. 그는 황제의 자리에 오르자마자 이전 조정의 황제를 죽이지 않았다. 조비는 산양현(오늘날 하남성 초작시) 일대의 비교적 풍요로운 지역을 유협의 봉토로 구분하고, 그를 산양공이라고 칭했고, 다른 갖가지 우대 혜택을 주었다. 유협은 산양으로 옮긴 뒤, 그곳에서 약 40여 년을 살았고 50세가 되어서야 명을 마감하고 세상을 떠났다.

그리고 다른 일은 바로 은혜를 나누어 베푸는 일이었다. 조비가 황제가 되었으니, 조비 자신은 당연히 기쁠 일이었다. 하지만 조비는 혼자서 기뻐할 수만은 없었다. 다른 사람들과도 이 기쁨을 나누어야 했다. 그렇지 않으면 조비를 위해 헛수고를 한 셈이 되었기 때문이다. 이 점에 있어서 조비는 당연히 신중해야만 했다. 그래서 다음과 같은 지시를 하달하였다.

"조정 문무백관들에게 각자의 공에 따라 상을 수여한다. 여기에 빠짐이 있어서는 안된다."

마지막은 도성의 확정 문제였다. 그 당시 정치 중심인 업성은 비록 경영한지 오랜 시간이 흘렀지만 위치가 너무 북쪽으로 치우쳐 있었다. 조비는 동한의 옛 도성 낙양이 황제의 주거지로 가장 적합한 것 같다고 생각한다. 왜냐하면 낙양은 천하의 중앙에 위치해 있을 뿐만 아니라 북쪽으로는 황하, 서쪽으로는 함곡이 있으니 확실히 우세한 지형에 위치하고 있었기 때문이다. 유일한 단점은 낙양의 황궁이 동탁의 반란 때문에 심각한 파손을 입었다는 것이었다. 하지만 자신은 이제 천자이니 궁 수리쯤은 어려울 것이 없었다. 조비는 바로 관련 조직 인력에게 낙양의 황궁을 신속하게 수리하라고 명령하였고, 낙양으로 수도를 옮기고 그곳에서 황제로서 누릴 수 있는 방종과 향락을 누렸다. 하지만 누가 알았겠는가? 방종과 향락이 사람의 목숨을 앗아갈 수도 있다는 것을. 그는 황제가 된지 6년도 되지 않아 40세의 나이에 세상을 뜨고 말았다.

제14장
〈삼국지〉 조위 부분에 대한 독서 가이드

중국은 유구한 역사를 지니고 있다. 특히 세 개의 세력이 분리된 형국은 무척 기묘한 스토리를 담고 있다. 바로 이때 전국 각지에서 영웅호걸들이 나타나기 시작했다. 그들의 말과 행동 모두 다채롭고 성대하여 장관을 이루었다. 파촉 대지에서 온 사학가 진수는 이러한 영웅들을 한데 모아 〈삼국지〉 65권을 저술하였고, 이 책은 후에 삼국의 역사를 제대로 이해하는 데 필요한 필수서가 되었다. 하지만 이 책에 기술된 인물만 600여 명이 넘는다. 도대체 각 권마다 출현하는 인물들은 어떠한 공통점을 가지고 있는 것이며, 어떤 특징을 가지고 있으며, 어떤 특이할 만한 점이 있는 것이고, 어떠한 본받을 만한 점이 있는 것일까? 만약 이 문제에 대해 사전에 모두 이해하지 못한다면 현재 보편적인 일반 독자들은 이 책을 제대로 읽을 수 없을 것이다. 필자는 〈삼국지〉에 대해 약 40여 년 동안 전심을 다해 연구를 진행하였고, 독자들의 감상을 돕기 위해 해당 책에 대한 독서 가이드를 저술한 적도 있다. 지금부터 조위 부분에 대한 총 30권 책 내용을 하나하나 소개하도록 하겠다.

〈위지(魏志)〉 1권 〈무제기(武帝紀)〉

이 책의 내용은 조조의 46년 개인 역사이자 조위 왕조의 기초를 다진 역사라고 할 수 있다. 이야기는 5막으로 구성된다. 주인공이 환관 자제로 전통 체제 하의 관료 사회로 들어왔다. 원대한 꿈을 가졌으나 우여곡절을 겪으니 마음이 답답했다. 그는 동탁의 반란이 제공한 좋은 기회를 빌어 무력으로 나라를 세웠다. 그리고 우여곡절을 겪은 뒤 연주 기지에서 기초를 다지고 한헌제가 확립한 정치 우세를 통제했다. 정말 고된 시간을 겪었다. 그는 관도에서 결전을 벌인 뒤 원소를 죽이고, 세력을 대하 아래 위, 장성 안팎으로 확장해 나갔다. 그는 남쪽으로 형주까지 내려가 적벽에서 패배하였고, 군사를 돌려 서쪽으로 관중을 점령하여 북방을 통일하였다. 그는 한중을 빼앗는 전투에서 패배를 하고 진령 일선으로 퇴각을 하여 조위의 강역을 안정시키고 직접 구분하였다. 그리고 눈을 감고 막을 내리게 된다. 그의 성취는 좋은 시기에 차지된 것일까 아니면 그 개인의 위력을 발휘한 것일까? 자세히 살펴보면 분명 깨달음을 얻을 수 있을 것이다.

〈위지(魏志)〉 2권 〈문제기(文帝紀)〉

이 책에 기록되어 있는 내용은 위 문제 조비에 관한 내용이다. 그는 문화적 측면에서 비범한 업적을 이루었다. 그의 시문 작품은 내용이 풍부하고 아름다웠고, 이성 문학 비평을 개척하고 선구적으로 중국의 백과전서 〈황람(皇覽)〉을 편찬하였다. 황제로서의 그는 정치, 군사적인 측면에서 잘한 일이 없어서 한헌제를 물러나게 하고 자신이 황제가 된 것 외에는 말할 것도 없다. 그리고 한헌제를 물러나게 하고 자신이 황제가 된 것도 아버지가 심어놓은 나무의 익은 열매를 딴 것뿐이었다. 하지만 이번 권에서는 조비가 연기하는 선양이라는 정치극에 집중한다. 어떻게 그가 형식적인 행사를 듣기 좋고 감정이 넘쳐 사람을 감동시키게 만드는지, 그가 어떻게 손권에게 사기와 농락을 당하는지, 그가 죽은 뒤의 장례를 어떻게 처리하는지. 조비가 내뿜는 여러 방면의 문학적 색채는 무척 볼만하다.

〈위지(魏志)〉 3권 〈명제기(明帝紀)〉

위명제 조예가 바로 이 3권에 기록된 대상이다. 그는 조조가 사랑하는 적손이었다. 생모는 과거 조조의 적 원소의 둘째 며느리였다. 그가 황제가 된지 14년이 되던 때 조위 황조가 한 '공헌'은 거대한 파괴였다. 원소 가족에게 복수를 한 것이었다. 그는 백성들의 생사를 고려하지 않고 궁전 원림을 수리하였다. 그는 엄격하게 황족들을 관리 통제하여 황권을 마음대로 휘두르지 못하도록 했다. 그는 절제하지 못하고 궁녀들을 불러 자신의 명을 단축시켰으며 자손의 대도 끊겼다. 그는 죽기 전 급하게 8세인 양자 조방을 즉위시켰으며, 심약하며 머리도 좋지 않은 조상을 수석 보좌로 임명하여 주도면밀하고 일처리가 노련한 사마의와 짝이 되도록 하였다. 그는 자신이 죽는 날도 정월 초일로 정했으며, 조정 아래 위로 신춘을 경축하기 어렵게 만들어 황력을 수정할 수밖에 없었다. 만약 믿지 못한다면 이 권을 읽어보면 알게 될 것이다.

〈위지(魏志)〉 4권 〈삼소제기(三少帝紀)〉

이 권은 조위 후기 세 명의 소년 황제의 이야기다. 조위 황조의 슬픈 역사이기도 하다. 조방은 8세에 황제의 자리에 올랐다. 재위 15년 기간 동안 사마의, 사마사 부자가 중앙과 지방의 적대 세력들을 제거하고 조정을 공고히 하고 통제하였다. 사마사는 허수아비가 되기 싫어하는 황제 조방을 내쫓고 14세의 조모를 황제의 자리에 앉혔다. 조모가 20세일 때, 혈기가 왕성하여 사마사로부터 빼앗긴 정권을 다시 탈취하고 싶어했다. 하지만 황궁 문 앞에서 피살을 당하고 말았다. 조위의 마지막 황제 15살의 조환은 얌전하게 5년간 황제의 자리에 있었다. 그리고 황관을 사마소의 아들 사마염에게 얌전하게 넘겨주었다. 조비는 당초 한황실의 천자를 한 번 괴롭혔을 뿐이었다. 하지만 누가 알았겠는가. 30년 후에 조가의 후대들은 다른 사람들에게 이렇게 연속하여 세 번에 걸쳐 괴롭힘을 당할 줄을... 하늘의 도리는 윤회하는 법이다. 이런 이치에 감탄하지 않을 수 없을 것이다!

〈위지(魏志)〉 5권 〈조위후비전(曹魏後妃傳)〉

이 권은 조위 후비의 전기다. 궁중 여성 생활에 대한 진실된 기록을 담고 있다. 반드시 배송지의 주석과 비교하며 읽어야 진상을 꿰뚫어 볼 수 있다. 후비는 황실의 궁중에서 지내야 했기 때문에 인내력도 좋아야 했고, 생식 능력도 좋아야 했다. 인내력이 좋다는 것은 황제가 새 여자를 좋아하고 자신을 멀리하는 것을 견뎌내야 한다는 것, 다른 후비와의 경쟁에서 이겨야 살아남을 수 있다는 것을 말했다. 생식력이 좋아야 한다는 것은 아이를 낳을 수 있어야, 특히 많은 아들을 낳을 수 있다는 것을 말했다. 만일 아들이 황제의 직위를 계승하면 그간 겪었던 고생에서 벗어날 수 있었다. 조조의 변 황후는 이 두 가지 능력을 모두 갖추고 있어 행복한 일생을 살 수 있었다. 조비의 견 황후는 생식능력만 가지고 있었으며, 곽 황후는 인내력만 가지고 있었다. 그리고 조예의 모 황후는 이 두 가지 능력을 모두 갖추고 있지 않아 죽음을 맞이했다. 조위 왕조의 기운이 짧았던 것은 궁중 여인들의 어두운 생활과 사실 밀접한 관련이 있다.

〈위지(魏志)〉 6권 〈동탁, 원소, 원술, 유표전(董卓、袁紹、袁術、劉表傳)〉

이 권은 동한말년의 4대 군웅들에 대한 전기다. 동한왕조가 후기에 어떻게 깊은 뇌사에 빠지게 되었는지, 삼국이 정립되는 국면이 어떻게 시작되었는지, 이 책에서 분명한 실마리를 찾을 수 있을 것이다. 동탁은 사회 대혼란의 주역이었다. 원소, 원술, 유표는 사회 대혼란의 성토자들이었다. 겉으로 보기에 원소, 원술, 유표는 동탁과 대립적인 구도를 이루고 있는 것 같았지만, 실질적으로 이 세 사람은 모두 군대를 보유하고 자신의 지위를 강화하기 위한 지방 고관이었고, 중앙 왕조를 파멸시키는데 일조했다. 동탁과 다를 바가 없었던 것이다. 황건적의 난이 발생한 뒤 동한 조정은 지방 관리들이 무장 세력을 조직해 황건적을 진압할 것을 호소했다. 이에 크고 작은 군벌들이 이 시기를 틈타 생겨났고, 오히려 왕조의 운명을 끝내고야 말았다. 지방에는 무장세력이 없으면 치안을 유지하기 어려웠다. 지방에 무장세력이 있으면 할거의 거대한 후환을 숨기고 있었다. 이것은 고대 중국 봉건 왕조가 반드시 대면해야 할 진퇴양난의 선택이었다.

〈위지(魏志)〉 7권 〈여포, 장막, 장홍전(呂布、張邈、臧洪傳)〉

여포, 장막, 장홍 세 사람을 한 권에 묶은 이유는 바로 그들 사이에 밀접한 교제가 있었기 때문이다. 하지만 처세술에 있어 여포와 장홍은 큰 차이를 보인다. 여포는 변화가 심한 사람이었다. 새로운 후원자가 생기면 옛 후원자는 죽여버렸다. 타의추종을 불허하게 용맹하였으나 이러한 성격 탓에 강호에서 누가 이 자와 사귀고 싶어했겠는가? 그는 결국 줄에 목이 매어 세상을 떠났다. 이것은 당연한 도리였다. 큰 귀를 가진 유비가 그를 위해 좋은 말을 해 주지 못한 것을 탓할 수는 없었다. 장홍은 옛 군주를 대함에 있어 정과 의리가 있었고, 시종일관 같은 모습이었다. 비록 이때문에 죽음을 맞이했지만 여포보다는 사람들의 동정심을 샀다. 친구를 사귐에 있어 여포를 사귈지 장홍을 사귈지는 이 책을 읽고 나면 결국 자신만의 결론을 얻게 될 것이다.

〈위지(魏志)〉 8권 〈공손찬, 도겸, 장양, 공손도, 장연, 장수, 장로전 〈(公孫瓚、陶謙、張楊、公孫度、張燕、張繡、張魯傳)〉

이 권의 인물 7명은 모두 동한 말년의 대 혼란 속에서 뛰어난 모습을 보였던 이류, 삼류 인물들이다. 이들은 주인공이 중원을 아직 차지하지 않은 빈자리에서 기회를 틈타 무대에서 얼굴을 잠시 드러냈다. 능력이 출중한 주인공들이 스포트라이트를 받으며 대국을 장악하면 그들은 무대에서 사라졌다. 이 권에서 다루는 이야기들은 상당히 많다. 유주 공손찬의 세력이 연주의 조조보다 강할 때, 조조는 원소를 영웅으로 보았을까 아니면 변변찮은 인물로 보았을까? 그리고 공손도의 손자 공손연이 어떻게 손권을 속였는지? 공손연은 사마의를 만났을 때 아무 대책도 없이 죽을 수밖에 없었는지? 장로가 고대 정치와 종교 합일의 통치 정권을 이룩하고 길을 따라 여관을 많이 지어 민중들이 여관에서 무료로 먹고 잘 수 있도록 하였는데, 이것은 고대의 인민공사일까, 아니면 일찍 시작된 복지사회였을까?

〈위지(魏志)〉 9권 〈하후돈, 하후연, 조인, 조홍, 조휴, 조진, 하후상전 (夏侯惇、夏侯淵、曹仁、曹洪、曹休、曹真、夏侯尚傳)〉

이 권의 인물들은 모두 조위의 비직계 황제 친척들이자, 조위의 중요한 장수들이다. 그들은 조조를 따라 공을 세웠으며, 조위의 골간이자 중견인물들이었다. 이 인물들은 3분류로 나누어볼 수 있겠다. 하후씨, 조씨, 그리고 원래 조씨가 아니었던 부류들이다. 조조의 조부는 환관이어서 생식 능력이 없었다. 그래서 하후의 집안에서 양자를 들였다. 그 아들이 바로 조조의 생부 조숭이었다. 그래서 조숭은 하후 가족과 똑같은 중시를 받았다. 원래 성이 조씨가 아니었던 조진의 원래 성은 진이었다. 조조의 양자가 된 뒤 성을 바꾼 것이었다. 문제와 명제는 원래 성이 조씨가 아니었던 부류들을 가장 총애하고 믿었다. 조진은 문제에 의해 수석보좌대신이 되었고, 조진의 아들 조상은 재능도 지식도 없고 용감하지도 않았는데 명제에 의해 수석보좌대신으로 임명되었다. 조위 왕조의 운명은 결국 이 조상의 손에서 최후를 맞이하고 말았다.

〈위지(魏志)〉 10권 〈순욱, 순유, 가후전(荀彧, 荀攸, 賈詡傳)〉

후세에서는 삼국을 평론할 때 '조조는 하늘이 내려준 시기를 얻었고, 손권은 지리적 이점을 얻었으며, 유비는 인화를 얻었다'라고 말한다. 사실 조조의 성공의 근본도 인화에 있다고 할 수 있을 것이다. 그의 수하에도 머리가 좋은 핵심 인재들이 손권, 유비보다 많았다. 신하의 뛰어난 책략으로 한헌제를 손아귀에 넣고 정치적 우세라는 하늘이 내려준 시기를 선점할 수 있었다. 이 권에 출현하는 세 명은 조조의 핵심 인재의 전형적인 인물들이다. 기묘한 계략으로 무궁한 공헌을 하였다. 순욱은 조조에 의한 전기 한실을 부흥시키는 일을 지지하였으나 한을 대체하려고 하는 후기의 야심은 지지하지 않았다. 이 수석대신은 비어 있는 밥그릇의 압박을 이겨내지 못하고 독을 먹고 자살하였다. 순유는 겉보기에는 우둔하고 멍청해 보이나 사실 무척 명석하고 지혜로운 사람이었다. 가후는 문을 닫고 사회와 교류하는 것을 거절하다가 결국 해로운 것을 멀리하며 자신을 보호하며 생을 마감하였다. 조위의 정치 생태는 여기서 전체를 가늠할 수 있을 것이다.

〈위지(魏志)〉 11권 〈원환, 장범, 양무, 국연, 전수, 왕수, 병원, 관녕전 (袁渙, 張範, 涼茂, 國淵, 田疇, 王修, 邴原, 管寧傳)〉

이 권에 기재된 인물 중에는 관리도 있고 은사도 있다. 신분이 모두 다르다. 하지만 모두 어진 품성과 절조를 가지고 있어 역사에 이름을 남겼다. 그리고 오늘날 사람들에게도 귀감이 된다. 원환은 목에 칼이 들어와도 얼굴색 하나 변하지 않고, 다른 사람에게 모욕적인 저속한 표현을 사용하지 않았다. 장범은 민가를 습격하고 재물을 약탈한 흉악한 강도를 감동시켰다. 국연은 피살된 반란자들의 불편한 진실을 사실대로 보고하였고, 실사구시를 중시하는 그의 풍모는 조조에게 높은 평가를 받았다. 전수는 큰 공을 세웠지만 관직을 맡는 것에 대해서는 끝까지 결연하게 사절하였다. 왕수는 관리로서 충성스럽고 본분을 다하였으며 청렴결백하였다. 병원은 대혼란 속에서 정처 없이 떠돌아 다녔지만 계속 꾸준히 공부를 하여 문화를 전승하였다. 관녕은 높은 벼슬과 많은 녹봉에도 마음이 흔들리지 않았다. 그에게 있어 벼슬과 녹봉은 뜬구름과도 같은 것이었다. 이들의 행적은 무척이나 아름다운 이야기라고 할 수 있겠다.

〈위지(魏志)〉 12권 〈최염, 모개, 서혁, 하기, 형옹, 포훈, 사마예전
(崔琰、毛玠、徐奕、何夔、邢顒、鮑勳、司馬芝傳)〉

건안 원년(서기 196년)부터 조조는 한헌제를 허도에 모시며 2개의 관료 체제를 설치하였다. 하나는 동한 헌제 명의로 된 것인데 이 체제는 이름만 있을 뿐 실체는 없었다. 하나는 조조 본인 명의로 된 것인데 이 체제가 바로 진정한 실권을 장악하고 있었다. 조조의 사업이 점점 무르익어 가면서 조조 명의의 체제도 점점 신속하게 확장되고 결국 헌제 명의의 체제를 장악하고, 조위 왕조의 정권 기구가 되고 만다. 이번 권에서 묘사하는 인물들은 대부분 조조 명의 체제의 골간이 되는 인물들이다. 이들은 관리 선발, 기밀 사실을 처리하는 등 여러 측면에서 큰 공헌을 하였다. 설령 그들의 충성심이 높은 공로를

세웠을지라도, 일단 정치적으로 민감한 문제에서 조조, 조비와 충돌하면 기존대로 버림을 받거나 처형을 당하는 등 비참한 결말을 맞이했다.

〈위지(魏志)〉 13권 〈종요, 화흠, 왕랑전(鍾繇、華歆、王朗傳)〉

한위 시기의 관제는 통상 승상의 세력과 삼공의 세력이 서로 다를 때 설치되었다. 승상 한 사람이 조정을 장악하여 승상의 권력이 너무 컸다. 관제를 설치하니 야심이 있는 권신들이 나타날 가능성이 있었다. 조조도 이와 같았다. 삼공은 비록 가장 높은 급의 대신이었지만 앉아서 탁상공론을 하는 정신적 귀감이었다. 이로 인해 황권이 강했을 때 삼공을 설치하였다. 본 권에서 다루는 세 사람은 모두 조위 왕조 초기 삼공을 맡았던 사람들이다. 하지만 명성과 업적을 논하자면 종요가 가장 앞서고 왕랑이 그 다음 화흠이 세 번째이다. 화흠은 입으로는 폭력에 반대한다고 말했지만 직접 한헌제에게 폭력을 휘둘렀다. 만약 〈후한서(後漢書)〉 〈복황후본기(伏皇後本紀)〉를 읽지 않는다면 화흠의 겉치레 말에 속아 넘어갈 수밖에 없을 것이다.

〈위지(魏志)〉 14권 〈정욱, 곽가, 동소, 유엽, 장제, 유방전 (程昱、郭嘉、董昭、劉曄、蔣濟、劉放傳)〉

본 권에서 기재되어 있는 인물들은 모두 장막 안에서 책략을 수립하는 인재들이었다. 곽가는 책략을 잘 수립했다. 정욱, 장제는 문무를 겸비하고 있었으며 안으로는 책략을 수립할 수 있었고 밖에서는 병사를 통솔할 수 있었다. 동소, 유엽, 유방은 책략 수립에도 능했고, 다른 문직을 맡아 두 가지 일을 모두 처리하였다. 정욱은 조조가 가장 위급하던 때 그를 위해 3개 현의 근거지를 유지해 주었다. 곽가는 여포를 죽이고 익주를 취하고 오환을 평정했을 때 연속해서 기발한 책략을 내놓아 모두 승리를 거두었다. 동소는 오등작위를 설치할 것을 건의하여 조조가 위왕이 되는데 일조하였다. 유방은 위명제에게 조상과 사마의가 정치를 보조해 주도록 하여 조위 황조의 멸망을 초래하였다. 그들은 많게 혹은 적게 조위의 흥망에 영향을 미쳤으며 이로 인해 모두 재미있는 이야기들을 남겼다.

〈위지(魏志)〉 15권 〈유복, 사마랑, 양습, 장기, 온회, 가규전
(劉馥、司馬朗、梁習、張既、溫恢、賈逵傳)〉

서한시기 전국은 30개의 주로 나누어져 있었다. 그 때의 주는 감찰구의 성질만을 가지고 있어 자사 감찰 밑의 군현 관민들의 불법행위가 일어났다. 동한 후기의 주는 군현의 실질적 행정구역이 되었다. 조위의 자사는 현지의 지방군을 통솔하며 군정장관이 되었다. 여기서 서술하는 인물들은 모두 조위의 주 자사들 중 걸출한 모습을 보였던 인물들이다. 유복은 양주에서 경제 발전을 이루었으며 전쟁과 재해에 대비하였다. 사마랑은 사마의의 큰 형으로 그는 연주에서 관직을 받았을 때 검소한 생활을 하였고 사병을 자상하게 보살펴주었다. 양습은 병주에서 변경을 안정시켰고 화합 사회를 건설하였다. 장기는 옹주와 양주에서 무장 반란을 평정하고 하서회랑을 건설하였다.

가규는 예주에서 수리공사를 하여 전쟁에 대한 방비를 강화하였다. 그들은 모두 조위 황조를 만들어낸 견실한 기초였다.

〈위지(魏志)〉 16권 〈임준, 소칙, 두기, 정혼, 창자전
(任峻、蘇則、杜畿、鄭渾、倉慈傳)〉

동한시기의 행정 구획은 전국이 13주, 105개의 군으로 구성되어 있었다. 조위는 그중 9개의 주, 대략 80개의 군을 점령하였다. 이 권에 기재되어 있는 인물들은 이 80개의 군에서 정치적 업적이 뛰어난 군급 행정장관들이다. 그들은 15권에서 기재된 우수한 주 자사들과 함께 조위 황조의 견실한 지역적 기반들을 마련해 주었다. 임준은 허창에서 주둔 지역을 경작하며 충족한 군량을 제공해 주어 조조의 성공에 특수한 공헌을 하였다. 소칙은 직접 밭을 갈며 농경을 지도하여, 백성들과 관계를 화목하게 하는 데 능했다. 두기는 하동 군태수를 16년 동안 역임했으며, 그 기간 동안 쌓은 정치적 업적이 전국에서 1위를 차지하였다. 여기서 우리는 그 당시에도 정치적 업적에 대한 평가가 이루어졌음을 알 수 있다. 정혼은 여러 곳에서 관직을 지냈으며 백성들을 행복하게 하였다. 그는 관할 구역 내의 마을을 질서정연하게 다스렸다. 집들은 나란히 정렬되었으며 수목은 울창하였고 과일 향이 싱그럽게 퍼졌다. 중국 최초의 생태 농업 시범구역이라고 불릴 만한 곳이었다.

〈위지(魏志)〉 17권 〈장료, 악진, 우금, 장합, 서황전
(張遼、樂進、於禁、張郃、徐晃傳)〉

이 권에 쓰인 5명은 조위 조정의 오호상장이라고 부를 수 있는, 전쟁터에서 수 차례의 공적을 쌓은 사람들이다. 만약 촉한의 오호상장 전기와 비교하며 읽는다면 더 재미있을 것이다. 왜냐하면 조위의 오호상장과 촉한의 오호상장은 각자 뛰어난 무공을 선보이는 동시에 애정과 증오가 담긴 스토리도 담겨있기 때문이다. 관우가 잠시 조조의 휘하에 머물고 있을 때, 장료, 서황과 형제처럼 지냈다. 관우는 심지어 서황을 '큰형님'이라고 존칭하기까지 했다. 우금은 반평생 영웅으로 살다 관우에게 두 손을 들고 항복하였고, 마지막에는 자신의 군주에게 모욕을 당하며 참혹한 죽음을 맞이하였다. 백전 명장 장합은 탕거전투에서 불행히 장비를 만나 참패하여 도망갔다. 이로써 장비를 이길만한 사람은 없다는 것이 증명되었다. 우금은 관우와 싸워 이기지 못했고, 장합은 장비와 싸워 이기지 못했다. 이로써 조위의 오호상장들은 촉한의 오호상장들의 상대가 되지 않았다는 것을 알 수 있겠다!

〈위지(魏志)〉 18권 〈이전, 이통, 장패, 문빙, 여건, 허저, 전위, 방덕, 방육,염온전(李典、李通、臧霸、文聘、呂虔、許褚、典韋、龐德、龐育、閻溫傳)〉

본 권에 기재된 인물들은 크게 세 분류로 나누어 볼 수 있겠다. 밖에서 전투에 참여하여 지방의 안정을 보호한 장수로, 이전, 이통, 장패, 문빙, 여건, 방덕이 있다. 내부에서 조조를 호위한 장수로, 허저와

전위가 있다. 지방에서 마을과 백성들을 다스린 문직관원으로는 방육과 염온이 있다. 이전은 자신의 사적인 원한으로 공적인 의를 저버리지 않았다. 이통, 장패는 법을 어긴 자신의 친척이나 부하들을 감싸지 않았다. 전위는 자신의 본분에 충실하며 영광스러운 죽음을 맞이하였다. 방육, 염온은 배신하지 않고 자신의 주군을 위해 죽음을 맞이하였다. 그들은 모두 부끄럽지 않은 옛 사람들의 본보기였다. 허저는 놀랄만한 강한 힘을 가지고 있었지만, 자신을 엄격하게 구속하며 외신들과 함부로 교제하지 않았다. 그는 현명하고 신중하게 나라의 이익과 손해를 파악하여 조조가 그를 깊이 신임하였다. 사람들은 그를 '호치'라고 불렀다. 과연 그의 어디가 그렇게 우둔하여 호치라는 이름을 얻었을까? 그것은 바로 그가 겉으로는 우둔해 보이지만 속으로는 깊고 현명한 생각을 지니고 있었기 때문이다.

〈위지(魏志)〉 19권 〈황족 친왕 조창, 조식, 조웅
(皇族親王曹彰、曹植、曹熊傳)〉

이 권에 나오는 3명의 주인공은 모두 위문제 조비와 같은 어머니에게서 태어난 형제로, 진정한 자격의 황족친왕들이었다. 그들의 재능에 대해서 말해 보자. 조창은 매우 용감하였으며 조식은 뛰어난 재능을 지니고 있었다. 이 두 명의 무와 문 측면에서의 도움으로 조위의 강산은 견고해졌다. 당연히 그들을 더 중시했어야 했는데, 안타까운 사실은 조비의 생각이 이와는 반대였다는 것이다. 그는 가까운 관계에 출중한 재능을 가진 사람일수록 자신의 황위에 위협이 된다고 생각했다. 그래서 그는 황족의 왕공들을 엄격하게 관리하고 제

압하는 정책을 시행했다. 심지어 음험하고 악독한 수단을 쓰는 것도 마다하지 않아 조창을 죽음에 이르게 했다. 그의 아들 위명제 조예는 친척에 관한 고압적인 정책을 더 강화하였다. 이에 조식은 어두컴컴한 절망 속에서 죄수와 같은 비참한 반평생을 보내야만 했다. 조위 황족 사이에 발생했던 기이한 일들을 알고 싶다면 이 권을 반드시 읽어야 한다.

〈위지(魏志) 20권 〈황족 기타 왕공 구성원들에 관한 전기〉

전기에 기재된 인물들은 모두 위무제 조조, 위문제 조비 두 사람의 아들과 손자들이며 모두 가까운 왕공 구성원들이다. '가천하'라는 규칙이 역사상에 나타난 때부터, 재위 중인 황제는 진퇴양난의 문제에 직면하게 되었다. 한편으로는 많은 부인을 두어 아들을 많이 낳아야만 눈을 감고 세상을 뜰 때 자신의 뒤를 이어, 정통을 계승할 수 있었다. 하지만 다른 한편으로는 여러 부인을 두는 것은 두 가지 부작용이 있었는데, 그 한 가지는 아들이 너무 많고, 그 아들들이 모두 황제가 되고 싶어하는 경쟁을 일으키는 것이었고, 또 다른 한 가지는 너무 많은 황궁의 부인들의 요구들을 모두 들어줄 수 없어, 아들이 요절하고 마는 일들이 일어나는 것이었다. 불행하게도 이 두 가지 좋지 않은 일들이 조위 황조에서는 모두 일어났다. 위무제 조조의 아들은 너무 많았다. 조조는 초기에 조충을 편애하다가 후에 조식을 편애하게 되었는데, 결국 아들들이 황위를 차지하기 위해 싸우는 비참한 결론을 맞이하였다. 위명제 조예는 자신의 피가 섞인 아들이 없었다. 그래서 자신의 뒤, 정통을 이을 후손이 없었음은 물론 왕조를 멸하게 하는 화근이 되었다. 이러한 시각에서 이 권을 읽어본다면 더욱 재미있게 책을 읽을 수 있을 것이다.

〈위지(魏志)〉 21권 〈왕찬, 위기, 유이, 유소, 부하전
(王粲、衛覬、劉廙、劉劭、傅嘏傳)〉

삼국시기에는 전쟁이 빈번하게 발발하였다. 그래도 문화는 다시 건설되기 시작하여 칼, 검이 종이, 붓과 서로 겨루게 되는 기이하고도 특이한 장면이 형성되었다. 이 권에 나오는 인물은 크게 조위 정권에 속할 수 있는데 글짓기에 능하였고 전장제도를 잘 알고 있는 문화재건형 관리였다. 왕찬의 시는 천고의 시기를 걸쳐 낭송되었다. 왕찬은 건안문학의 주력이었다. 유소는 문제 시기, 명령을 받아 〈황람(皇覽)〉이라는 책을 편찬하였는데 이 책은 중국 최초의 유서라고 칭해지는 중국식 대백과사전이다. 이 책은 후에 명대 저서 〈영락대전(永樂大典)〉의 시조가 되었다. 완적과 혜강은 모두 죽림칠현에 속하는 사람들이며 조위 후기의 문학적 쌍벽을 이루는 사람들이었다. 그들은 당시 정권 사마씨에 영합하는 것을 거절하였는데, 이 때문에 진수는 이 두 사람의 개성 있고 다채로운 인생을 고작 몇 마디로 기록할 수밖에 없었다. 이 권은 중국 문화사에 깊은 영향을 남긴 엘리트들에 관한 이야기로 그들의 걸출한 공헌과 문학작품은 한 번 관심을 가지고 감상을 해 볼 만하다.

〈위지(魏志)〉 22권 〈환계, 진군, 진교, 서선, 위진, 노육전
(桓階、陳群、陳矯、徐宣、衛臻、盧毓傳)〉

조위의 중앙 정부 기구는 상서대였고, 그 도장은 상서령과 좌, 우 복사였고, 그 아래의 각 지부 기구의 주관은 상서였다. 그중의 이부 상서는 관리들의 선발과 임명을 주관하는 중요한 직권을 가지고 있었다. 이 권에서 서술하는 인물들은 모두 상서대의 도장 혹은 이부 상서를 맡은 조위의 인사 대권을 장악하고 있었던 엘리트라고 할 수 있겠다. 그들의 언행을 주의깊게 살펴보면 조위의 행정 기구가 어떻게 운행되는지 파악할 수 있으며, 당시 관리 선발의 기준을 알 수 있을 것이다. 진군이 창설한 9품 관리법은 아직 임용되지 않은 예비 후보 인재들을 9등급으로 나누어 향후 그들에게 적합한 관직을 수여하는 것이었다. 그 법이 무척 간명하고 실용적이어서 조위 황조는 이후에도 이 방법을 이용하여 현임 관리들의 등급을 구분 및 표기하였다. 9품 등급의 관제가 바로 여기서 탄생한 것이며, 후세의 왕조들도 이 관제를 오랜 기간 동안 따랐고, 심지어 해외 인접 국가에도 전수되었다.

〈위지(魏志)〉 23권 〈화흡, 상림, 양준, 두습, 조엄, 배잠전
(和洽、常林、楊俊、杜襲、趙儼、裴潛傳)〉

이 권에 기재된 인물은 조위 정권의 모든 부문에 배치되어 있었던 관리들이었다. 화흡, 양준, 두습은 모두 군주에게 충언과 간언을 할 줄 알았던 사람들이며, 화흡과 두습 두 사람은 평안하고 무사한 일

생을 보냈지만, 양준은 정치적 방면에서 줄을 잘못 선 결과 무고하게 조문제에게 죽임을 당하고 말았다. 상림은 관료사회의 험악함을 목격하고는 위무제 조조, 위문제 조비, 위명제 조예가 재위하였을 때 군주에게 직언과 간언을 적게 하였다. 후에 조명제 조예가 그를 삼공으로 승진시키고 싶어하였지만, 그는 병을 이유로 사절하였고 그 결과 노년에 편안한 삶을 살았다. 조엄, 배잠 두 사람은 담력과 식견이 비상한 사람들이었다. 조엄은 조인을 도와 조인을 위해 책략을 내어 주었는데, 그는 관우를 놓아주어 손권이 관우로부터 위협을 느끼도록 하였다. 배잠은 홀로 부임하였고 조조에게 자신이 맡은 직책을 그만두게 되었을 때의 심각한 결과에 대해 정확하게 예측하였다. 이 이야기들은 모두 훌륭하다고 칭찬을 받는 재미있는 단락들일 것이다.

〈위지(魏志)〉 24권 〈한기, 최림, 고유, 손례, 왕관전
(韓曁、崔林、高柔、孫禮、王觀傳)〉

태위, 사도, 사공 이 세 관직은 최고급 관직으로 당시 이 세 관직을 합쳐 '삼공'이라고 불렀다. 삼공은 '앉아서 탁상공론을 하는', 실질적인 권력을 장악하지 않고 높은 봉록을 받는 최고 관직으로, 뭇 관리들의 정신적 본보기라고 할 수 있었다. 삼공의 관직을 맡는 기본 조건은 높은 성망과 풍부한 연륜이었다. 만약 적합한 사람이 없다면, 그 자리를 채울 사람을 기다리며 잠시 공석으로 두는 것이 관례였다. 이 권에 기재된 인물들은 모두 삼공이라는 관직을 맡은 적이 있는 인물들이다. 하지만 그들은 모두 삼공의 조건 중 성망이 다소 부족

한 사람들이었다. 하지만 그들은 역사에 남을 업적을 적지 않게 쌓았다. 한기는 수력을 이용하여 화로를 제련하는 송풍기를 제작하였다. 고유는 조심스럽고 빈틈이 없게 안건을 처리하였다. 그는 잔혹한 고문을 하지 않고도 살인 사건을 해결하였다. 공유는 중앙 기록보관소의 지도를 사용하여 지방 정부의 국경선을 정확하게 판단하여 두 정부의 토지 분쟁 등의 문제들을 평정하였다.

〈위지(魏志)〉 25권 〈신비, 양부, 고당륭전(辛毗、楊阜、高堂隆傳)〉

이 권에 기재된 인물 3명은 모두 조위 황조에서 직언과 간언을 꺼리지 않는 충신들이었다. 옛 말에 '충언은 귀에 거슬린다'고 하였다. 군주에게 직언과 간언을 하는 것은 그 리스크가 무척 높은 일이었다. 게다가 이들 세 명은 모두 조조의 직계 옛 신하들도 아니었다. 하지만 그들의 간언은 국가의 일을 더 중요하게 여긴 것이었고, 자신 개인의 위험은 고려치 않았다. 사마의가 거짓으로 조정에 제갈량의 출전을 요구한 적이 있었다. 위명제 조예도 거짓으로 신비를 파견하여 그를 통제하도록 하였다. 군주와 신하 두 사람 모두 그럴듯하게 연기를 잘 해냈다. 양부는 황궁 내부 궁녀 인원을 조사하였는데, 주관 관리가 궁중의 사적인 일들로 어물어물 넘기고 있었다. 양부는 그를 아주 호되게 야단쳤다. 고당륭은 임종시 위명제 조예에게 정치적 야심을 가진 다른 성을 지닌 대신을 조심해야 한다고 경고하였다. 그는 수중에 권세를 장악하고 있는 사마의를 겨냥하여 감히 조예에게 간언을 한 것이었다.

〈위지(魏志)〉 26권 〈만총, 전예, 견초, 곽회전(滿寵、田豫、牽招、郭淮傳)〉

조위에는 아주 뛰어난 지방군정장관이 있었다. 이 권에 기재되어 있는 4명은 뛰어난 지방군정장관을 대표하는 인물들이다. 만총은 오랜 기간 동안 회남을 지키며 손오와 대립하였다. 그는 무척 청렴결백했을 뿐만 아니라 뛰어난 담력과 식견을 지니고 있었다. 그는 정동장군의 직무를 맡아 합비의 군사 진영을 오래된 성 서측의 험준한 산 위로 옮겨 손오 대군의 등등한 공세를 새로운 성 아래에서 방어하였다. 오늘날 안휘성 합비시에서 발견된 조위 합비 신성 군사 진영 유적 중 그의 관직명 '정동장군'으로 명명한 '정동문'이 있다.

전예도 군사 지리에 무척 밝았다. 그는 산동반도의 성산각에서 주둔하며 손오의 해군을 기습하여 성공하였다. 견초는 안문군 일대에서 북방 변경을 안정시켰고, 곽회는 관중에서 제갈량과 강유를 저지하여 여러 차례 전공을 세웠고 멀리까지 위풍을 떨쳤다.

조위 합비 신성 군사 진영 유적의 정동문

〈위지(魏志)〉 27권 〈서막, 호질, 왕창, 왕기전(徐邈、胡質、王昶、王基傳)〉

이 권에 기재된 4명은 모두 탁월한 업무 성취를 이루어낸 조위 지방고관이었다. 서막은 메마른 양주에서 염지를 만들어 논을 만들었고 상업을 부흥시켜 경제적 기초를 다졌고 정신적 문명을 추진하였

성도 무후사 박물관에 보관된 조위 대신 왕기 묘비의 탁본

다. 게다가 그는 민족적 갈등을 해결하는 일에도 능했다. 그는 탁월한 중개자의 성격을 가지고 태어났다. 그는 맛있는 술을 좋아했지만, 술을 마음껏 마신 뒤 백성들을 위해 좋은 일을 하고 부패하고 나쁜 일은 하지 않았다. 술을 좋아하는 관리 중에 이런 사람은 드물었다. 호질은 우수한 정치적 업적을 세운 인재로, 우리는 그의 안건 중 간통과 살인 두 안건이 그의 손에서 어떻게 해결되었는지 살펴볼 가치가 있다. 왕창은 아들에게 겸손하며 내성적이어야 한다고 줄곧 경고하였다. 그의 장편 〈계자서〉는 오늘날까지 사람으로 하여금 깊이 반성을 할 수 있게 하는 가치를 지닌 책이다. 왕기는 국가의 일에 대해 항상 걱정하며 청렴하고 결백한 좋은 관리였다. 그로 인해 그의 묘비에 새겨진 문자는 오늘날까지 전해져 내려왔다.

〈위지(魏志)〉 28권 〈왕릉, 관구검, 제갈탄, 등애, 종회전(王淩、毌丘儉、諸葛誕、鄧艾、鍾會傳)〉

이 권의 문장은 비교적 길다. 겉으로 보기에는 중앙에 대항한 지방의 조위 장수들에 대해 서술한 것 같지만, 깊이 들여다보면 조위 황조 후기의 피비린내 나는 내부 싸움의 역사를 서술하고 있는 동시에 촉한 황조의 멸망의 역사에 대해 서술하고 있다. 왕릉, 관구검, 제갈탄 세 사람이 반항한 대상은 사실 조위의 중앙 정부가 아니었다. 그들은 중앙의 사마의 부자를 제압했다. 그래서 객관적으로 그들은 조위의 충신이며, 조위의 반역자들이 아니다. 몇 번의 피비린내 나는 전투의 결과 사마씨가 완전한 승리를 거두어 조위 황조의 멸망이 더 가속도로 진행되게 되었다. 등애는 70세의 노령에 군사를 이끌고 험준한 산맥을 넘어 촉한 황조의 중심 지역으로 침투하여 촉한을 멸망시키고 위대한 업적을 세웠다. 하지만 종회의 흉계에 말려들어 결국 억울한 죽음을 맞이하고 말았다. 자신의 머리에 자만한 종회는 총사령관의 신분으로 20만 대군을 이끌고 촉한의 수도로 침입하였는데 결국 자기 자신을 해치는 꼴이 되고 말아 성도에서 비참한 죽음을 맞이하였다. 결국 자기 꾀에 자기가 넘어가버리고 만 셈이다.

(참고설명: 여기서 "毌丘"는 두 글자로 된 복성이다. "毌"자는 "貫"자의 위 부분이며, 발음도 "貫"자와 같다)

〈위지(魏志)〉 29권 〈방기전(方技傳)〉

당시 '방기(方技)'라는 말은 특수한 기예를 지닌 사람들을 일컫는 말이었다. 화타는 의술에 능했다. 내과, 외과, 산부인과, 소아과, 침구

과에 모두 능통했으며, 양생과 미용에도 능했다. 그의 전기를 읽어보면 중국 고대 의술의 비범한 성취 역사를 이해할 수 있다. 뿐만 아니라 그의 의술은 오늘날 병을 예방하는 방법, 치료하는 방법, 보양하는 방법, 미용 방면에 독자적인 비결을 전수해 주었으니 읽지 않으면 후회할 지도 모르는 일이다! 주건평의 상술, 주선의 해몽술, 관로의 복서술은 모두 길흉과 인간의 생사를 예측하는 일이었다. 이러한 것들이 미신인지 과학인지를 여기서는 차치하고서라도, 우리는 이 책을 통해 당시 사람들의 현실 생활과 정신 상태에 대해 다각도로 이해하고 해석할 수 있을 것이다.

〈위지(魏志)〉 30권 〈오환, 선비, 동이전(烏丸、鮮卑、東夷傳)〉

중국 주변의 민족과 국가에 대해 기록하여 고대 중국의 생존 환경과 대외 관계를 반영하는 것은 사마천 〈사기〉의 탄생이래 정사가 일관되게 계승해온 좋은 전통이었다. 북부 변경에 거주하는 강력한 초원 민족들은 진한시기에는 주로 흉노였으며, 동한시기에는 주로 선비였다. 조위시기에 이르러서는 주로 오환과 선비의 남은 부족들이 북부 변경에 거주했다. 이 책에서는 오환, 선비와 조위 사이에 일어났던 대항과 융합의 복잡한 관계에 대해서 서술할 것이다. 조위의 동북 변경 외에, 한반도와 일본 등 주변 국가들, 특히 고대의 한국, 그들의 지리, 인구, 생산, 정치, 생활, 풍속, 언어, 그리고 조위와의 왕래 등에 대해 무척 상세하고 생동감 있게 기록되어 있다. 오늘날 한국인들이 자세히 읽어볼 만한 가치가 있을 것이다.

학자의 눈으로 본
삼국지

응격강동(鷹擊江東)
매(손오)가 강동에서 우뚝 솟아오르다

손오편

제15장
손권 청춘기의 비극적 이야기

유비와 조조처럼, 손권도 청춘기에는 스토리가 있는 사람이었다. 하지만 이 세 사람의 청춘 이야기는 각자의 특색이 있다. 유비의 이야기는 밝고 아름답고, 조조의 이야기는 기이하다. 그리고 손권의 이야기는 기쁨과 슬픔이 교차한다. 손권의 아버지 손견과 형 손책은 모두 적의 화살에 맞아 죽음을 맞이했다. 그에게 있어 돌발적으로 일어난 비극이었다. 하지만 큰 슬픔 속에서 19세의 어린 나이였던 그는 부하들에 의해 정계를 장악하고 새로운 지도자가 되었다. 그리고 이때부터 강동 제패의 52년의 역사를 세운다. 지금부터 그의 청춘기 이야기를 함께 살펴보도록 하자.

두 사람의 생명을 앗아간 화살

서기 191년 봄, 밝은 달과 청량한 바람이 부는 밤, 양양현(오늘날 호북성 양양시) 성의 남쪽 산길에서 37세의 장군 한 명이 기병들을 통솔하며 도망가는 적군을 뒤쫓고 있었다. 청량한 말발굽 소리가 적막한 산림 속에서 분명하게 울렸다. 갑자기 길 옆의 대나무 숲 속에서 날카로운 화살이 날아와 이 장군의 태양혈에 꽂혔다. 그는 가벼운 비명과 함께 말에서 떨어져 죽었다. 이 장군은 바로 전설적인 용맹한 장수, 손견이었다.

9년 후, 비극이 다시 한번 일어났다. 서기 200년 초여름 어느 날 푸르른 풀이 자라나고 부드러운 바람이 부는 때였다. 단도현(오늘날 강소성 진강시)에서 성북 장강의 모래사장에서 26세의 장군이 사냥을 하고 있었다. 그의 말은 하얀 털을 지닌 백마였는데, 바람을 일으키며 앞을 달리고 있었다. 그가 기뻐하던 때 갑자기 모래 언덕 뒤에서 세 명의 사수들이 일어나 그를 향해 화살을 쏘았다. 그중 하나의 화살이 장군의 얼굴을 관통하였고 며칠 뒤 그는 생을 마감하고 말았다. 이 사람은 바로 손견의 장자 손책이었다.

무정한 화살 2개가 손씨 부자의 목숨을 앗아가고, 손씨 가족 중 가장 뛰어난 정치가를 역사적인 대 무대 위에 올려놓았다. 그리고 그는 한나라 말기 군웅이 할거하던 역사적인 무대 위에서 뛰어난 업적을 세운다. 이 정치가는 바로 손견의 둘째 아들이자 손책의 둘째 동생 손오의 개국황제 손권 손중모다.

손권이라는 사람을 더 잘 알고 싶다면 우리는 그의 가족을 먼저 이해할 필요가 있다.

날카로운 칼로 나라를 세운 가족

절강, 안휘 두 성의 경계 구역에 있는 산림 속에 지금까지 아름다운 모습을 유지하고 있는 강물이 동쪽으로 흐른다. 이 강은 바로 천하에 이름을 떨친 부춘강이다. 부춘강은 항주까지 흐르게 된 후 전당강이라는 또 다른 이름을 얻었다. 이 강물이 항주에 도달하기 전 거치는 마지막 현은 동한 시기 부춘(오늘날 절강성 부양시)이라고 불리는 곳이었다. 부춘현은 푸른 산과 수려한 물로 뛰어난 곳이자 동시에 뛰어난 인물을 배출한 곳이다. 손권의 본적도 바로 이곳이다.

손씨 가족은 춘추시기 오나라의 대군사전략가 손무(한국에서는 손자 병법의 저자인 손자로 알려져 있다)의 후손이다. 이미 흐른 세월이 오래되어 사실을 확인할 방법이 없어 사실여부를 제대로 확인하기 어렵지만 아마도 손무의 몇 세대 자손일 것이다.

손견은 어린 시절 가난한 집안에서 생활하였다. 하지만 그는 항상 마음속에 큰 뜻을 품고 있었으며 생활의 어려움을 마음속에 두지 않았다. 그는 부지런히 무예를 연마했고 넓게 친구를 사귀었으며 무공을 통과하여 손아귀에 있는 날카로운 칼로 업적을 세워 가족을 부흥시켰다.

손견은 17살 때 아버지를 따라 배를 타고 외출을 하였는데 길에서 상선을 약탈하는 강도 무리을 만났다. 배들이 있어 손견의 배는 감히 앞을 향해 나아갈 수 없었다. 손견은 뱃머리에 서서 자세히 살펴본 뒤 아버지에게 이렇게 말했다.

"저들은 오합지졸 무리이라 두려워할 필요가 없습니다. 제가 그들에게 본때를 보여주도록 하겠습니다!"

그래서 그는 칼을 들고 언덕에 올라 강도에 가까이 다가갔다. 이와 동시에 큰 소리로 명령을 내며 손으로 서쪽을 가리켰다. 마치 한 무리의 군대가 공격하러 출발하는 것 같았다. 강도 무리는 관병들이 포위하러 온다고 여겨 황망히 손에 있던 재물들을 버리고 도망을 쳤다. 이에 손견은 강도의 뒤를 쫓아 맨 뒤에 있던 강도 한 명을 잡아 칼로 죽였다. 손견의 용감함과 지혜를 본 사람들은 크게 감동했고, 부춘현의 현령은 이 이야기를 듣고 바로 손견을 대리 현위로 임명하여 군대를 통솔하며 지방의 치안을 유지하도록 했다. 이때부터 손견의 관리 생애가 시작되게 된다. 후에 그는 조정의 정규 군대로 들어가 용감하게 전투에 참여하여 여러 차례 공적을 세워 유명한 장수가 되었다. 그 후 그는 상사 원술의 지시를 받아 형주의 양양으로 가서 그곳의 군정 장관 유표를 공격하였다. 두 군이 마주하였고 유표의 군대가 후퇴하였다. 손견은 맹렬히 추격하였지만 매복 함정에 걸렸고 적은 가장 앞에 있던 기마 부대의 통병관 손견을 향해 화살을 겨냥하였다. 화살이 날아가 손견에게 꽂혔고 앞에서 서술한 그 장면이 발생하였다.

손견은 37세도 되지 않은 젊은 나이에 죽음을 맞이하였다. 그리고 남은 아들과 부인은 갑자기 곤란한 지경에 빠지게 되었다.

4년 후 손견의 큰 아들 손책이 자라 성인이 되었고, 가까스로 1천여 명이 되는 사람들을 모아 군대를 만들고 장강의 북쪽 언덕으로부터 고향 강동까지 새로운 나라 건설을 위한 첫 걸음을 내디뎠다.

손책이 당시 강동을 공격하던 장강의 나루터

장강은 오늘날 안휘성 무호시에서 남경시까지 흐르는, 서남쪽에서 동북쪽으로 흐르는 강이다. 그래서 당시 사람들은 이 강의 남쪽을 '강동'이라고 불렀다. 강동 지역은 오늘날 강소성과 안휘성의 강남 부분 및 절강성 지역 전체를 소유하고 있었다. 면적이 아주 넓었고 토지는 비옥했으며 교통은 편리했고 인구는 많았다. 그래서 후에 손오 정권에게 가장 중요한 핵심 지역이 되었다.

강동은 본래 손씨의 고향이었다. 이곳은 일찍이 손견, 손책 부자의 용감함에 순종하였다. 이에 용맹한 손책의 군대를 더하니, 강을 건넌 후 그의 세력은 파죽지세로 발전하였다. 2~3년 동안 손책은 강동을 취득하였을 뿐만 아니라 서쪽을 향해서도 확장하였다. 이 시기의 그는 이미 수만 명의 용병과 천리의 토지를 보유하고 있는 강동의 패왕이었다.

하지만 길흉화복은 하늘도 예측할 수 없는 법, 위세가 등등하던 손책은 몇 명의 자객에 의해 목숨을 잃고 말았다. 손책이 강동을 공격하던 때 원한을 맺은 가문 중에 충심이 깊은 부하들이 있었는데, 그들은 주인을 위해 복수를 하기로 맹세를 하였다. 오랜 기간 동안 관찰을 한 결과, 그들은 손책이 사냥을 무척 좋아하며 사냥을 할 때 주변에 사람들을 데리고 다니지 않는다는 사실을 발견하였다. 그래서 그들은 손책이 사냥을 나간 때를 틈타 그를 살해하기로 결정한다. 그 날 손책은 장강 옆 모래사장에서 사냥감을 뒤쫓고 있다가 갑자기 습격을 받았다. 그는 머리에 독화살을 맞아 생명이 위험했다. 그는 자신의 아들이 너무 어렸기 때문에 여러 번 생각 끝에 자신의 아들에게 정권을 물려주지 않고 동생에게 강동 정권 통치라는 일을 물려주기로 한다. 이 정권을 물려받은 사람이 19세인 손책의 동생 손권이었던 것이다.

이것은 동한 헌제 건안 5년(서기 200년) 4월 4일, 손책이 손권을 병상에 불러 신중하게 정권을 물려준 이야기다. 그날 밤 26세였던 손책은 세상을 떠나고 말았다.

슬픔 속에서 정치 무대에 오른 청년

19세의 어린 나이에 강동의 새로운 주인이 된 손권, 그의 자는 중모였다. 그는 큰형 손책과 한 어머니로부터 태어난 형제였지만 외모나 성격 면에서 조금씩 다른 면이 있었다.

진수의 〈삼국지·손권전〉에서 손권이 정권을 물려받으며 통곡하는 부분의 기록 손책은 무척 잘생긴 남자였다. 하얀 피부에 붉은 입술을 지닌 미소년 같은 느낌의 남자였다. 그래서 당시 강동 민간에서는 그를 '손랑'이라고 부르며 찬미했다. 이에 반해 손권은 푸른 눈에 붉은 수염을 가진 입이 큰 특이한 외모를 지닌 사내대장부였다. 당시 사람들은 이런 외모를 부귀하고 장수할 상이라고 여겼다.

손책은 활달하고 유머러스한 사람이었다. 손권은 침착한 성격이었다. 두 사람은 성격적인 측면에서도 약간 달랐다.

두 사람의 뛰어난 재능을 한 번 살펴보자. 손책은 장수라는 직무에 뛰어났다. 그는 적진 깊숙이 돌격하여 적을 함락시켰고, 아무도 그의 세력을 막을 수 없었다. 손권은 군주 직무에 더 적합한 사람이었다. 그는 사람을 선택하여 일을 위임하는 것에 능했으며 맑은 정신을 가지고 있었다. 손책이 강동에 나라를 세웠을 때 손권은 계속 형을 따라 남북을 공격하고 정복했다. 중요한 계획이 필요할 때 손권은 좋은 아이디어를 내놓았다. 손책은 동생의 인재를 잘 활용하는 능력을 매우 중시했고, 이 방면에 있어서는 자신이 손권보다 못하다고 생각했다. 그래서 그는 손권의 위신을 세워주기 시작했다. 연회가 열려 손님이 있는 날이면 그는 손권을 불러 다른 사람들에게 소개하며 손권에게 이렇게 말했다.

"여기에 앉아 있는 제군들은 향후 모두 너의 부하 장수가 될 것이다."

여기서 우리는 손책이 일찍이 동생을 자신의 후계자로 여겼다는 것을 알 수 있다.

손권은 비록 매우 신중하게 결정을 내리는 사람이었지만, 손책이 자객에 의해 죽임을 당했을 때 그의 나이는 19세밖에 되지 않았다. 그래서 그는 갑자기 맞닥뜨리게 된 상황 앞에서 어쩔 줄 몰라 했다.

사서에서는 이때의 그는 하루 종일 통곡하며 눈물을 흘렸으며 정사를 처리하고자 하는 마음을 가지고 있지 않았다고 기재하고 있다.

문신 중의 원로 장소는 이 장면을 보고 내심 조급해져서 손권에게 직접적으로 말했다.

"주공, 지금은 통곡할 때가 아닙니다! 현재 강동은 무척 혼란한 상황입니다. 인심이 불안하며 적들은 현재 기회를 틈타 행동하려 하고 있습니다. 주공이 계속 통곡만 하신다면 어떻합니까? 이것은 문을 열고 강도를 맞이하는 것이나 다름 없습니다. 이는 형을 향한 존경과 사랑을 표현하는 행동이 아닙니다!"

장소는 말을 마치고 사람을 시켜 손권이 입고 있는 상복을 벗기고 새로운 관복을 입도록 하였다. 그리고 손권을 말에 올려놓으며 그로 하여금 군대를 살펴보도록 하였다. 손권은 말에서 의심과 걱정, 불안해하는 모습들을 보며 아버지와 형이 창업을 하면서 겪은 어려움들을 느꼈고 자신의 어깨에 아주 큰 책임이 얹어졌다는 것을 느꼈다. 그래서 그는 정신을 차리고 강동의 정무를 직접 처리하기 시작한다.

그래서 손오의 새로운 군주 손권은 이렇게 그의 53년의 통치 생애를 시작하게 된 것이다.

제16장
어린 손권이 집권한 뒤
어떻게 정국을 안정시켰을까

손오 정권은 삼대 지지 역량이 있었다. 삼대 지지 역량은 바로 손씨 가문, 강북 인사 가족, 강동 명문 대족이었다. 손오 정권이 강동 지역에서 세워졌기 때문에 강동의 명문 대족의 정치태도와 입장은 모두 손오 정국의 안정에 직접적인 영향을 미쳤다. 어린 손권이 막 정권을 잡았을 때 정국이 불안정하여 손권이 즉시 정책을 조정하였고, 이는 강동 명문 대족의 큰 지지를 받게 되었다. 그리고 정국은 안정된 상태로 진입하여 이때부터 번창한 날이 시작되어 현명한 군주의 모습을 드러냈다. 그렇다면 손권은 이 방면에서 도대체 어떤 일을 한 것일까?

1. 전기 정치 협력 이전의 형세

손오 시기는 강동 명문 대족의 정치 활동이 무척 흥성한 시기였다. 그들의 정치 세력은 급속하게 확장되어 손오의 정국에 큰 영향을 미쳤다. 이 중요한 사회 정치 현상은 오늘날 사학가들이 '강남 대족의 중흥기'라고 부른다.

손오 정권은 강동 지역에 대해 통치를 시행한 것은 실질적으로 동한 헌제 흥평 2년(서기 195년) 손책이 강을 건너 강동을 점령했을 때부터 시작되었다. 이때부터 시작되어 손호 천기 4년(서기 280년), 손오가

적벽대전이 일어난 장강 강가

서진 왕조에게 멸망할 때까지 손오 정권은 약 86년의 통치를 했다. 이 기간은 크게 세 부분으로 나눠볼 수 있다.

  손책이 강동을 공격, 점령하면서부터 손권 황무 원년(서기 222년) 호를 오왕으로 칭한 시기 까지를 전기로 말한다. 이 기간은 손오의 창업 단계로 명의상 동한 및 조위의 신하로서 아직 철저히 독립하지는 못했다.

  손권이 오왕이 되고, 조정 백관을 설치하기 시작한 때부터 신봉 원년(서기 252년) 손권이 죽음을 맞이했을 때까지를 중기라고 한다. 이 기간은 손오의 국세가 흥성했을 기간이자 동시에 통치 집단 내부 갈등이 점점 격해지기 시작해 정국이 점점 쇠퇴기로 진입하던 때였다.

  손량 건흥 원년(서기 252년) 직위 계승 때부터 손오가 멸망할 때까지의 시기를 후기라고 한다. 이 시기는 3명의 어린 군주 손량, 손휴, 손호가 황제의 자리를 계승하였는데, 손오 내부 투쟁이 무척 격렬하여 이는 손오 조정을 쇠락에서 결국 멸망으로까지 이끌었다.

여기서 말하고자 하는 것은 전기에 대한 상황이다.

당초 손책은 회남 일대에서 군대를 조직하여 남쪽으로 장강을 건너 강동을 공격하여 나라를 세웠다. 이 부분은 이전 부분에서 이미 소개했던 부분이다. 손책이 나라를 세운 지 6년째 되던 때 손책과 협력한 강동의 명문 대족 인물들은 여전히 적었다. 우번, 위등, 하제 등 적은 사람들만 있었을 뿐이었다. 게다가 그들은 모두 회계군(지방관청은 절강성 소흥시)의 인사들이었다. 이 내용은 〈삼국지〉에 명확하게 기재되어 있다. 나머지 대다수의 강동 명문 대족들 특히 강동 명문 대족 핵심 구성원이었던 '손오사성'는 오군 오현(오늘날 강소성 소주시)의 고, 육, 주, 장씨의 4대 가족이었다. 이들은 차가운 눈으로 관망하며 협력하지 않는 태도를 취했다. 결론적으로 당시의 강동 명문 대족과 손책이 지휘하는 무장 집단은 전면적인 협력 관계를 형성하지 못했다.

하지만 당시의 북방은 군벌이 할거하고 군웅들이 천하를 다투던 시기였다. 동한 왕조의 재 부흥은 이미 현실 가능성이 없는 말이었다. 이때 만약 강동에서 비교적 안정적인 정권이 나타난다면, 중원에서 남방까지 만연해 있는 사회 동요를 효과적으로 방지할 수 있었을 것이다. 이것은 그 지역의 강동 명문 대족들에게 아주 유리한 것이었다. 손책에게는 명문 대족의 지지를 얻는 것이, 손씨 정권이 강동에서의 권력을 더욱더 공고히 할 수 있는 방법이었다. 정치적 협력이 양측에 이익을 가져다 주는데도 어째서 이 시기 양측의 전면적 협력 구조가 형성되지 않았을까?

강동 명문 대족에게 있어 다음과 같은 4가지 원인이 있었다.

첫째, 그들은 관찰과 권력의 평형을 위한 시간이 필요했다. 손책이 강동을 공격하고 점령하였다. 이 행동은 무척 갑작스러운 것이었고 매우 빠르게 진전되었다. 하지만 당시 기회를 틈타 궐기한 영웅 호걸들이 무척 많았다. 그리고 실패를 겪고 무너진 영웅들도 무척 많았다. 손책이 강동에서 제대로 뿌리를 내릴 수 있을 지는 조금 더 지켜봐야 할 일이었다. 그들이 상황을 지켜보고 있을 때, 손책이 갑자기 자객의 화살을 맞고 죽음을 맞이했다.

둘째, 강동 명문 대족은 여전히 손책에 대해 약간 경시하는 마음을 가지고 있었다. 손책은 비록 오군 부춘현(오늘날 절강성 부양시) 출신으로 강동의 본토박이에 속했지만, 손씨 가족은 한대의 사회, 정치적 지위가 높은 편이 아니었고, 명문 대족이라고 불릴 수 없는 위치였다. 사서에 기재된 내용에 따르면 손책의 증조부 손종은 농사를 하며 생계를 이어가던 보통 농민으로, 오늘날 말하는 일반 사람에 지나지 않았다. 손책의 아버지 손견에 이르러서야 손씨 가족은 군공으로 관리가 되어 나랏일을 시작하게 된다. 동한 이래 명문 대족을 숭상하는 분위기가 성행하기 시작하였다. 손견이 장사군태수로 승진하고 오정현후로 책봉이 된 뒤에도 중원 출신의 명문가인 형주자사 왕예는 여전히 그를 경시하고 무시하였다. 손책 본인도 강동 명문 대족, 오현(오늘날 강소성 소주시) 육씨의 차가운 멸시를 직접 받아본 적이 있었다. 그가 려강군태수인 육강을 방문하러 갔는데 육강이 그를 만나보고 싶지 않다하며 자신의 부하로 하여금 그의 일을 대강 처리하도록 하여 손책이 분개하며 돌아온 적이 있었다. 그런데 이 육강은 손오의 총사령관 육손의 당조부였다. 손책이 내방했을 때 육손도 당조부의 집에서 거주하고 있었던 것이다.

셋째, 손책은 당시 정치적 이미지가 좋지 않았다. 손견과 손책 부자는 모두 원술에게 의탁한 적이 있었다. 그리고 원술은 동한 말년 할거하던 군웅 중에서 가장 일찍이 황제가 되고자 하는 야심을 드러낸 사람이었다. 동한 시기 성행하던 정통 관념의 측면에서 보았을 때 원술은 완전히 반역의 마음을 가진 사람이었다. 그리고 손책이 강동을 공격하여 취한 것 역시 원술의 지반을 확장시키고자 취한 행동이었다. 그래서 명분이 서지 않는다는 짙은 색채를 띠고 있었다.

 넷째, 강동 명문 대족의 핵심 구성원이 손책에게 아직도 원한을 품고 있었다. 이 부분이 상당히 중요했다. 앞서 이미 언급하였지만 손책은 육강의 경시를 받은 적이 있어 그를 무척 미워하였다. 그리고 후에 복수를 하게 될 기회를 얻게 된다. 바로 원술의 병마를 이끌고 육강을 공격하게 될 기회가 생긴 것이다. 사서에 기재된 내용에 따르면, 손책은 육강을 약 2년이라는 긴 시간 동안 포위하여 공격하였고, 결국 육강을 손아귀에 넣었다고 한다. 이때 이미 나이가 70세에 이른 육강은 화병을 얻어 죽음을 맞이하였다고 한다. 100여 명의 육씨 가문은 굶주림과 추위 속에서 반이나 죽음을 맞이하였다. 손책이 동한 왕조를 반대하는 입장이었던 것은 조정에 충성을 하던 육씨 가문을 무정하게 공격하기에 공적으로도 사적으로도 타당한 것이었다. 이로 인해 손씨 가문은 육씨 가문과 깊은 원한의 관계를 맺게 된다. 그 후 손오에 이름을 날린 육손은 당시 려강에 있었는데, 육씨 가문 중에서 겨우 살아남은 행운의 생존자 중 한 명이었다.

 육강은 처음부터 한실에 충성을 다한 것으로 세상에 이름을 떨쳤다. 손책이 육강을 포위 공격하여 죽음에 이르게 한 것은 당시 사대부들의 큰 반감을 샀다. 육씨 가족은 강동 명문 대족의 지도자였고, 당시 다른 두 강동 명문 대족인 고씨 가족은 농씨 가족과 서로 사돈 관계를 맺었다. 육씨 가족의 사건은 자연스럽게 대다수 강동 명문 대족에게 반감을 샀고 손책에게 냉담한 시선을 보내게 되었다.

그리고 손책의 이런 측면에는 크게 두 가지 원인을 살펴볼 수가 있다.

먼저 그는 전쟁에만 능했고 정치에는 능하지 못했다. 그는 강동을 공격하는 과정에서 거칠 것 없이 단시간 내 아주 넓은 지역을 점령하였다. 당시 그의 수하 중에는 그를 따라 강동에 온 강북 인사들이 있었다. 문신 중에는 장소, 장굉, 진송, 진단 등이 있었다. 그들은 손책의 과업을 위한 책략을 내놓았다. 무장 중에는 주유, 정보, 여범, 한당, 장흠, 주태 등이 있었다. 그들은 손책을 위해 용감하게 싸웠고 성과 땅을 공략하였다. 그리고 손책은 이런 상황에서 자신의 실력으로 순조롭게 강동을 공격하여 점령하였으니, 강동도 당연히 순조롭게 통치할 수 있을 것이며 다른 외부 세력의 힘을 빌릴 필요가 없다고 생각하였다.

둘째, 손책이 강동을 점령한 수 년의 시간 동안 북방의 군웅들은 격렬하게 전쟁을 벌이느라 남쪽을 향해 침입하는 세력이 없었다. 그래서 손책이 직면한 부담감은 크지 않았다. 외부적인 압력도 크지 않으니 내부적인 공고와 안정에 대해서도 큰 긴장감을 갖지 않았다. 그래서 손책이 살아 있을 때에는 적극적으로 강동 명문 대족의 지지를 받기 위해 노력하지 않았고, 일을 의논하는 일에도 그들을 개입시키지 않았다.

결국 강동 명문 대족과 손씨 정권은 전면적인 정치적 협력이 일어나지 않았었다. 손권이 강동을 통치하게 된 후에야 근본적인 변화가 생길 수 있었던 것이다.

2. 손권이 강동을 통치할 때 직면한 엄중한 형세

19세인 손권이 정권을 장악한 후 내부와 외부 양 측면에서 모두 정치적으로 중대한 변화가 발생하였다.

먼저 외부 형세를 살펴보도록 하자.

손책이 강동에서 창업을 하던 수 년의 시간 동안 중원 군웅들은 몇 년 동안의 전쟁을 거쳐 조조와 원소 두 세력만 남게 되었다. 동한 헌제 건안 4년(서기 199년), 원소는 정예병 10만군을 이끌고 남쪽으로 조조를 공격하였고, 관도(오늘날 하남성 중모현) 일대에서 조조와 대치하였다. 이러한 대치 국면이 2년 동안 지속되었다. 손책이 마침 중원의 두 영웅들이 대치하던 틈을 타 강동에서 기업을 다지고, 더 나아가 이 틈을 타 조조의 중심 지역 허현(오늘날 하남성 허창시)을 습격하고자 하였다. 하지만 조조의 군사 부서를 몰래 습격하려던 때 돌연 자객에게 공격을 받아 목숨을 잃고 말았다. 그가 죽은 뒤 몇 개월이 되지 않아, 조조가 원소를 공격하여 대승을 거두었다. 원소가 세력을 잃었을 때 조조의 눈빛이 바로 강동으로 향했고 손책이 사망한 시기를 틈타 남하하여 강동을 공격하고자 하는 의도를 가지고 있었다. 하지만 누군가 도의적으로 옳지 않은 행동이라며 저지하였고, 원소의 세력이 아직 철저하게 뿌리 뽑히지 않았기 때문에 조조는 잠시 이 생각을 한 쪽으로 방치해 두기로 하였다.

하지만 조조는 막 정권을 장악한 어린 손권을 완전히 놓아준 것이 아니었다. 오히려 조조는 부드러움 속에 칼을 숨기고 있는 정치적 수완을 사용하였다. 그는 자신이 완전 통제하고 있는 동한 조정을 통해 손권을 토로 장군으로 임명하였고 강동 지역 회계군의 태수를 겸임하도록 하였다. 조조의 이러한 행동의 정치적 의도는 약 세 가지로 살펴볼 수 있다.

첫째, 손권은 정치적으로 여전히 동한 조정의 신하이며 실질적으로 조조의 신하임을 알리기 위해서였다.

둘째, 손권에게 강동 지역에서 회계군 이외에 다른 군의 점령은 동한 조정의 공식적인 승인을 받을 수 없기 때문에 불법적 침략의 성질을 띠고 있다는 것을 암시하기 위함이었다.

셋째, 손권에게 이제부터 동한 조정이 하달하는 지령을 따르지 않으면 조정의 명분으로 성토를 당하고 제거가 될 것이라고 경고하는 것이었다.

이후, 조조가 원소를 공격하여 끊임없이 승리를 하게 됨에 따라, 조조가 손권에 대해 가한 압력은 더욱더 강해졌다. 동한 건안 7년(서기 202년), 조조의 최강 상대인 원소가 죽게 되었고, 그는 동한 조정의 명의로 손권에게 문서를 하달하여 손권에게 장자 손등을 동한 조정의 소재지 허현(오늘날 하남성 허창시)에 보내라고 명령하였고, 조조는 손권의 아들 손등을 충성을 표하는 인질로 삼았다. 이와 동시에 조조는 또 동한 조정의 명의로 관리를 합비(오늘날 안휘성 합비시)로 파견하여 강동 용병의 최전방 방어 진지를 구축하기 시작했다. 이후에 손권을 공격하는 데 있어 사전적 군사 준비를 하기 위함이었다. 이 모든 것은 손권에게 조조의 이러한 조치들을 받아들이지 않는다면, 강대하고 날카로운 공격을 받아야 한다는 것을 암시하는 것이었다.

손권이 직면한 외부적 위협은 장강 상류의 강하태수 황조와 관련이 있었다. 황조는 형주 군정장관 유표의 용맹한 부하였다. 그는 손씨 가족과 대를 잇는 원한을 가지고 있었다. 그의 군대는 손권의 아버지 손견을 죽인 적이 있을 뿐만 아니라 손권의 형 손책과도 격렬한 교전을 벌인 적이 있었다. 손권이 정권을 장악한 뒤 황조는 그의 아들 황사와 대장군 등룡 등을 파견하여 군을 이끌고 장강에서 물줄기를 따라 아래로 내려가 손권이 통제하고 있는 전략적 요지 시상(오늘날 강서성 구강시)을 공격했다.

결국 외부적 형세에 있어 손권의 북쪽, 서쪽은 모두 강력한 상대의 군사적 압력을 직면하고 있었다. 양 측에서 적의 위협을 받는 불리한 국면에 처해 있었던 것이다.

이제 내부적 형세를 한 번 살펴보도록 하자.

나이가 어린 손권이 직면하고 있었던 내부적 상황도 외부적 상황과 마찬가지로 심각했다. 당시 손오의 내부에는 주로 다음과 같은 세 가지 문제가 있었다.

먼저, 산월의 무력 반항이 날로 격렬해 졌다. 당시 강동의 단양, 회계, 예장 3군의 경계 지역은 오늘날 절강, 안휘, 강서 3성 지역이 인접하는 곳의 광활한 산 구역으로, 그곳에는 전란을 피해 거주하고 있던 많은 산민이 있었다. 사적에서는 이들을 '산월'이라고 통칭하였다. 손책은 강동을 점령한 뒤, 산월에 대해 일률적으로 공격, 진압하는 정책을 펼쳤다. 하지만 산월 백성들은 모두 깊은 산속에 거주하고 있어 활동 지역이 넓을 뿐만 아니라 활동 능력도 강하여 손책의 무력 정책은 산월의 무장 반항이라는 문제를 근본적으로 해결할 수가 없었다. 손권이 정권을 장악한 뒤 산월 무장 세력은 옛 통치자와 새로운 통치자가 교체되는 시기를 틈타 다시 빈번하게 무장 반항을 하기 시작했다. 산월의 인원 수가 많았고, 소재 지역이 손오 정치의 핵심 구역에 근접해 있었기 때문에, 빠르게 산월의 무장 반항을 제압하는 것은 손씨 정권 안정까지 연결되는 중대한 내정 문제였다.

둘째, 손오 통치 집단의 내부에서 혼란이 발생하였다. 당초 손책을 우두머리로 한 손오 창업 집단은 임시적 군사 집합체였고, 기능적으로 완벽히 갖추어진 국가 정권 기구가 아니었다. 그리고 임시적 군사 집합체가 믿고 의지하는 것은 오직 군사 수령 개인의 군사 작전 지휘 능력이었다. 손책이 세상을 떠난 뒤 그를 이어 통치를 하게 된 손권은 나이가 어렸을 뿐만 아니라 실전 지휘 경험도 없었다. 그래서 이 임시적 군사 집합체 안에서 바로 불화와 반목 현상이 나타나기 시작했다. 장강 북안에 위치하는 려강군의 태수 이술은 손권이 하달한 지령을 들으려고 하지 않았으며, 손권에게 반대하는 세력들을 대량으로 받아들였다. 그리고 손권의 사촌 형 손보도 심지어 조조와 몰래 연락을 시작하였고, 자신을 위해 퇴로를 계획하기 시작했다. 〈삼국지〉에 기술된 내용에 따르면 손권의 형 손책은 강동을 관리한 시간이 무척 짧아, 신하들과 백성들에게 베푼 은혜가 많지 않았다고 한다. 그래서 그가 자객에 의해 죽임을 당하였을 때 관리와 백성들은 모두 인심이 흉흉해졌고 모두 다른 살 길을 찾아보았다고 한다.

　　마지막으로, 손씨 집단에는 정치적 인재가 부족하였다. 앞에서 언급했던 것처럼 당시의 손씨 집단은 실질적으로 임시적 군사 집합체였다. 손책이 강동에 있었던 몇 년 동안 이 집합체가 발휘했던 주요 기능은 바로 군사 정복이었다. 행정 관리의 기능은 전혀 갖추고 있지 못했다. 손권이 자리를 계승하여 정권을 장악한 뒤 강동에서 오랜 통치를 실현하고자 하려면 반드시 이 군사적 집합체를 기능적으로 완전한 국가 정권 기구로 변화시켜야 했다. 그리고 이러한 변화를 실현시키기 위해서는 재능과 덕을 겸비한 정치가, 행정가 등의 인재들이 대량으로 필요했다. 하지만 당시 손씨 집단은 주로 다음과 같은 두 부류의 인사들이 있었다. 하나는 손씨 가문이었고, 또 하나는 강북으로부터 손책을 따라 온 강북인사들이었다. 이 두 부류의 인사들은 무척 한정적이었고 대부분 병사들을 이끌고 전쟁을 진행하는 무장들이었다. 그들 중에는 정치적 재능이 뛰어난 인물들이 드물었다. 예를 들어 조조와의 관계라는 중대한 정치적 문제를 처리할 때도 손권의 책략가 장소 등은 해결책을 제시하지 못하고 속수무책이었다. 그리하여 손권은 손권의 어머니 그리고 마지못해 주유, 동급과 같은 장수들에게까지 의견을 구하여 의사결정을 하는 데 참고하였다. 이 부분에서 우리는 손씨 가문에 정치적 인재가 부족했다는 점을 단번에 파악할 수 있다.

앞서 언급한 내부적 형세에 대해 진수 〈삼국지〉에서는 다음과 같은 결론을 내리고 있다.

'손권이 막 정권을 장악했을 때 통제하던 지역 중 일부분의 사람들 만이 충심을 다해 복종하였고 기타 광활하고 험준한 지역의 대부분은 지령을 따르지 않았다. 강동 본지의 명문 대족 및 강북에서 강동으로 잠시 와서 기거하는 외래 인사들은 모두 자신의 정치적 방향을 정하기 위해 형세의 안위를 관찰하였으며, 손권과 공고한 군신 관계를 형성하지 않았다.'

손권이 정권을 장악한 뒤 직면한 내부, 외부적 형세는 이토록 엄준했다. 만약 그가 실력이 강대한 강동 명문 대족과 전면적으로 긴밀한 정치적 협력을 하지 않았다면, 손권 정권의 존망은 심각한 문제가 발생할 것이었다. 이러한 객관적인 핍박의 상황 속에서 손권은 적극적으로 강동 명문 대족의 지지를 쟁취하는 것을 자신의 정치 임무 중 가장 중요한 임무로 나열하고 기회를 포착하여 시행하게 된다.

3. 정치 협력 관계의 초기 형성

손권은 강동 명문 대족의 지지를 얻는 과정 속에서 성공적으로 강함과 부드러움을 병행하는 정치적 수완을 운영하여 비교적 이상적인 성과를 얻어낸다.

한편으로 그는 강동 명문 대족들 중 개별 가족 세력이 그리 강대하지 않고 손씨 정권과 좋은 협력 관계를 형성하지 못하는 자들만 골라 엄격한 공격을 가하였다. 이 측면에서의 전형적인 예는 바로 침우다.

침우는 오정현(오늘날 절강성 호주시) 출신 농씨 가문이었다. 그는 어렸을 때부터 비범한 능력을 드러내었고 문학적 재능이 뛰어났을 뿐만 아니라 언변도 무척 뛰어났다. 게다가 무예에도 능통하여 칼 솜씨가 남달라 당시 사람들은 그를 '삼묘'라고 칭찬하였다. '삼묘'가 일컫는 것은 '붓의 기묘함, 혀의 기묘함, 칼의 기묘함'이었다. 손권은 진심을 다해 그를 초빙하여 막료의 직무를 맡겼다. 침우는 큰 규모의 관리 모임에서 손권을 마주하며 공개적으로 정무의 '옳고 그름'을 논하며 그와 반대의 의견을 내놓았다. 뿐만 아니라 손권이 동한 조정을 경시하는 마음을 가진 것을 지적하기까지 하였다. 손권은 그가 자신의 지휘에 복종하지 않는다고 생각하여 29세의 침우를 사형에 처하였다.

하지만 다른 한 측면에서 손권은 강동 명문 대족의 실력자, 특히 그 핵심 구성원인 '오중사성', 즉 오군 오현(오늘날 강소성 소주시)의 고씨, 육씨, 주씨, 장씨의 사대 가문들에게는 특별히 그들을 포용하며 관용의 정책을 펼쳤다. 그리고 그들을 통해 다른 가문들에게도 영향을 미치고자 하였다. 손권의 정반대의 두 정책을 대면한 강동 명문 대족들에게는 두 가지 선택밖에 없었다. 계속해서 협력하지 않는 태도를 취하다가 공격을 받는 것, 혹은 잠시 손씨 정권에 들어가 시기가 변하기를 기다리는 것이었다. 전자를 선택한 자는 대가족의 안전과 앞날을 해쳤고, 후자를 선택한 자는 여전히 발전할 수 있는 가능성이 있었다. 이렇게 생사와 관련이 있는 중요한 때, 이해관계의 평형이 결국 다른 측면의 생각들을 누르게 되었다. 그래서 고씨, 육씨, 주씨, 장씨 등 강동 명문 대족들은 앞다투어 손씨 정권 안으로 들어오게 되었다.

고씨 가족의 수뇌 인물은 당시 고옹과 고휘 형제였다. 고옹은 손권의 임명을 받아 회계군의 군승, 군태수의 제일 보좌인의 직위를 맡았다. 회계군 태수 직무를 겸임하고 있던 손권은 자신의 정치적 중심인 오현(오늘날 강소성 소주시)에 머물면서 고옹을 군정부의 소재지 산음현(오늘날 절강성 소흥시)에 파견하여 자신을 대신하여 군태수의 직권을 행사하며 전 군의 정무를 관리하도록 하였다. 그는 이렇게 고옹을 중시하고 신임한다는 것을 보여주었다. 손권은 고옹의 동생 고휘도 무척 중시하였다. 그리하여 그에게 자신의 관서에서 주부라는 직무를 맡기고 공무 문서들을 주관하도록 하였다. 이 직무는 오늘날 사무실 주임과도 같은 것이었다.

육씨 가족의 수뇌 인물은 당시 육손과 그의 아버지 육적이었다. 육손은 손권의 장군 부서에 들어가 중요한 부하가 되었다. 육적은 손권의 부서에서 신하들이 손권을 향해 바치는 상소의 공무 문서를 처리하는 역할을 맡았다.

주씨 가족의 수뇌 인물은 당시 주환이었다. 그도 손권 부서의 관리로 초빙되었다.

장씨 가족의 수뇌 인물은 당시 장윤이었다. 장윤도 손권 부서의 부하로 초빙되었다.

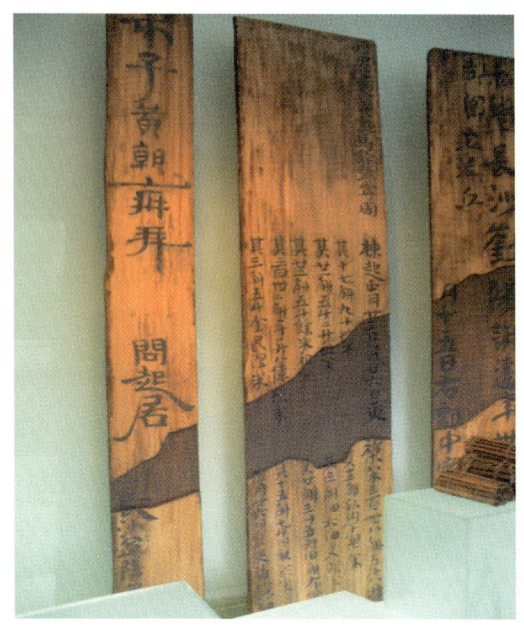
장사 간독 박물관에서 출토된 손오 대목간

'오중사성'이 모두 손씨 정권에 들어온 것을 상징으로 강동 명문 대족과 손씨 정권의 전면적인 정치적 협력의 시작을 알리게 되었다.

손권은 강동 명문 대족의 망설임과 편견을 철저히 없애기 위해, 그들이 손씨 정권을 전력을 다해 지지하도록 하였다. 그리고 더 나아가 그들에게 유화와 우대의 특별 조치를 취하였다. 여기서 중요한 점은 다음 세 가지로 나누어 볼 수 있다.

첫째, 양측의 혼인관계다. 손권은 형 손책의 두 딸 중 한 명을 고옹의 아들 고소에게 시집을 보냈고, 또 다른 한 명은 육손에게 시집을 보냈다. 그리고 그는 자신의 딸 노육을 주거에게 시집을 보냈다. 그리고 또 자신의 형제에게 고씨의 딸을 아내로 맞이하게 하였다. 이렇게 강동 명문 대족의 이익을 손씨 정권의 앞날과 긴밀하게 연결시켰을 뿐만 아니라 효과적으로 손책 시기 뿌려놓았던 원한과 편견을 제거하였다. 그중 가장 전형적인 예는 바로 육손이다.

　앞서 서술한 바와 같이 손책은 과거에 려강군에서 육강을 2년 동안 포위 공격하여 육씨 가문에 크나큰 피해를 입힌 적이 있다. 육강 가문의 성년 남자들이 손책이 포위 공격을 하던 기간 동안 모두 사망하였기 때문에 육손은 육강 유족들의 대리 대표자가 되었다. 이러한 상황 속에서 육손은 손책의 창업 기간에 계속해서 손씨 정권에 협력적인 태도를 보이지 않았다. 육손이 손권의 초빙을 받아들여 손씨 정권에 들어가게 된 후, 손권은 특별히 손책의 딸을 육손에게 시집을 보냈고, 이러한 남다른 방식으로 자신의 형 손책을 대신하여 육씨 가문에게 심심한 사과의 뜻을 표하였다. 그리하여 육손의 마음속의 원한도 결국 슬그머니 잊혀지게 되었던 것이다.

　둘째, 존중과 신임을 보여주었다. 고옹은 강동 명문 대족 중에서 사회적으로 명망이 높은 노인이었다. 손권은 그에게 회계군 태수라는 중요한 직권을 맡겼을 뿐만 아니라, 직접 고씨네 집을 방문하여 고옹의 어머니를 뵈어 고씨 가족의 영예를 높여주었다. 육손은 비록 어렸지만 정치적으로 훌륭한 식견을 가지고 있어 손권의 부하가 되었다. 그 후 손권은 여러 번 그에게 정치적인 의견을 물었다. 그리고 그를 대할 때에는 항상 겸허하고 존경하는 태도를 유지했다. 장윤이 세상을 떠나자 손권은 그를 우대하여 장윤의 아들 장온을 정식으로 초빙하였다. 장온이 직위에 오른 후, 손권은 그를 무척이나 신임하였다.

　셋째, 정치와 경제의 이익을 보장해 주었다. 정치적으로 손권은 강동 명문 대족의 어린 자제들에게 정치적으로 큰 우대를 해 주며 그들의 앞날이 창창할 수 있도록 보장해 주었다. 〈삼국지〉의 기록에 따르면, 강동 명문 대족의 자제들은 지방 정부의 관리가 되는 데 있어 우선적 혜택이 있었으며 중앙 기구에 배치될 때에도 우선적 혜택이 있었다고 한다. 이러한 특수한 정치적 우대는 조위와 촉한 두 나라에서는 보기 어려운 일이었다.

이 외에도 강동 명문 대족의 자제들은 벼슬에 오르는 나이도 무척 어렸으며 벼슬에 오르자마자 좋은 관직을 얻을 수 있었다. 고옹의 친족 고제는 15세라는 나이에 군정부의 관리를 지냈다. 고옹의 아들 고소는 27세때 벼슬에 올라 예장군의 태수직을 맡아 바로 중급 관리의 대오에 들었다. 장온과 육모도 벼슬길에 오르자마자 좋은 직무를 얻을 수 있었고, 모두 중앙에서 매우 편한 관리직으로 일했다.

경제적으로도 손권은 강동 명문 대족에게 큰 이익을 나누어 주었다. 이 부분에 있어서는 주로 영병제를 통해 실현했다. 손오의 영병 제도에 대해서 이전 학자들이 내놓은 날카로운 설명이 있다. 간단히 말하자면 손오의 장령 수하의 군대는 장령과 강한 의존적 관계가 있다는 것이다. 사병의 가족들은 관례에 따라 사병들과 함께 살았으며 양육하는 아들과 자손들은 군대의 예비군이었다. 군대는 전쟁에 참여했을 뿐만 아니라 주둔지에서 생산과 경영 일에도 종사하였고, 그로부터 얻는 경제적 수입은 주로 장령에 의해 분배되었다. 즉, 장령은 군권을 가지고 있었을 뿐만 아니라 병사들을 통해서 거대한 경제적 이익도 얻을 수 있었다는 것이다.

강동 명문 대족들은 손오 정권에 들어온 후, 대부분 병사를 인솔하는 장령이 되었다. 고옹은 본래 행정 사무에 능했다. 하지만 그도 병사들을 이끌고 반란 세력을 토벌하였다. 그 후 그의 아들과 손자인 손담, 손승도 모두 장령병이 되었다. 고승과 제갈각은 산월을 평정하여, 그로부터 얻은 정예병사들이 약 8천명이 되었다. 주씨 가족은 평소 무예를 숭상하여 대를 이어 장령병이 되었다. 주환, 주이 부자는 장령이라는 직업을 대대로 맡았다. 주환은 오군, 회계군 등지의 민중 반항을 토벌하였고, 방랑하는 민중들을 소집하여 1년 내 수만 명의 병사들을 모았다.

"만 일년 동안 만여 명의 사람들을 모았다."

평소 무예를 숭상하는 가풍을 가졌던 장씨 가족은 이 방면에서 다른 사람들보다 월등히 뛰어났다. 장온은 오천여 명의 군사들을 이끌고 예장군에서 산월을 토벌하였다.

하지만 강동 명문 대족 중 병사들을 이끄는 데 육씨 가족만큼 뛰어난 가문이 없었다. 육손은 손씨 정권에 들어온 뒤 아주 짧게 문직 관원으로 일을 하였고, 그 후 바로 군계에 진입하여 모집의 방식으로 자신의 대오를 꾸렸는데 아주 빠른 속도로 병사의 수가 이천여 명까지 늘어났다. 그리고 각지의 반란 무장 세력들을 공격하여 획득한 정예 병사의 수가 만여 명이 넘었다.

손권은 이러한 회유와 우대 조치를 통해 예상한 정치적 효과를 거두었다. 그래서 강동 명문 대족들은 동한 조정에 대한 미련을 떨쳐버리고 강동의 새로운 정권 군주에게 충성을 다하게 되었다. 그리하여 손오 정권과 강동 명문 대족들의 본격적인 협력이 시작되었다.

4. 초기 정치 협력의 작용과 영향

강동 명문 대족과 손오 정권 사이에 전면적 정치적 협력 관계가 구축된 뒤, 손오의 정치적 상황이 큰 영향을 받았다. 손오 역사 발전의 전체 과정을 한 번 살펴보면 강동에서 나라를 세운 80여 년 동안 삼국에서 가장 오랜 시간 동안 존재할 수 있었던 이유는 강동 명문 대족의 전력적인 지지와 밀접한 관련이 있다는 것을 알 수 있다. 이 둘의 정치 협력 관계의 우호와 악화가 직접적으로 손오의 흥망성쇠에 영향을 미쳤던 것이다.

강동 명문 대족이 손오 정권을 적극적으로 지지하기 시작한 뒤 손권의 내부와 외부 상황은 신속하게 호전되기 시작한다.

첫째, 위에서 언급했던 내정의 3대 문제 중 산월의 반항을 처리하는 수단에 큰 변화가 생겼다. 손책 정권 시기에는 산월에게 단일적으로 무력 진압만 하여 근본적인 문제를 철저히 해결할 수가 없었다. 손권이 통치를 시작하게 된 뒤, 산월을 약탈하여 군대와 민간인들의 생활을 풍요롭게 하는 것으로 산월에 대한 조치가 바뀌었다. 이로 인해 효과적으로 산월 반항 세력을 약화시킬 수 있었을 뿐만 아니라 손오 정권에 대량의 병력과 노동력을 보충시킬 수 있었다. 하지만 가장 먼저 손권에게 이러한 중대 건의를 한 사람은 바로 강동 본토 사회 상황에 대해 잘 알고 있으며 높은 정치적 안목을 지닌 육손이었다. 이 이야기는 진수의 〈삼국지〉에 자세하게 기록되어 있다. 오늘날 학자들의 통계에 따르면 동오 군대는 총 20만여 명의 병력을 보유하고 있었으며 그중 정예병은 약 10여만 명 정도였다. 이 정예병은 산월인으로 구성되었다. 즉, 손오는 조위, 촉한 양국의 군대에 대항하기 위해 정예병을 만들었는데, 그 주체 역량은 육손이 제기한 건의로부터 나온 것이었다.

육손은 구두로 건의를 했을 뿐만 아니라 다른 강동 명문 대족과 함께 직접 병사를 이끌고 산월을 약탈하며 앞서 말했던 바를 시행했다. 비록 손오가 산월 문제를 철저하게 해결했던 것은 손오 중기였지만, 손권 통치가 시작된 전기에도 산월의 무장 반항은 눈에 띄게 감소하는 추세를 보였다. 그리고 중기에 이르러 산월 문제가 철저히 해결될 때까지, 육손이 건의한 방법을 사용했던 것이다.

둘째, 통치 집단 내부의 자신감이 회복되고 안정되었다. 강동 명문 대족은 양한 이래의 관료 세가였다. 그들이 손권의 휘하에 모이게 되었던 것이다. 이는 혼돈과 동요 상태에 처해 있던 손오 통치 핵심에 있어 효과적인 강심제였다. 사서에 기재된 상황을 살펴보면, 손씨의 옛 문신 무장들은 손권이 통치를 시작한 뒤에도 한 마음으로 새로운 주군을 보좌하였을 뿐만 아니라 잠시 강동에 기거하며 관망하고 있던 노숙, 제갈근, 보즐, 엄준, 정병 등의 강북 인사들은 모두 이 시기에 손오 정권에서 관직을 맡았다.

셋째, 손오의 정치류 인재 부족의 문제도 기본적으로 해결되었다. 손오 정권에 진입한 강동 명문 대족 인물 중에서 고옹, 고휘, 육손, 육적, 장윤, 장온, 우번 등은 모두 정치적 능력을 가지고 있는 인물들이었다. 손오의 신하 조직을 살펴보면 강동 명문 대족들이 하나 둘 귀속된 후 문관의 대오가 눈에 띄게 정돈된 모습을 보였다. 그리고 강동 명문 대족들의 자제들도 인원 수가 많았을 뿐만 아니라 문화 교육 수준도 무척 높아 문관 대오의 아주 좋은 예비 인재라고 할 수 있었다.

내정의 많은 문제가 하나 둘 해결되자 손권은 외부의 압력에 대항할 힘이 생겼다.

앞에서 언급한 바와 같이 손권의 외환은 하나는 북쪽의 조조이고 둘은 서쪽의 황조였다. 조조 세력은 비록 강성했지만 강동에서는 무척 멀었고 장강이라는 중간 장애물이 있었다. 그리고 당시 중원에는 일부 세력들이 할거하고 있어 조조가 철저히 숙청을 할 필요성이 있었다. 그래서 조조는 강동에 대한 대규모 군사 행동을 잠시 보류할 수밖에 없었다. 그러나 황조는 역량은 상대적으로 약했다. 당시 그는 노쇠하였고 점거하던 강하군은 공격하기에 수월하고 가까웠다. 권력 평형을 거친 후, 손권은 먼저 황조를 멸하기로 결정하였고 전력을 다해 조조에 대항하는 전략을 세웠다.

그의 구체적인 전략은 이러했다. 강동 명문 대족들을 임용하여 후방에서는 내부의 산월 문제를 처리하고, 자신이 직접 강북 인사들 중 충성스러운 신하들을 이끌고 대군을 편성하여 황조를 공격하는 것이었다. 동한 헌제 건안 8년(서기 203년)부터 건안 13년(서기 208년)까지 손권은 총 3번 강하를 서쪽으로 정벌하여 결국 성공하였고 서쪽의 위협을 철저하게 제거할 수 있었다.

손권이 황조를 멸한 뒤, 그 해 가을 조조의 20여만 대군이 형주를 공격하는 적벽대전이 발발하였다. 적벽대전에서 손권은 여전히 기존의 방침을 채용하여 강동 명문 대족을 위임 파견하여 후방 내부의 통치 질서를 유지하였고 자신은 직접 대군을 이끌고 조조의 공격에 응수하였다. 당시 손권을 따라 출전한 유명한 장군으로는 주유, 정보, 노숙, 여몽, 황개, 한당, 주태, 여범 등의 사람들이 있었다. 황개를 제외하면 모두 강북 인사 출신이었다. 손권의 참전 부대는 전체 병사들 중 정예병으로 능력이 출중한 자들만 3만 명을 선발한 부대였다. 손권이 정예병 주력들을 인솔하여 핵심 지역에서 상당히 멀리 떨어진 곳으로 조조 병사들의 공격에 응수하러 갔는데, 이렇게 정예병들이 짧은 시간 내 조직이 될 수 있었던 이유는 강동 명문 대족이 이 당시 전력을 다해 후방을 호위하던 것과 큰 관계가 있었다. 하지만 이전의 역사가들은 적벽대전에서 손오가 승리를 할 수 있었던 이유를 연구할 때 대부분 이 점을 소홀히 하였다.

적벽대전에서 손, 류 연합군이 대승을 거두고 조조가 북쪽으로 후퇴하였다. 손권은 직면하고 있던 최대 외부 위협을 잠시 제거할 수 있었고, 천하가 삼분되었던 초기 구조가 마침내 출현하게 되었다.

건안 24년(서기 219년), 손권의 장수 여몽은 육손의 도움을 받아 촉나라의 장수 관우를 습격하여 손오의 서부 국경을 삼협 협구 일대까지 확장시켰다. 오래지 않아 유비가 보복 공격을 하였다. 이때 강북 명장 주유, 정보, 노숙, 여몽 등이 연달아 죽음을 맞이하였고, 손오 전군을 지휘하는 대도독 직위를 처음으로 강동 명문 대족 출신인 육손이 맡게 되었다. 육손은 유비를 효정에서 물리친다. 여기까지 장강의 중하류 땅은 손오 소유로 귀속되고 삼권이 분립되는 국면이 드디어 정식으로 형성된다. 이 후에는 큰 변화는 더 이상 없었다.

지금까지의 손오 전기 정국의 발전 변화에서 우리는 손권이 통치를 시작한 후 강동 명문 대족의 전력적인 지지를 얻음으로써 정치적 측면에서 중요한 해결책을 찾았고 이로써 내외 각종 중대 문제들을 해결하였다는 것을 알 수 있다. 손오와 강동 명문 대족의 전면적 정치 협력의 실현은 또한 손오 정국에 거대한 영향력을 행사하여 손오 정권이 내외적 위기를 점차 극복할 수 있도록 해 주었다. 전기가 종료될 때 손오의 내외 형세는 더 안정되었다. 이렇게 손오는 남쪽에서 정식으로 국가 정권 기구를 건립하였고 이로써 독립 자주를 실현하고자 하는 조건이 완전히 마련되었다.

제17장
손권의 권학(勸學)과 삼국의 경쟁

손권이 강동의 군주가 된 후 사업을 크고 강대하게 해낼 수 있었던 것은 아주 중요한 이유가 있었기 때문이다. 그것은 바로 학습을 권장하고 책을 읽는 것을 제창하며 지식을 역량으로 전환시켰기 때문이었다. 그는 신체 단련도 열심히 했을 뿐만 아니라 자신 수하의 유능한 장수들에게 열심히 책을 읽도록 독촉하였으며 그들에게 효과적인 독서 방법을 알려주었다. 그리하여 독서의 좋은 점을 자신의 핵심 통치 집단에 널리 알렸다. 손권의 독서 이야기는 오늘날 경쟁사회 속에서 살아가고 있는 현대인들에게도 교훈이 되고 참고할 만한 가치를 지닌다.

앞서 이미 언급했듯 손권은 준비할 시간도 없이 형 손책이 창립한 강동 기업을 물려받았다. 통치 초기에는 내적, 외적으로 혼란스러운 상황에 직면해 있었다. 여러 해 동안의 고된 경영을 통해 손권은 결국 강동의 사업을 강대하게 만들었고 남쪽 반벽 강산에 80년이라는 손오 왕조의 역사를 열고 세 세력이 대치하는 국면이 되었다. 심지어 조조도 '내 아들도 손권만 못하다'라는 말로 그를 한 시대의 영웅이라고 칭찬하였다.

그렇다면 손권이 나라를 강대하게 만들고 강동에 웅거하며 한 세대의 영웅이 되게 만들었던 것은 무엇이었을까? 가장 핵심적인 포인트는 손권이 책을 아주 근면히 읽으며 자신을 충전했다는 것과 수하

남경시 강녕구 박물관에서 출토된 손오 청자룡수관

의 유능한 장수들에게 함께 책을 읽으며 스스로를 충전할 것을 독촉하고 격려했던 것이다. 그는 삼국시기 독서가의 모범이었을 뿐만 아니라 독서를 통해 자신만의 의견을 피력하고 창의적인 의식을 갖게 된 선구자이기도 하다.

이 측면에서 가장 뛰어난 예시는 바로 그의 수하 장군 여몽과의 대화다.

이 대화는 진수의 〈삼국지〉 54권 〈여몽전〉에 인용되어 있는 〈강표전〉에 기록되어 있다. 때는 동한 건안 13년(서기 208년) 봄이었다. 하루는 손권이 군대 중의 두 명의 중견 장수를 특별히 불렀다. 한 명은 여몽이었고 또 다른 한 명은 장흠이었다. 손권은 그들에게 다음과 같이 지시했다.

"너희들은 지금 군권을 장악하며 병마를 통솔하고 있다. 반드시 열심히 책을 읽고 공부를 해 시야와 지혜를 넓혀야 한다!"

이 시기의 여몽은 비록 나이는 31세 밖에 되지 않았지만 약간 고루한 기질이 있었다. 그래서 그는 책을 읽고 자신을 충전하는 것에 대한 중요성을 잘 알지 못했다. 그는 이렇게 회답했다.

"지금 군대 안에서 일이 너무 많아서 편안하게 앉아 책을 읽는 것이 허용되지 않습니다!"

여몽보다 4살 어렸던 손권은 여몽의 회답을 듣고 안색이 갑자기 엄숙하게 변하며 바로 이렇게 말했다.

"공무가 많다고 한들, 내가 처리하는 공무보다 더 많단 말이냐?"

그래서 천 년 동안 전해지며 오늘날까지 사람들로 하여금 깊은 반성을 하게 만드는 말이 탄생한 것이다. 이 말은 두 사람에 대한 충고의 한 마디였던 것이다. 옛 사람들은 이렇게 말했다.

"산은 높은 데 있는 것이 중요한 게 아니라, 선인이 있다는 것이 중요한 것이다."

이 말을 손권의 경우에 빗대면 다음과 같이 해석될 수 있겠다.

"사람은 비록 어릴 지라도, 수준을 갖추고 있으면 된다."

손권과의 대화는 여몽을 부끄럽게 하였고 그는 그 때부터 독서를 시작하여 다른 사람들이 놀랄 만한 발전을 이루었다. 손권이 어떤 말을 하였는지는 이제부터 상세한 소개를 할 것이다. 결론을 내리자면 손권의 권학은 그 내부를 파헤쳐 볼만한 가치가 있는 수수께끼라는 것이다. 그 수수께끼 안에는 상당히 중요한 역사 문화 정보가 담겨있다. 그리고 이 수수께끼의 해결은 구체적으로 다음 다섯 가지 문제에 대한 답으로써 시작된다.

첫 번째 문제, 손권은 왜 여몽을 선택하여 그에게 책을 읽고
공부를 하라는 임무를 내린 것일까?

원래 손권이 이 말을 한 시기는 그가 강동 기업을 이어받은 지 8년이 지난 때였다. 이때의 그는 이미 강동에 안정적으로 기반을 내리고 상류의 형주 방향으로 지반을 확장해 나가고 있었다. 그때의 행정 구획은 아래에서 위로 주군현 3급으로 나누어져 있었고, 전국은 총 3주, 수백 개의 군, 수천 개의 현으로 나누어져 있었다. 손책이 당초 창업을 했을 때 그의 지반은 장강 하류의 강남 부분, 그 당시 강동이라고 부르는 지역에 국한되어 있었다. 강동은 당시 양주에 속했고 손권은 상류를 향해 발전해 나가기를 원했다. 상류는 유표가 점거하고 있던 형주였다. 지반을 확장하는 데 필요한 것은 군대였다. 그리고 군대가 전쟁에서 승리하기 위해서는 훌륭한 장수가 필요했다. 이로 인해 군대에서 우수한 모습을 보이는 병사들은 열심히 훈련하여 빠르게 지혜와 용감함을 모두 갖춘 우수한 장수로 만들어야 하는 것이 당시 손권의 제일 중요한 임무였다. 여기서 우리는 국가 발전에 대한 긴박한 수요가 손권이 이 말을 하게 된 가장 직접적인 원인이라는 것을 알 수 있다. 당연히 이는 내부적인 동기이며, 외부적인 동기에 대해서는 다음 단락에서 더 자세하게 소개할 것이다. 그가 선택한 인재 중, 가장 훌륭한 인재는 바로 여몽이었다.

여몽이 어째서 손권의 눈에 들어왔는지 알아보기 위해서는, 먼저 그의 경력과 태도를 보아야 한다. 진수 〈삼국지〉에 기재된 내용에 의하면 여몽의 자는 자명으로 여남군의 부피현 사람이었다. 부피현은 오늘날 안휘성의 부남현에 속하는 곳이었다. 그는 가난하고 낮은 신분의 평민 가정 출신이었다. 어려서 아버지를 잃어 상당히 어려운 어

린 시절을 보냈다. 그는 15~16세의 나이에 이미 시집을 간 누나에게 의탁해 살아가고 있었다. 매형의 이름은 등당이었는데 그는 손책 수하에서 평범한 장수를 맡고 있었다. 병사가 되는 길은 예로부터 집안이 가난한 남자들에게 있어 가장 흔한 출세길이었다. 여몽은 병사가 되어 자신의 힘으로 갱생하기로 결심하였고 부대의 후방에서 몰래 전쟁에 참여하며 적을 물리쳤다. 전쟁터에서 혈투를 벌이는 것을 보고 등당은 급히 그를 저지하였다. 하지만 여몽은 그치지 않고 적을 죽였다. 전쟁에서 승리를 하였으니 망정이지 그렇지 않았다면 첫 번째 전쟁터에서 소년의 시신를 보게 되었을 터였다.

등당의 분대에는 괜히 다른 일에 간섭하는 습관이 있었는데 그것은 바로 여몽이 열심히 훈련하는 모습을 보면 여몽을 비웃어 주는 일이었다. 그 당시 여몽은 몸집이 작고 연약해 놀림을 당해도 참아야만 했다. 하지만 그토록 어린 청년이 화가 치밀어 올라 그 자리에서 칼을 뽑아 순식간에 사람을 죽일 줄 알았겠는가. 사람이 다치자 여몽은 무서워지기 시작했다. 하지만 결과는 달랐다. 그는 처벌을 받지 않았다. 도대체 어떻게 된 일일까? 사실은 손책이 이 일을 듣고는 어린 소년이 성질이 비범치 않다고 생각되어 여몽을 불러 이것저것 물었다. 그리고 한 마디 물어보고는 그를 죽이기 아깝다고 생각했다. 그보다 세 살 더 많았던 손책은 그 당시 고향 강동을 공격하여 기간산업을 일으키고자 계획을 세우고 있었다. 그는 병사가 필요했고, 특히 여몽과 같은 뜻이 있어 병사가 된 사람이 필요했다. 그리고 성격이 불 같이 강렬하면 더 좋았다. 손책은 그를 죽이지 않았을 뿐만 아니라 여몽을 자신의 곁에서 위병으로 두었다. 그리고 후에 그를 저급 군관으로 승진시키기까지 하였다.

손권이 막 정권을 잡았을 때 여몽은 어렵게 살고 있었다. 그런데 새로운 군주가 정권을 잡고 세 번이나 불을 놓고 군대를 정리하여 전투력을 높인다고 선포하였다. 그래서 병력이 비교적 적고 출전이 많지 않은 작은 분대들은 모두 한 부대로 합병되었다. 여몽의 분대는 불행히 정리 대상에 속하게 되었고 이로 인해 여몽의 앞날은 불투명했다. 관직에서 내려가야 할 위기에 처해 있었던 것이다.

관직을 박탈당하는 것을 여몽은 받아들일 수 없었다. 그는 군대에 들어오면서 목숨을 바치며 추구한 것은 바로 부귀였다. 그리고 손오 군대에서 군관이 되는 것은 부귀를 얻는데 있어 가장 좋은 지름길이었다. 왜일까? 바로 손오가 실행한 특수한 군대제도, 후세 학자들이 '영병제'라고 부르는 제도 때문이었다. 간단히 말하자면 군대를 이끄는 장수와 장수의 부하 사이에는 강력한 의존 관계가 있다는 것이다. 부하들이 그를 오랜 기간 동안 따르기 때문만이 아니라, 부하의 부인과 자식들도 오랜 기간 동안 군대 주둔지에 거주하기 때문에 자식들이 성장한 후에도 이 군대를 위해 계속해서 병사가 되기 때문이다. 더 중요한 것은 군대에서는 전쟁을 제외하고도 경제 활동에 종사하여 수입을 창출해 내고 그 수입은 장수에 의해 분배된다는 것이었다. 이로 인해 손오의 장수 수하의 군대들은 반은 국가의 무장 역량이고 반은 장령 개인이 맡고 있는 산업 회사와도 같았다.

여몽은 겨우 자신의 산업 회사를 얻게 되었다. 비록 규모는 크지 않았지만 다른 사람에게 넘겨줄 수는 없었다. 여몽은 앉아서 조용히 대책을 생각했다. 새로운 군주의 이번 조직 개편 목적은 바로 군대의 전투력을 제고시키는 것이었다. 그리고 전투력을 결정하는 기본적 요인은 바로 수량과 질이었다. 수량은 한 번에 늘릴 수 있는 방법이 없었다. 하지만 질은 응급 조치할 수 있는 방법이 있었다. 그래서 그는 하나의 대책을 생각해냈다. 과연 그 대책은 무엇일까?

그때 손권은 직접 겸열장에 와서 정리할 부대를 시찰하고 있었다. 다른 부대들은 이미 마음이 떠나 훈련도 하지 않고 있었다. 그래서 전쟁터에 바로 오를 수 있는 병사들은 모두 의기소침하고 동작이 형편 없는 사람들뿐이었다. 이는 손권의 화를 북돋았다. 하지만 여몽의 부대는 손권에게 다른 모습을 보여주었다. 수백 명의 병사들만 보았을 뿐이지만, 모두 푸르고 깨끗한 진홍색 갑옷을 입고 있었고, 검은 신발끈을 하고 있었는데, 아주 새로운 군용을 보이고 있었다. 씩씩하고 당당하게 입장을 한 뒤 질서 있게 정렬하고 각종 전투 대형을 연습하였다. 공격과 후퇴 다양한 변화, 병사들의 하늘을 찌르는 소리는 보는 손권으로 하여금 미간에 웃음을 짓게 만들었다. 사실 여몽은 자신의 돈으로 부하들의 갑옷을 모두 새 것으로 바꾸어 주었다. 그의 부하들은 새로운 갑옷을 입으니 사기가 더욱 진작되었다. 시찰이 끝난 뒤 손권은 여몽의 부대는 정리하지 않고 보류할 것을 선포하였으며 다른 곳에서 철수된 군대들 중 일부를 여몽의 부대로 합병할 것을 선포하였다. 이렇게 그는 관리에서 물러나지 않았을 뿐만 아니라 자신의 기간산업 규모를 더 확장시킬 수 있었다.

당초 손책이 여몽을 죽이지 않아, 손책이 여몽에게 있어 새로운 부모나 다름없었다고 말할 수 있다면, 손권이 여몽을 죽이지 않으니 손권도 바로 그에게 먹을 것과 옷을 준 부모와도 다름없었다. 두 번의 부모와 같은 은혜를 입은 여몽은 이때부터 손오 정권에 충성을 다하였고 목숨을 다해 보답하였다. 그 후 전쟁터에서 그는 출중한 전적을 세웠고 이로 인해 편장군으로 승진하게 되었고 려강군 태수를 겸임하게 되었다. 이로써 그는 중급장수의 행렬에 진입하게 되었다.

위에서 언급했던 바는 여몽의 신분적 변화와 상승뿐이었다. 만약 이와 동시에 그가 문화적 소양까지 바꾸고 가꾸지 않았다면 설령 그가 아무리 충성을 다하고 목숨을 다해 보답을 했을지라도 그저 손오의 많은 보통 중국 장수 중 한 명일 뿐이었을 것이다. 하지만 그는 무척 운이 좋았다. 그는 능력 있는 새싹을 탐색하고 있던 군주 손권을 만나게 되었고, 손권의 눈에 들게 되었던 것이다. 손권의 철저한 관리와 뛰어난 지도로 여몽은 열심히 책을 읽었고 자신의 내면을 채웠다. 그리고 그는 문화적 소양의 변화와 상승도 일궈냈다. 그래서 후에 다른 장수들보다 뛰어난 모습을 보일 수 있었고 손오의 뛰어난 장수가 되었다. 이것이 바로 첫 번째 문제에 대한 답안이다.

두 번째 문제, 손권은 도대체 여몽에게 어떤 책을 읽게 한 것일까?

손권이 독서를 강조한 말에 대한 자세한 기록은 〈삼국지〉에서 다음과 같이 기록되어 있다.

"내가 언제 너희들에게 유가 경전을 읽고 태학의 박사 교관이 되라고 하였는가? 나는 너희들에게 책을 두루 살펴보고 과거에 있었던 중요한 일들을 알고 있으라고 한 것 뿐이다! 공무가 너무 많다고 하였는데, 나만큼 공무가 많더냐? 나는 어렸을 때 〈시경〉, 〈상서〉, 〈예기〉, 〈좌전〉, 〈국어〉를 읽었다. 내용이 심오한 〈역경〉만 읽지 않았다. 권력을 장악한 뒤 나는 또 〈사기〉, 〈한서〉, 〈동관한기〉 이 세 사서를 읽었다. 그리고 각 학파의 병법을 읽고 큰 수확을 얻었다. 너희들은 쾌활한 성격을 지녔고 이해력도 좋다. 열심히 공부하면 분명 문화적 소양을 갖출 수 있을 것이다. 그런데 어째서 사양만 하고 실천하지 않는 것이냐! 어서 〈손자병법〉, 〈육도〉, 〈좌전〉, 〈국어〉, 〈사기〉, 〈한서〉와 〈동관한기〉를 읽도록 하여라! 조맹덕(조조)도 '늙었지만 배우기를 좋아합니다'라고 말하였는데, 너희들은 어째서 노력을 하지 않는 것이냐?"

여기서 손권의 핵심은 세 가지이다. 첫째, 필독을 해야 하는 책을 열거하였다는 것, 둘째, 독서의 방법을 알려주었다는 것, 셋째, 책을 읽어야 하는 외부적 동기에 대해 설명했다는 것이다. 먼저 첫 번째 핵심인 여몽에게 열거해 준 필독서에 관한 문제부터 살펴보도록 하자.

"지식이 바로 역량이다."

비록 모두 다 알고 있는 명언이기는 하지만, 어떤 책을 읽고 어떻게 지식을 자신을 위해 사용할 것인지는 성공과 연관되는 중요한 부분이다. 왜일까? 왜냐하면 세상에는 온갖 서적들이 너무 많기 때문이다. 도서관에만 들어가도 바로 느낄 수 있을 것이다. 그렇지 않은가? 장자라는 선철은 일찍이 이렇게 말한 적이 있다. '나의 생명은 유한하고 지식은 무한하구나.' 유한한 생명으로 무궁무진한 지식을 모두 흡수한다는 것은 아주 위험한 생각이다! 장자가 있었던 전국 시기는 오늘날로부터 약 2천여 년 전이다. 오늘날의 서적과 지식은 그가 있던 그 때보다 비할 수 없이 더 늘어났다. 지식이 바다처럼 무한하고 생명은 유한하다면 목표가 없이 맹목적으로 책을 읽는 것은 한가한 사람에게는 즐거운 일이겠지만 격렬한 사회에서 살고 있는 사람에게 있어서는 일종의 사치와도 같은 일일 것이다. 그래서 시간이 없는 사람에게는 반드시 자신에게 급히 필요한 지식을 선택해야만 했다.

그렇다면 손권이 여몽에게 추천해 준 서적들은 무엇일까? 총 7권의 책이었다. 그중 〈손자병법〉과 〈육도〉는 군사학 영역의 병서에 속한다. 〈좌전〉, 〈국어〉, 〈사기〉, 〈한서〉와 〈동관한기〉 이 다섯 권의 서적은 모두 역사학 영역의 사서에 속한다. 사서가 차지하는 분량이 확실히 가장 크다. 다섯 권의 사서 중 〈좌서〉와 〈국어〉는 주로 춘추 시기의 역사에 대해 기록하고 있다. 〈사기〉는 상고 헌원 황제부터 서한 무제까지의 역사에 대해 기록하고 있으며 〈한서〉는 서한 시기의 역사에 대해, 〈동관한기〉는 동한 시기의 역사에 대해 기재하고 있다. 다섯 권의 사서를 서로 이어서 읽으면 상고부터 삼국 이전의 동한까지 연속된 역사를 알 수 있었던 것이다.

병사를 거느리고 전투를 하는 장수로서 여몽이 병서를 숙독하는 것은 당연한 본분이었다. 어째서 손권은 그에게 이러한 사서들을 읽도록 했던 것일까? 그 취지는 다음과 같다.

먼저, 군사는 정치의 특수 수단이다. 그래서 우수한 고급 장수는 반드시 정치적 흐름을 분별하는 데 능해야 한다. 다음으로 군사는 또한 집단적인 행위이다. 그래서 우수한 고급 장수는 또한 반드시 사람들 사이의 관계에 능해야 했다. 중국 고대의 정치적 흐름과 인간관계를 집중하여 기록해 놓은 교과서는 바로 사서였다. 이로 인해 손권이 나열한 책들 중 사서가 차지하는 분량이 가장 컸던 것이다.

사실 손권이 자신이 직접 읽은 사적들을 소개하는 단락에서 사서가 가장 중요한 포인트라고 할 수 있다. 그는 어렸을 때 〈시경〉,〈상서〉,〈예기〉,〈좌전〉,〈국어〉를 읽었다. 권력을 장악한 뒤 또 〈사기〉,〈한서〉와 〈동관한기〉 이 세 사서를 읽었고, 각 학파의 병법을 읽었다. 권력을 장악한 뒤 읽은 이 세 권의 사서에 어렸을 때 읽은 〈상서〉,〈좌전〉,〈국어〉를 합치면 총 6권의 사서인 것이다. 〈상서〉 이외에 나머지 다섯 권의 책은 여몽에게 빨리 읽으라고 추천한 다섯 권의 사서였다. 여기서 우리는 손권이 추천한 책 목록들이 바로 그 자신이 읽은 책이며 자신이 이미 경험했던 이야기들이라는 것을 알 수 있다. 다른 사람에게 하라고 요구하는 것을 자신이 먼저 하는 것, 그는 적어도 독서의 측면에 있어서는 다른 사람에게 '솔선수범'했던 것이다.

그 다음에는 〈사기〉와 〈한서〉 두 사서에 대해 말하였을 것이다. 이 두 책은 위문제 조비가 읽은 책 목록이다. 그리고 유비가 아들 유선에게 추천해 주었던 책도 바로 〈한서〉이다. 여기서 우리는 걸출한 인물들의 견해는 대체로 비슷하다고 할 수 있겠다. 당태종은 "역사를 거울로 삼으면 흥망성쇠를 알 수 있다."라고 하였다. 영국의 철학자 베이컨(Bacon, F.)은 "역사를 읽으면 지혜로워진다."라고 하였다. 후세의 많은 정계 인물, 심지어 시대의 위인들도 모두 역사를 읽는 것을 좋아하였고, 역사를 읽는 것을 무척 중시하였다. 이는 절대 우연이라고 할 수 없을 것이다.

세 번째 문제, 손권은 독서의 방법에 있어 여몽에게 어떤 지도를 해 주었을까?

독서를 중시하는 사람은 삼국의 유명한 인물들 중에서 드물지 않게 찾아 볼 수 있다. 하지만 구체적인 독서 방법에 대해 명확한 지도를 해 줄 수 있고, 그 지도 방법이 무척 뛰어나고 자신만의 독창적인 의견을 가지고 있으며 전통의 방법을 돌파했던 사람은 손권이 유일할 것이다.

손권의 독서 방법 지도는 다음과 같은 그의 말에 농축되어 있다.
"내가 언제 너희들에게 유가 경전을 숙독하여 태학의 박사교관이 되라고 했느냐? 나는 너희들에게 책을 두루 섭렵하고 과거의 중대 사건을 제대로 이해하라고 요구하는 것이다!"

이 말을 깊이 이해하고 싶다면 먼저 손권이 언급한 박사제도에 대해 알아야 하니, 간단하게 설명하도록 하겠다. 손권이 이 말을 언급한 때는 동한 헌제 건안년 기난이었다. 즉 삼국의 세력이 분립하던 단계였다. 그래서 그가 언급한 박사제도는 동한 시기의 상황이었던 것이다. '박사'라는 단어는 오늘날 생긴 것이 아니라 이천여 년 전인 한대에 이미 있었다. 그 때는 학위를 가리키는 것이 아니라 하나의 관직을 가리키는 단어였을 뿐이다. 그리고 이 관직은 시험 응시 교육과 밀접한 관계가 있다. 도대체 어떻게 된 일일까?

　원래 동한시기의 인재교육 교과서는 유가 경전이 주가 되었다. 학습 방법은 바로 숙독, 정독이었다. 기초 단계에서는 먼저 〈효경〉, 〈논어〉, 〈시경〉, 〈상서〉, 〈역경〉, 〈좌전〉, 〈국어〉, 〈주예〉와 〈예기〉 등을 학습하며 기초를 다진다. 그 다음에는 단계를 높였는데 가장 좋은 것은 남경 낙양의 전국최고학부인 태학에 들어가 유가의 경전을 깊이 연구하고 읽어보며 각 학파의 다른 해설들을 확실히 이해하는 것이었다. 수도 낙양의 태학은 조정에 의해 운영되었는데 수도 안의 웅대한 건축물 중 하나였다. 흥성했을 시기에는 수천 개의 교실이 있었으며 학생들이 총 삼만여 명이나 되었으니 그 규모가 오늘날의 대학교와도 같았다. 그중 교관의 정식 관직명은 '박사'라고 불렸다. 그리고 교관 본인이 정통한 경전과 학파에 따라 전문 분야를 나누게 된다. 예를 들어 〈역경〉의 수업은 서한학자 시수, 맹희, 양구하, 경방 네 사람이 창립한 네 가지 학설이 있었다. 그래서 〈역경〉을 학습하는 데에는 4가지 전문 학설이 있었고 이를 '시씨역박사', '맹씨역박사', '양구씨역박사', '경씨역박사'라고 불렸다.

　그렇다면 당시 책을 읽는 사람들이 그토록 열심히 유가 경전을 숙독하고 정독하는 목적은 무엇일까? 목적은 한 마디로 귀결된다. '관리가 되는 것'이었다. 원래 동한의 인재 선발 체제는 유가 경전에 대한 시험을 주로 하고 있었으며 효렴(孝廉)을 주요 과목으로 하였다.

효렴은 각 군의 행정 장관 태수에 의해 20만 인구 중 한 사람을 뽑는 비중으로 추천을 하는 것인데, 품덕 중 효와 청렴결백을 기준으로 하였다. 동한 전국에 등록된 인구는 약 5천만 명이었는데, 비율로 계산을 해 보면 매년 추천되는 효렴은 약 250명 정도 되었다. 각 지방에서 선발된 효렴은 수도 낙양에 모여 시험에 참여하였고 시험에 합격하면 관리가 될 수 있었다. 그렇다면 시험에서는 어떤 것을 평가하는 것일까? 바로 유가의 경전 및 각 학파의 경전에 대한 다른 해석들에 대해 시험을 본다. 많은 유가의 경전 중에서 한 단락을 임의로 추출하여 수험생들에게 해설이 담겨 있는 문장을 적도록 하는 것이다. 만약 유가의 경전 및 각 학파의 다른 해석에 대해 기술하지 못했다면 백지의 답안을 제출해 다른 사람들에게 비웃음거리가 될 것이었다. 그렇다면 아침 저녁으로 그토록 바라던 관리도 당연히 되지 못할 것이었다. 그래서 유가의 경전 및 각 학파의 다른 해석에 대해 숙독하고 정독하는 것은 독서하는 사람들이 반드시 따라야 하는 지휘봉이 되었다. 하지만 유가 경전은 분량이 많다. 각 학파들도 자신의 학파 지위를 높이기 위해 경전에 대해 복잡하고 많은 철학을 내놓아 분량은 더 배가 되었다. 〈상서·요전〉 중 '왈약계고(曰若稽古)'라는 말의 뜻은 본래 무척 간단하다. '옛 시절이 전설에 따라'라는 뜻이다. 하지만 서한 진연군 도사는 이 네 글자에 대해 3만여자나 되는 해석을 내놓았다. 분량이 몇만 배는 증가한 것이다. 분량이 이렇게 많으니 학생은 어떻게 해야 할까? 기계적으로 외우는 것 외에는 어찌 할 수 있었겠는가! 그래서 기계적으로 외우고 시험에 참여하여 관리가 되는 것이 보편적인 현상이 되어 버렸다. 이러한 학습 방법이 문화적 소양 제고와 능력 배양에 있어 유용한지 그렇지 않은지는 많은 사람이 크게 신경 쓰지 않았다. 이러한 교육 체제를 어떻게 형용하면 좋을까? 그렇다. 바로 전형적인 시험에 맞춘 교육이라는 것이다! 오늘날 우리가 자주 말하는 사람을 죽이는 시험식 교육이라는 것이 사실 손권과 여몽이 출생하던 시기인 동한 때부터 있었던 것이다.

시대적 배경을 이해했다면 이제 손권이 독서 방법에 대해 여몽에게 가르쳐 줬던 핵심을 쉽게 이해할 수 있을 것이다. 그는 여몽에게 태학의 박사 교관들의 독서 방법, 시험식 교육이라는 전통 독서 방법을 모방하라고 하지 않았다. 그는 자신의 새로운 방법으로 책을 읽을 것을 요청했다. 그렇다면 새로운 독서방법은 어떤 것일까?

먼저, 교재 측면에서 유가 경전이라는 제한을 풀었다. 직무의 실질적인 수요에 따라 실용적 가치가 있는 사서와 병서를 광범위하게 읽으라는 것이다.

다음으로, 방법 측면에서 모든 구절을 기계적으로 외우는 방법에서 떠나 중요한 역사적 사건을 광범위하게 섭렵하도록 했다. 중점은 안목을 넓히고 중요한 핵심만을 흡수하여 지혜와 능력을 기르는데

오강시 박물관에서 출토된 삼국의 동전

있었다. 섭렵은 비록 광범하지만 핵심만 흡수할 수가 있었다. 아주 고효율의 실용적인 독서방법인 것이다. 그리고 근본적 목적은 지혜를 기르고 능력을 제고하는 데 있었으니 이것이야말로 시험식 교육체제의 한계를 벗어난 문화적 소양 교육이자 능력 교육이었다.

네 번째 문제, 여몽은 손권의 엄격한 독촉과 현명한 지도를 받은 뒤, 그의 독서 방법에 효과가 있었을까?

이 질문에 대한 답은 효과가 있었을 뿐만 아니라 그 효과가 상당히 컸다는 것이다. 이 방면에서는 제삼자이자 여몽의 옆에서 직접 느꼈던 노숙이 가장 잘 대답을 해 줄 수 있을 것이다.

4년 후인 동한 건안 17년(서기 212년) 가을, 손오의 제일임 전군 장수 주유가 세상을 떠나고 주유가 임종하기 전 추천한 노숙이 전군 장수의 위치를 물려받았다. 이때 노숙의 주둔지는 장강의 상류 형주의 육구, 오늘날 호북성 적벽시 서북의 장강 남안변이었다. 노숙은 수도 건업(오늘날 남경시)에 먼저 도착하여 손권에게 업무를 보고한 뒤 배를 타고 육구로 돌아오다 중도에 심양을 거쳐야 했다. 노숙은 이전에 손오의 옛 수도 오현(오늘날 강소성 소주시)에서 여몽을 만난 적이 있었다. 사실 노숙은 과거 여몽에 대한 좋지 않은 인상을 가지고 있었다. 노숙은 여몽이 그저 용감하기만 한 무식꾼이며 머릿속에는 아무런 지식과 전략도 없다고 생각했다. 그래서 노숙은 이번에 심양을 거치는데 그저 돛을 올리고 지나가고 싶었다. 배에서 내려서 여몽을 보고 싶은 생각은 없었다. 하지만, 수하에 상황을 잘 알고 있던 부하가 바로 노숙에게 물었다.

"여장군의 요즘 공훈과 명성이 나날이 높아지고 있습니다. 과거의 경험으로 그를 대하면 안 될 것입니다. 아무래도 그를 보고 가시는 것이 좋겠습니다."

평소 군계 내부의 단결을 중시하던 노숙은 바로 명령을 내려 심양에 배를 세우고 내렸다. 예상치 못했던 것은 두 사람이 대화를 나누어보니 여몽의 학문과 식견이 자신의 학식이 넓고 깊다고 자부했던 노숙도 인정할 만큼 눈에 띄게 향상되어 있었다는 것이다. 한 예로 여몽이 노숙에게 이렇게 물었다.

"요즘 큰 임무를 맡아 상류의 관우와 서로 이웃하고 있는데, 어떤 책략으로 돌발적으로 발생할 수 있는 사건에 대처할 생각이신가요?"

이에 술이 한참 달아오른 노숙은 아무 생각 없이 이렇게 대답했다.

"임시적으로 상황에 따라 대처할 거요."

여몽은 바로 성심 성의를 다해 이렇게 대답했다.

"요즘 우리 측은 비록 서쪽의 유비와 한 가족 같아 보이지만, 관우는 마치 곰과 호랑이 같이 용맹한 인물입니다. 어찌 사전에 대책을 마련하지 않을 수 있겠습니까!"

그리고는 그 자리에서 노숙에게 5개의 대책을 알려주었다. 노숙은 이 대책을 듣고 크게 탄복하며 자신의 자리에서 일어나 여몽의 옆으로 가서 앉아 친절하게 여몽의 등을 두들기며 진심으로 찬탄하며 이렇게 말했다.

"나는 아직도 아우가 그저 용맹하기만 한 줄 알았소. 오늘날 학식과 책략이 이토록 크게 향상하였으니, 내가 당초 오현에서 보았던 그 여몽과는 완전 달라졌구려!"

여몽은 침착하게 웃으며 이렇게 회답했다.

"오랜 시간이 지났는데 당연히 눈에 띌만한 변화가 있어야겠죠."

여기서 오늘날의 성어 2개가 탄생하게 된다. 하나는 '오하아몽(吳下阿蒙)', 또 하나는 '괄목상대(刮目相看)'이다. 두 사람은 깊은 밤까지 허심탄회하게 이야기를 나누며 이때부터 형제와도 같은 친구가 되었다. 후에 노숙이 세상을 떠나자 여몽이 노숙을 대신하여 손오 전군 장수가 되었고 성공적으로 관우를 포획하여 죽이고 형주를 점령하여, 손오의 서쪽 영토를 서쪽의 삼협 일대까지 확장시켰다.

후에 손권은 자주 여몽을 예로 들며 자신의 수하에 있는 다른 장수들에게 독서를 권하며 이렇게 말했다.

"나이가 들면서 계속해서 발전을 할 수 있는 사람은 정말 얻기 어렵습니다. 부귀와 영예를 누리면서도 더욱 자만하지 않고 책 읽기를 좋아하면 사람은 재물을 쫓지 않고 의리가 있게 변하고 행위도 점점 모범이 될 수 있습니다. 그렇게 함께 국가급의 훌륭한 인재가 되니, 아주 아름다운 일이지 않습니까?"

사실 여몽도 크게 칭찬을 받을 만한 가치가 있을 뿐만 아니라 손권 본인도 크게 칭찬을 받아야 한다. 왜일까? 원인은 다음 두 가지로 나눠볼 수 있다.

첫째, 지위로 보아 한 나라의 군주로서 손권이 누리는 부귀와 영예는 당연히 여몽보다 많을 것이다. 하지만 나이가 더 어린 그는 오히려 솔선수범을 행하였으며 직접 모범이 되어 수하의 신하들을 격려하였으며 조정에 책을 읽는 좋은 열풍이 불도록 하였다. 크게는 손오를 학습형 정권의 본보기로 만들었으니, 이 어찌 대단하고 칭찬받을 일이 아니겠는가.

둘째, 출신에서 보면 손권의 아버지 손견은 빈곤한 가정에서 태어나 오직 자신의 용맹함으로 자신의 처지를 바꾼 사람이다. 손권의 형 손책은 아버지의 기풍을 물려받아 손에 칼을 쥐고 강동의 최초 기업을 마련하였다. 이토록 군공이 중시되던 가정에서 태어나 심지어 여동생도 칼을 다룰 줄 알고 자신과 유비의 신방에도 번쩍 번쩍 빛나는 칼을 두었던 집안에서, 손권은 전쟁터에서 영웅적인 면모를 보여주었을 뿐만 아니라 혜안을 가지고 있어 독서에서도 솔선수범하는 모습을 보이며 신하들에게도 좋은 귀감이 되어 주었다.

결론적으로 어린 손권이 정권을 물려받은 뒤, 손오의 사업을 강성하게 만들 수 있었던 것은 여러 이유가 있지만, 군신이 하나가 되어 함께 열심히 책을 읽고 지혜와 역량을 길렀던 것이 가장 핵심적인 이유라고 할 수 있겠다. 군신의 소질이 전면적으로 향상되어 우수한 인재가 모이고 큰 지혜가 생산되니, 이를 충분히 지리적 우세조건에 이용하여 휘황찬란한 성공을 거둘 수 있었던 것이다. 이 관점에서 열심히 책을 읽고 자신을 충전시키는 것이야 말로 손권이 적을 물리치고 승리를 거둘 수 있었던 진정한 원인이라고 할 수 있겠다.

다섯 번째 문제, 노력하여 열심히 책을 읽고 자신을 충전시키는 인물은 손권 밖에 없었는가?

사실 우리가 시선을 전체 삼국으로 확장하여 보면 더 놀랄만한 일이 있다. 그 당시 노력해서 책을 읽고 자신을 충전하던 집단은 손권 가문 뿐만 아니라 다른 두 나라에도 있었다는 것이다.

조위 왕조를 살펴보자. 조조는 책을 읽고 학습을 하는 오랜 표본이었다. 진수 〈삼국지〉에 기재된 내용에 따르면, 조조는 군대를 약 30여 년 간 지휘하였는데 손에서 항상 책을 놓지 않았으며 용병의 책략에 대해 밤낮으로 토론을 하였고, 밤마다 역사와 전기에 대해 생각해 보았다고 한다. 그는 책을 읽었을 뿐만 아니라 책을 쓰기도 하였다. 군사 방면에 있어 약 십만여 자를 저작하였다. 그 자신도 자신을 '늙었지만 배우기를 좋아한다'고 칭하며 아무리 나이가 들어도 책을 읽으며 자신을 충전하는 일을 멈추지 않았다. 조조의 아들 조비도 이러했다. 그는 자신을 이렇게 말했다.

"저는 어렸을 때부터 〈시경〉, 〈논어〉를 읽었고, 성장해서는 유가의 오경과 네 개 부류의 각종 책을 읽었습니다."

조비는 중국 최초의 대백과사전 〈황람〉을 편찬하도록 명령한 적도 있다.

촉한의 군신들도 이에 못지 않았다. 진수 〈삼국지〉에 기재된 내용에 따르면 유비는 임종 전 아들 유선에게 간곡하게 부탁하였다.

"〈한서〉, 〈예기〉를 잘 읽어야 한다. 시간이 날 때는 제자의 저작들과 병서 〈육도〉, 법가 상앙이 쓴 〈상군서〉를 다시 읽도록 하여라."

제갈량은 융중에서 밭을 갈며 공부하던 때 꾸준히 책을 읽고 공부를 하였다. 그의 독서 방법은 친구 서서 등의 '숙련되기 위해 힘쓰는 방법'과는 완전 달랐다. 그는 '큰 책략을 보고자' 하였다. 숙련되기 위해 힘쓰는 독서 방법은 동한 유생들의 시험식 교육 방법이었다. 하지만 '큰 책략을 보고자 하는 독서방법'은 책에서 가장 중요한 부분만을 흡수하고 중요하지 않은 부분은 고려하지 않는 문화적 소양 교육의 새로운 길이었다. 이것은 손권이 여몽에게 가르쳐 준 독서 방법과 일맥상통했다. 이 외에도 전쟁터에서 그를 이길만한 적수가 없었던 오호상장 관우 운장도 사서에서는 그를 〈좌전〉을 읽기 좋아하며 〈좌전〉의 문장들을 모두 암송해 냈다고 기록하고 있다. 그렇다면 글자를 몰라 책을 읽을 수가 없었던 무식한 장수들은 어찌했을까? 그들은 사람을 불러 책을 읽었다. 촉한의 명장 왕평은 어렸을 때 글을 배우지 않아 알고 있는 글자의 수가 열 개를 넘지 않았다. 하지만 병사들을 이끌고 전쟁을 하면서 수시로 사람을 불러 자신을 위해 책을 읽어 주도록 하였다. 그는 어떤 책을 읽었을까? 바로 〈사서〉와 〈한서〉였는데, 이 역시 역사를 다룬 사서였다. 문화적 교양을 기른 뒤 왕평은 마침내 한중 전선의 총사령관이 될 수 있었다.

이렇게 보면 우리는 손권이 왜 독서와 자기 충전이라는 일을 가장 중요한 일로 치부했는지 더욱더 깊이 알게 된다. 앞서 말했듯 사업의 빠른 발전에 대한 수요가 바로 그가 이렇게 했던 내부적 동기였다. 외부적 동기를 하나 더 더하자면 바로 경쟁의 압력이라고 할 수 있었을 것이다. 조조는 나이가 많았고 경험도 풍부했으며 지반이 넓고 역량도 강했다. 게다가 나이가 많았지만 배우기를 좋아하여 손에서 책을 놓지 않았다. 만약 우리가 최고를 향해 따라잡지 않는다면 분명 옛 학습 본보기에게 크게 당하고 말 것이었다. 손권은 이에 대한 압력을 느꼈고 그 압력은 상당히 컸다. 그래서 그는 이 일에 대해 조급성을 느꼈다. 오늘날 사람들은 삼국을 이야기할 때 책략, 무력의 경쟁에 대해서는 이야기하면서도 가장 핵심적인 부분은 소홀히 하곤 하는데, 그것은 바로 독서의 경쟁이다. 삼국의 군신들은 전쟁터에서 혈전을 벌였을 뿐만 아니라 틈이 나면 책을 읽으며 자기 발전을 이룩하였다. 이렇게 강렬한 경쟁 태세를 보였던 것이다. 이로 인해 삼국의 경쟁은 근본적으로 학습의 경쟁이라고 할 수 있겠다. 독서를 통해 자신을 발전시키는 방면에서 모범이 되었던 손권, 조조, 유비는 결국 삼국의 승리자가 되었다. 책을 읽지 않았던 여포, 그리고 책을 읽어도 자신의 행동을 바꾸려고 노력하지 않았던 원소와 원술은 젊었을 때는 의기양양했지만 마지막에는 결국 비명횡사한 실패자가 되었다.

제18장
〈삼국지〉 손오 부분의 독서 가이드

중국은 유구한 역사를 지니고 있다. 특히 세 개의 세력이 분리된 형국은 무척 기묘한 스토리를 담고 있다. 바로 이때 전국 각지에서 영웅호걸들이 나타나기 시작했다. 그들의 말과 행동 모두 다채롭고 성대하여 장관을 이루었다. 파촉 대지에서 온 사학가 진수는 이러한 영웅들을 한데 모아〈삼국지〉 65권을 저술하였고, 이 책은 후에 삼국의 역사를 제대로 이해하는 데 필요한 필독서가 되었다. 하지만 이 책에 기술된 인물만 600여 명이 넘는다. 도대체 각 권마다 출현하는 인물들은 어떠한 공통점을 가지고 있는 것이며, 어떤 특징을 가지고 있으며, 어떤 특이할 만한 점이 있는 것이고, 어떠한 본받을 만한 점이 있는 것일까? 만약 이 문제에 대해 사전에 모두 이해하지 못한다면 현재 보편적인 대중 독자들은 이 책을 제대로 읽을 수 없을 것이다. 필자는〈삼국지〉에 대해 약 40여 년 동안 전심을 다해 연구를 진행하였고, 대중들의 감상을 돕기 위해 해당 책에 대한 독서 가이드를 저술한 적도 있다. 다음부터 손오 부분 20권 내용을 하나하나 소개하도록 하겠다.

《오지(吳志)》 1권 《손견, 손책전(孫堅、孫策傳)》

동한은 명문 대족의 기세가 등등했던 시대였다. 하지만 동한 말기 사회가 혼란해지자 난세 영웅들이 각지에서 할거하였고 본래 다른 사람들로부터 멸시를 받던 환관 자제 조조와 짚신과 돗자리를 팔던 유비, 현의 관아에서 심부름을 하던 손견은 모두 이 기회를 틈타 무력을 키우고 군대를 만들어 역사 무대의 주인공이 되었다. 손견은 칼로 시작하여 전쟁터에서 혈전을 겪고 결국 관리가 되고 후작으로 책봉되었으며 손씨 창업의 첫 발걸음을 내딛었다. 손책은 계속 무력으로 병사를 소집하고 말을 구매하여 강동을 평정하였고, 손씨 기업의 첫 번째 근거지를 마련하였다. 오늘날에도 다음과 같이 회자되는 말이 있다.

"분투를 하면 희생이 있기 마련이다. 사람이 죽는 일은 항상 발생하는 것이다. 그래서 손견은 37세, 손책은 26세에 다른 사람에 의해 죽임을 당했다."

이 두 부자는 모두 다른 사람의 습격과 흉계로 인해 죽임을 당했다. 우연이라고 하기에는 너무 교묘하다고 할 수 있을 것이다.

《오지(吳志)》 2권 《손오군주손권전(孫吳君主孫權傳)》

이 권은 손권 한 사람에 대한, 손오의 역사 절반을 이룬 이야기다. 손권 재위기간 52년, 그의 나이 71세, 이 두 숫자는 모두 삼국 군주 중에서 가장 많은 것이다. 그는 영토를 강동에서 동쪽으로는 대만까지 서쪽으로는 삼협까지 남쪽으로는 영남까지 북쪽으로는 소호 일대까지 확장시켰다. 그의 함대는 최초로 대만에 상륙하여 최초로 요동까지 정벌을 하였으며 최초로 동남아까지 사절을 파견했다. 그는 최초로 삼협 이하의 장강 연선에 몇 천리나 되는 봉화 경보선을 설치하여 실시간 우편 전송 시스템을 구축하였다. 이와 같은 이야기들은 모두 다른 사람들이 하지 않았던 비범한 일들이었다. 그러하니 조조가 '아들을 낳으면 반드시 손중모 같아야 한다!'라고 개탄한 것도 그릴 듯한 일이다. 하지만 그는 나이가 많은 군주들이 잘 걸리는 선택 장애라는 병이 있었다. 그는 후계자와 조정대신을 선택하는 측면에서 어리석음을 범했다. 그 결과 피 튀기는 내전이 벌어졌고 흥성했던 손오는 쇠퇴의 길을 밟게 되고 결국 멸망하게 되고 만다.

《오지(吳志)》 3권 《세 명의 후계자 손량, 손휴, 손호전 (孫亮、孫休、孫皓傳)》

이 권은 손오의 세 명의 어린 황제 후계자 이야기를 담은 이야기이자, 손오 후기의 쇠퇴기를 담은 이야기다. 6권 14 제갈각 등의 인물들에 대한 전기와 비교하며 읽으면 좋다. 두 권 사이에는 골격과 근육 같은 뗄 수 없는 관계가 있기 때문이다. 손오와 조위의 후기는 모두 3명의 어린 황제로 종료되었다. 그리고 첫 번째 후계자가 재위하자마자 정치를 보좌하던 대신들의 내부 암투와 혈전이 벌어지고 세력을 얻은 자가 권력을 얻게 되며 어린 황제에 대해 만족하지 못해 황제를 폐위하고 만다. 그리고 두 번째 후계자는 여러 학파의 서적을 읽는 것을 좋아해 남다른 문학적 풍류와 기질을 보였다. 세 번째 후계자는 국가의 강산을 다른 사람에게 내어 주었는데 모두 사마씨 가족에게 넘겨주었다. 손오와 조위의 말기 내용은 이처럼 비슷하다! 이 책을 읽고 나면 이상하다는 생각을 하지 않을 수 없을 것이다. 당초 손권, 조조는 군웅 속에서 할거하던 우수한 책략가들이었다. 그들의 우수한 유전자가 어째서 아들과 자손 후대에게서는 하나도 보여지지 않았는지 모르겠다!

《오지(吳志)》 4권 《유요, 태사자, 사섭전(劉繇、太史慈、士燮傳)》

이 권에서 서술하는 세 명은 모두 손책이 아직 강동을 점령하기 전에 각각 강동, 영남에서 동한 조정의 정식 관직을 맡았던 사람들로 평소 손가를 따라다녔던 부하들과는 약간 다른 면이 있다. 주 관점은 약 세 가지로 나뉜다. 첫째, 유요의 전기에서 작융이 어떻게 불교를 널리 알리는지에 대한 내용이 있는데, 이는 불교의 초기 중국 장강 하류에서 전파되던 때의 생동감 있는 장면을 기록한 얻기 어려운 기록이다. 둘째, 태사자의 신의를 지키는 행동, 민첩한 머리, 신묘한 활 쏘기 기술, 조조가 또 어떻게 그에게 중약, 당귀를 보냈는지, 되돌아 와야 한다는 숨겨진 함의로 어떻게 그를 감동시켰는지에 대한 기록이 담겨있다. 셋째 사섭의 전기에는 당시 영남 사회의 면모와 물산 풍속의 이야기들이 담겨 있다. 만약 〈오지〉 8권 〈설종전〉, 15권 〈여대전〉과 대조하며 읽는다면 더 재미있을 것이다.

《오지(吳志)》 5권 《손오비빈전(孫吳妃嬪傳)》

이 권에서는 손오 궁중 여성들의 생활을 기록하였다. 〈위지〉의 〈후비전〉과 대조에서 읽으면 더 깊은 인상이 남을 것이다. 이 책에서 나타나는 장면은 대부분 질투와 중상모략, 결탁과 이익쟁취, 자살 혹은 타살에 관한 것이다. 보아하니 강남의 오나라 궁중의 꽃들 사이에도 기이한 그림자가 요동치는 것이 조위의 궁중 풍경과 다를 것이 없다. 이 줄거리와 배경은 오늘날 중국에 유행하고 있는 소위 '궁투극'과 비교했을 때 과하면 과했지 지나친 바는 없다. 유가에서 제창하는 수신, 제가, 치국, 평천하의 성공학 책략의 대상은 사회 저층뿐만 아니라 관리가 되고 싶어 하던 서생들, 더 나아가 왕조의 가장 꼭대기에 위치하고 있는 국가 권력을 장악하고 있는 군주들이다. 군주는 가정과 천하의 정치적 놀음을 하기 때문에 그의 가정사는 국가의 일과 천하의 일에 반드시 영향을 미치게 된다. 책략가로 유명했던 손권도 수신 후의 제가, 제가 후의 치국을 잘 해 내지 못했다. 이 책을 읽고 나면 길게 탄식할 수밖에 없을 것이다!

《오지(吳志)》 6권 《종실구성원전(宗室構成員傳)》

이 권에서는 손오 황가 가문 세력 중의 핵심 인물에 대해서 기술한다. 조위처럼 손오 창업에도 강력한 가문 역량이 있었다. 그래서 반드시 〈위지〉 9권과 대조하며 읽는 것이 좋다. 이 권에서 볼 점은 상당히 다양하다. 예를 들어 손유가 어떻게 독서와 자기 충전을 중시했고, 군 생활에서 학교를 열어 교육을 넓게 펼쳐 긍정적인 에너지를 발산한 점, 손교가 어떻게 여몽과 과거의 원한을 풀고 힘을 합쳐 관우를 공격하고 형주를 점령했는지, 겉으로는 상당히 느려 보이는 손환이 일당 장군이 되어 어떻게 군대를 통치하여 엄숙하고도 완벽한 군대의 위용을 만들었는지, 손익이 부주의로 어떻게 원수의 집안으로부터 죽임을 당했는지, 그리고 그의 아내 서씨가 비분함을 참고 몰래 책략을 통해 어떻게 한 번에 원수를 죽여 남편을 위한 복수를 하였는지, 어린 나이의 손환이 효정 전투에서 전투 경험이 많은 유비를 추격하다가 산을 넘고 위험 속에서 도망친 이야기 등에 대한 이야기들이 실려있다.

《오지(吳志)》 7권 《장소, 고옹, 제갈근, 보즐전
(張昭、顧雍、諸葛瑾、步騭傳)》

이 권에서 서술하는 이 4명은 모두 손오에서 가장 높은 지위를 차지하고 있는 신하들이다. 관직 측면에서만 보면 고옹, 보즐은 모두 문직의 승상이었고, 장소와 제갈근은 무직의 장군들이었다. 하지만 장소와 제갈근은 모두 품위가 있었고 주로 정치의 직언과 토론으로 성장한 사람들이라 문신과 같은 취급을 받았다. 그래서 고옹과 보즐과 같은 부류라고도 할 수 있었다. 장소는 나이가 많고 무뚝뚝한 성격을 가지고 있었다. 그는 손권과 자주 충돌하여 의견을 다투었다. 이는 독자가 스스로 판단해야 할 부분이다. 장소의 무뚝뚝한 성격과는 달리 고옹은 내적으로는 강직했지만 겉으로는 온화하였다. 친화력이 무척 좋았다. 손권은 그를 모든 신하들의 우두머리인 승상에 앉혔는데 이는 아주 적합하고 합리적인 선택이었다. 제갈근, 보즐 두 사람은 모두 유학자적 기질을 가지고 있었으나 안타깝게도 아들들이 큰 문제를 일으켜 결국 멸족이라는 큰 화를 면치 못했다.

《오지(吳志)》 8권 《장굉, 엄준, 정병, 함택, 설종전
(張紘、嚴畯、程秉、闞澤、薛綜傳)》

고대 관리의 순서의 원칙은 문이 먼저고 무가 나중이었다. 그래서 정사에 기록된 다른 성씨를 가진 대신들의 열전은 모두 관례대로 문신이 먼저 기록되고 무장이 그 다음에 기록되어 있다. 이 권에서 기술하는 5명의 인물들은 모두 손오의 문신들이다. 단지 급과 지위가 이

전 권에서 서술한 네 명보다 약간 낮을 뿐이다. 장굉은 임종하기 전 손권에게 '군주 중에는 이성과 지혜로 감정을 극복한 자가 드뭅니다. 그래서 종종 국가 정치가 실패로 끝나곤 하였습니다. 주군께선 어진 신하들을 잘 중용하고 충언을 경청할 수 있기를 바랍니다'라고 말하였다. 그는 죽기 전까지 여전히 나라의 큰 일을 위해 간곡히 간언을 하였으니, 실로 감동적인 이야기이다. 엄준은 자신의 분수를 정확히 아는 사람이었다. 부와 명예를 탐하지 않았고 머리는 혼미하지 않았으니, 지위가 높고 봉록이 높은 자리지만 본인에게 적합하지 않은 높은 고관요직의 자리에 대해서는 결연하게 사절하여 사람들로 하여금 탄복하게 하였다. 함택은 사람을 대함에 있어 항상 평등했다. 고관이든 소리든 모두 존중하는 모습을 보였다. 설종 부자는 글을 무척 빠르게 썼을 뿐만 아니라 직언과 간언에 능했다. 지금까지 말한 모든 내용들이 이 권에서 볼만한 핵심요소들이다.

《오지(吳志)》 9권 《주유, 노숙, 여몽전(周瑜、魯肅、呂蒙傳)》

이 권에 기재된 세 명의 인물들은 모두 손오 개국 시기의 총사령급 장수들이며 모두 비범한 능력으로 자신의 찬란한 인생을 증명해 보였다. 주유는 적벽대전의 승리로 자신이 용감할 뿐만 아니라 훌륭한 책략도 할 수 있음을 증명하였다. 그는 적의 정보를 잘 알아냈으며 음악과 곡조에 어느 정도의 조예를 가지고 있었으며 어떤 일이든 오차 없이 완벽하게 해냈다. 노숙은 손권과 한잔하며 열띤 토론을 펼치며 자신도 공명초려 대책과 같은 원대한 책략을 할 수 있음을 증명해냈다. 그는 후세의 소설, 희곡 중에서 묘사한 것처럼 그렇게 어리석은 사람이 아니었던 것이다. 여몽은 관우를 죽이고 형주를 점령하는 등 혁혁한 전공을 세우며 출신이 빈천한 병사도 독서와 노력을 통해 지혜를 기르고 세계를 보는 안목을 높여 능력을 기르면 훌륭한 업적으로 역사에 이름을 남길 수 있다는 것을 증명했다.

《오지(吳志)》10권《정보, 황개, 한당, 장흠, 주태, 진무, 동습, 감녕, 능통, 서성, 반장, 정봉전(程普、黃蓋、韓當、蔣欽、周泰、陳武、董襲、甘寧、凌統、徐盛、潘璋、丁奉傳)》

이 권에서 서술하는 인물들은 한결같이 모두 손오 정권의 용감한 장수들이다. 이 장수들은 이전 권과 다음 권의 인물들과 함께 손오 장수의 강대한 진용을 구성한다. 삼국시기에는 전체 형세에 영향을 미치는 큰 전투가 총 3번 있었다. 하나는 북측을 누가 주재할 지 결정한 관도전투, 두 번째는 삼권분립 형세를 결정한 적벽대전, 세 번째는 손씨 유씨 두 정권의 국경선을 결정하기 위한 효정전투였다. 이 세 전투의 결과는 다음과 같다. 조위가 1승 1패, 촉한이 1승 1패, 손오가 가장 훌륭한 전적이다. 손오는 2승 0패를 거두었다. 손오의 군대가 압도할 만한 전승을 거둘 수 있었던 것은 장수 진용의 강대함과 질서정연함에 당연히 밀접한 관계가 있다. 이 권의 장수들은 대부분 적벽, 효정 두 전투에 참여해 보았다. 이 장수들 중에는 노장군 황개도 포함되어 있다. 글이 무척 생동감 있고 간결하니 만약 맛있는 술과 함께 읽을 수 있다면 더할 나위 없이 좋을 것이다.

《오지(吳志)》 11권 《주치, 주연, 여범, 주환전(朱治、朱然、呂範、朱桓傳)》

이 권에 적힌 인물들은 손오에서 다른 성씨를 가진 장수들이며 경력이 오래된 베테랑 장수들이다. 일찍이 손권의 아버지 손견이 통치할 때부터 정벌에 따라다닌 주치는 당연히 손씨의 황포군관학교의 제1기라고 할 수 있겠다. 손책 시기에 따라와 가입한 장수로는 여범이 있는데, 여범은 손씨의 황포군관학교의 제2기라고 할 수 있겠다. 손권이 재위했을 때 가입한 사람으로는 주연, 주환이 있는데, 이들은 손씨 황포군관학교의 제3기라고 할 수 있다. 주치는 손권의 아버지라고도 할 수 있다. 그는 과거 손권을 효렴에 추천하여 손권으로부터 존중을 받았으며 오랜 기간동안 손오의 수도 건강의 후방 근거지 오군을 수비하였다. 주연은 키가 7척이 채 되지 않는 오늘날의 160cm정도 되었지만 무척 용감하여 여러 번 업적을 쌓았다. 오늘날 그의 고분에서는 이미 진귀한 문물들이 여러 건 출토되었는데, 이 중에는 오늘날 명함과도 같은 당시 사교장소에서 사용하던 명자와 명알도 출토되었다. 여기에는 아주 풍부한 문화적 정보가 담겨 있어 이미 안휘성 마안산시에 지어진 박물관에 집중 전시되어 있으니 한 번 가서 그 진면목을 살펴보는 것도 좋겠다.

마안산시 손오 주연묘의 묘혈

《오지(吳志)》 12권 《우번, 육적, 장온, 낙통, 육모, 오찬, 주거전
(虞翻、陸績、張溫、駱統、陸瑁、吾粲、朱據傳)》

이 권에서 기술된 7명의 인물들은 모두 언행이 정직하고 바른 청렴결백한 관리들이었다. 하지만 우번, 육적, 장온, 오찬, 주건은 유배당하거나 소외되거나 처형되어 상당히 비참한 결론을 맞았다. 남은 낙통, 육모 두 사람은 비록 처분을 받지는 않았지만 특별한 중용을 받지도 못했다. 뛰어난 재능과 책략을 지닌 손권 같은 사람도 자신의 의견을 뚜렷하게 피력하는 정직한 신하들을 수용하지 못했다. 예로부터 관리들은 어느 쪽에서도 비난을 받지 않아야 했던 것 같다. 육적은 효성이 지극한 사람으로 고대 효자의 전형적인 모범이었다. 문인적 기질이 뛰어난 장온은 관리 선발의 민감성과 복잡성을 이해하지 못해 우승열패 제도를 시행하였다. 실패는 당연한 것이었다. 오찬과 주거 두 사람은 손권의 후계자 투쟁 중 무고하게 목숨을 잃은 사람들이었다.

《오지(吳志)》 13권 《육손전(陸遜傳)》

신하로서 한 권의 분량을 독점하는 인물은 진수의 〈삼국지〉 중에서 제갈량과 육손 두 사람밖에 없다. 육손은 오군 오현, 오늘날 강소성의 소주시에서 태어난, 한대부터 계속 이어져 청말까지 이어진 명문망족의 집안이었다. 육손은 오현 육씨의 영광스러운 대표라고 할 수 있겠다. 그는 자신을 일개 서생이라고 부르며 여몽을 도와 형주를 점령하고 관우를 죽이는데, 효정전투에서 유비에게 승리를 거두

육손이 효정전투에서 유비에게 승리를 거둔 장강 두초강안

고 회남에 위력을 떨치며 조휴를 멸망시키는데 도움을 주었다. 그는 문무를 모두 갖춘 진정한 인재였다. 외적으로는 항상 승리를 이끄는 장수였으며 조정에 들어가면 충직한 승상이었다. 그의 아들 육항도 멀리 이름을 떨친 손오의 장수였다. 그의 자손 육기, 육운 형제는 서진 문단을 비춘 쌍둥이였다. 할아버지부터 자손 삼대가 모두 역사에 이름을 남기고 문무를 모두 갖춘 삼국, 서진 시기에 보기 힘든 빛나는 가문이었다. 육손의 일생을 살펴보면 손권이 전반기에 현명하고 공을 세울 수 있었던 이유, 손권의 후반기에 어리석음을 행하고 슬픈 죽음을 맞이하였던 이유가 바로 육손 때문이었음을 알 수 있을 것이다!

《오지(吳志)》 14권 《오나라의 주군 손권의 다섯 아들전》

이 권에서는 손오의 주군 손권의 다섯 아들에 대해 기술하고 있다. 고대 '가천하'라는 정치 게임 중의 군주는 항상 두 가지 걱정을 가지고 있었으며, 이 걱정은 모두 아들과 관련된 것이었다. 첫째, 아들이 없어 자신이 눈을 감을 때 자신의 업을 이어받을 사람이 없음을 걱정하였다. 둘째, 아들이 너무 많아 그들이 후계자의 자리를 놓고 암투를 벌일까 걱정하였다. 그야말로 없어도 문제, 너무 많아도 문제인 것이다. 이 둘을 비교해 보았을 때 그래도 아들이 있는 것이 없는 것보다는 나았다. 그래서 이를 핑계로 첩을 많이 들여 자신의 성욕을 풀 수 있었으니 말이다. 그리하여 황제 자리를 쟁탈하기 위한 암투가 역사 무대에서는 중복해서 일어난다. 이 싸움은 황궁 안에서부터 시작되어 빠르게 조정 밖까지 퍼지게 된다. 조위도 이러했고 손오도 이러했다. 손등은 재능과 덕을 겸비한 좋은 태자였다. 하지만 아쉽게도 아버지의 수명이 너무 길었다. 그는 자신이 황위를 물려받는 그 날을 기다릴 수가 없었고 어쩔 수 없이 자신이 아버지보다 먼저 죽음을 맞이하게 되었다. 손화와 손패의 쟁탈전은 조정대신을 두 개의 분파로 나누었고 결국 손오라는 큰 나무가 이때부터 쇄락의 시기로 접어들어 죽음에 이르게 되었다.

《오지(吳志)》 15권 《하제, 전종, 여대, 주방, 종리목전 (賀齊、全琮、呂岱、周魴、鍾離牧傳)》

진한시기, 중국의 경제 중심은 북쪽에 있었으며 정치적 중심과 같았다. 수당시기의 경제 중심은 남쪽을 향해 전이되기 시작했다. 이것은 중국 고대 역사에서 아주 중요한 사건이었다. 남쪽으로 전이되게 된 원인은 손오, 동진, 남조의 남방 통치 사오백 년 동안 남방 경제가 보편적으로 발전하였던 사실에 있다. 그 원인은 가장 처음 손오에 의해 시작되었다. 손오의 영토는 상당히 넓었다. 장강 중하류의 강남 부분을 모두 포함하고 있었는데 이는 중국 영토의 남반부를 모두 포함하는 넓이였다. 그중 변두리 산 구역에 거주하고 있던 많은 민족을 당시 '산월'이라고 통칭하였다. 손오는 대량의 관리들을 파견하여 군대를 이끌고 산으로 쳐들어가 산월 거주민들에게 봉건화 행정 관리를 실시하기 시작했다. 이와 동시에 경제적인 개발도 크게 진행하여 남방 경제의 보편적 발전의 첫 번째 단계를 형성하였다. 이는 후에 육조시기 강남의 번영을 위한 견실한 기초를 다져주었다. 이 책에 언급된 다섯 명은 바로 손오가 산을 개발하던 시기 파견한 관리 중 가장 우수한 실적을 낸 사람들이다. 그들의 활동 구역은 오늘날 환남, 절강, 강서, 복건, 호남, 광동, 광서 등지까지 퍼져 있었으니 한 번 읽어볼 만한 가치가 있을 것이다.

마안산시 손오 주연묘에서 출토된 칠목극

《오지(吳志)》 16권 《반준, 육개전(潘濬、陸凱傳)》

손오의 북부 변경은 장강을 따라 방어벽이 펼쳐져 있다. 서쪽에는 삼협이 우뚝 솟아 있고 동쪽에는 장강이 바다로 나가는 입구가 있다. 이 길은 수천 년 동안 이어진 거리이다. 후기의 수도는 지세가 험준하고 웅장한 건업, 오늘날 강소성 남경시로 결정되었다. 남경은 하류에 편중되어 있고 상류는 비교적 공허하여 반드시 군사를 배치해 방어를 해야만 했다. 반준, 육개는 각각 손권과 손호 시기 상류 형주를 지키던 중신들이었으며 나라를 위해 충성을 다했다. 손권 후기에는 육손이 비분에 죽음을 맞이한 뒤로부터 정치적 상황이 군주에게 문제가 생긴 것을 원인으로 나날이 악화되기 시작한다. 이렇게 겨우겨우 30여 년 동안 나라가 지속되었고, 모든 것은 육개 형제 같은 정직한 신하들의 노고에 의해 좌지우지되었다. 이것이 바로 후에 문천상의 〈정기가〉에서 칭송하던 정기였다. 정기는 얻기 어려운 것이었다. 하지만 잔혹하고 흉포한 군주는 이를 소중히 여기지 않았다. 육개가 황제 손호에게 재삼 충언을 하고 간언을 해도 어떻게 어리석은 사람을 깨어나게 할 수 있었겠는가!

《오지(吳志)》 17권 《시의, 호종전(是儀、胡綜傳)》

이 권에서 기술한 관리 2명의 주요 임무는 바로 군주 손권의 옆에서 군사와 국가 기밀 문건을 처리하는 것이었다. 마치 오늘날의 비서실장과 같은 역할이었다. 하지만 그들은 문건 처리 이외에도 다른 직무를 겸임했다. 시의는 태자의 보조 교사 역할을 겸임하면서 특사 역할도 하며 이웃 나라 촉한에 가서 두 나라의 화목한 관계를 위해 힘썼다. 호종은 각종 국무 문서들의 초안과 외교 문서의 초안을 직접 작성하는 것 외에도 황실 경비대의 지휘관 역할을 겸임하였다. 여기서 우리는 두 사람의 다재다능함을 엿볼 수 있다. 시의는 충성스럽고 정직하였으며 소박하고 청렴결백 하였다. 또한 뒤처지는 후배들의 손을 이끌어 주었으며 다른 사람에게 항상 후하게 대하였다. 그는 오늘날의 지도자의 비서로서 좋은 본보기였다. 호종의 아름다운 필치는 전군을 지휘하는 황룡 깃발에 쓰였을 뿐만 아니라 촉, 오 두 나라의 결맹을 기록하는 데도 사용되었으며 심지어 조위의 군신관계를 이간질하는 데도 사용하였으니, 그 용도가 상당히 다양하고도 정교했다.

《오지(吳志)》 18권 《오범, 유돈, 조달전(吳範、劉惇、趙達傳)》

다양한 방법들을 사용해 미래의 일에 대해 예측을 하는 것은 인류의 오랜 정신적 희망이자 현실적 필요였으니, 간단히 미신이라고만은 할 수 없었다. 사마천의 저작 〈사기〉에 가장 먼저 고대의 전문 예언자가 나타났는데, 그는 〈일자〉와 〈구책〉이라는 두 편의 열전을 설립하였다. 이 후의 정사 편집자도 그가 창립한 규칙을 따랐고 진수의 〈삼국지〉도 그러하였다. 이 권에서 기술하는 세 인물은 손오의 미래를 예측하는 사람들이었다. 그리하여 조위의 예언자 주건평 등의 사람들의 전기인 〈위지〉 29권과 대조하여 읽으면 어느 쪽이 더 정확한지 살펴볼 수 있을 것이다. 이 권에서 서술하는 오범, 유돈은 바람과 구름, 별을 관찰하여 미래를 예측하는 관천파였다. 조달은 숫자로 미래를 예측하는 수치파였다. 전문 중에는 재미있는 문화적 정보가 무척 많으니, 모두 그냥 지나칠 수 없을 것이다. 예를 들어 배송의 주석에서 인용한 〈신선전〉에 따르면 당시 오나라의 치어갱(수프의 일종)은 반드시 수천 리 밖에 있는 촉나라 특산 생강을 사용해 끓여야 가장 맛있는 맛을 낼 수 있다고 한다. 당시의 미식가들에게 벌써 음식은 정성 들여야 한다는 요구가 있었으니, 아주 까다로운 입맛이었다!

《오지(吳志)》 19권 《제갈각, 등윤, 손준, 손침, 복양흥전 (諸葛恪、滕胤、孫峻、孫綝、濮陽興傳)》

이 권에 작성된 다섯 명의 인물은 조정 보정 대신을 맡았던 인물들이 아니다. 하지만 불행하게도 그들은 모두 손오 황조 후기 3명의 어린 황제의 보좌를 했었던 사람들이다. 그리하여 그들은 모두 비참한 결말을 맞이하며 삼국 정치의 역사 무대에 작별 인사를 고했다. 그중 네 사람은 살해를 당하였다. 다른 한 사람은 놀랍게도 귀신에 놀라 죽음을 당했으니 참으로 기괴한 일이었다. 이 권은 응당 위의 3권 〈세 명의 후계자 손량, 손휴, 손호전〉과 대조하며 읽어야 할 것이다. 왜냐하면 두 책은 뼈와 근육과 같은 밀접한 관계를 가지고 있어 서로 내용을 보충해 주기 때문이다. 이 권은 또 〈위지〉 9권 〈조상전〉과도 대조하며 읽어야 한다. 왜냐하면 이 두 책은 모두 위, 오나라의 군주가 보정대신의 인재 선발에서 잘못된 선택을 한 이야기를 다루고 있기 때문이다. 이 권은 또한 〈촉지〉 5권 〈제갈량전〉과도 대조하며 읽을만하다. 자신의 숙부를 본받아야 한다고 늘 말하던 제갈각이 그의 숙부 제갈량과 비교하여 처세 방면에서 어떠한 큰 차이가 있었는지 살펴보면, 그가 실패한 원인을 찾을 수 있을 것이며, 유비가 보정대신이라는 인재를 선발하는 데 있어 그의 아내의 오빠 손권보다 얼마나 현명했는지를 알 수 있을 것이다.

《오지(吳志)》 20권 《왕번, 누현, 하소, 위요, 화핵전
(王蕃、樓玄、賀邵、韋曜、華覈傳)》

이 권에서 기술된 다섯 명의 인물은 모두 손오 최후의 황제 손호의 궁정시종들이며, 모두 손호와 무척 가까운 관계였다. 이들 다섯 인물들은 모두 정직하고 사사로움을 취하지 않았으며 공을 위해 일하며 충성스러웠다. 하지만 이들은 마지막에 비참한 결론을 맞이하거나, 손호에 의해 잔혹하게 처형을 당하거나, 손호에 의해 비난을 받아 직위에서 파면을 당하였다. 손호는 삼국의 모든 군주 중에서 마지막으로 역사 무대를 장식했던 인물이자 가장 흉악하고 잔혹했던 인물이었다. 훌륭한 영웅들로 시작했던 삼국이라는 대극이 이토록 잔혹한 군주에 의해 막을 내리게 된 것이다. 손호는 손권의 손자였다. 당초 손권은 어떠한 인물이었던가? 심지어 난세의 영웅 조조도 진심으로 그를 '자신의 아들을 낳으면 손중모처럼 되어야 한다!'라고 칭찬하였다. 하지만 그의 손자는 그렇지 못했다. 사람이라는 사회적 동물은 일단 엄격한 자율을 잃게 되면 사회적 품질이라는 유전자가 생리적 품질의 유전자보다 더 빨리 퇴화하는 것 같다. 이 권에서는 손호의 각종 변태 같은 잔혹한 행위들에 대해 구체적으로 기술하고 있다. 3권 〈손호전〉의 내용을 보충하는 데 중요한 역할을 할 것이다.

삼국이 정립하던 형세는 동탁의 난에서 시작되었다. 그리고 손호의 잔혹함도 오직 동탁과만 비교할 수 있을 것이다. 삼국이라는 역사적 대극이 흉악한 동탁이라는 자에 의해 시작되어 또 다시 흉악한 손호라는 사람에 의해 마무리되었다. 이것은 과연 우연일까, 필연일까? 여기까지 진수의 〈삼국지〉를 읽었다면 책을 덮고 이에 대해 깊이 생각해 볼만할 것이다.

학자의 눈으로 본
삼국지

천하를 종람하다(縱觀天下)

통론편

학자의 눈으로 본
삼국지

제19장
삼국시대의 창조적 성취

오늘날 대부분의 사람들은 나관중의 〈삼국지통속연의〉 소설을 기준으로 삼국에 대해 이해하고 있다. 책에서는 많은 부분이 전쟁터의 장면에 할애되어 있기 때문에 독자들에게 삼국은 서로 싸우며, 속이는 파괴만 있고 창조는 없었던 어두운 시기라는 오해를 불러일으킬 수 있다. 하지만 믿을만한 역사적 문헌을 살펴보면 이는 큰 오해라는 점을 알 수 있다. 이 시기의 사회는 시기와 함께 발전하였으며 여러 방면에서 창조적인 정신의 중요한 성취를 이루어내었고, 이는 후의 역사 발전에 적극적이고 심오한 영향을 주었다. 그렇다면 어떤 창조적 성취가 있는 것일까?

소개를 하기에 앞서 먼저 삼국 시기의 역사적 위치에 대해 소개를 하도록 하겠다. 고대 중국 역사 발전이라는 큰 국면에서 살펴보면 그 당시에는 두 큰 기둥이 있었다. 바로 진한과 수당의 통일 왕조였다. 사람들은 이를 '한당'이라고 불렀다.

진한 이전 시기는 500여 년 동안 여러 나라로 분열된 춘추전국 시기였다. 이 시기는 진한의 통일을 위한 기반과 필요한 영양을 제공해 주었다.

수당 이전 시기는 약 400여 년 동안 위진남북조로 분열되어 있었다(중간에 아주 잠깐 이루었던 서진 통일을 제외하였다.) 그리고 이 시기는 수당의 통일을 위한 기반과 필요한 영양을 제공해 주었다.

하지만 위진남북조시기에는 또 두 큰 세력이 양립하고 있었다. 한 세력은 진한 왕조의 옛 유전자를 가지고 있었고, 또 한 세력은 수당 왕조를 창립한 새로운 유전자였다. 그야말로 선대의 유업을 발전시키는 세력과 새로운 출발을 하는 세력이 양립하는 특수한 시대였다. 그리고 우리가 토론해야 하는 삼국시기는 바로 위진남북조가 시작되는 부분에 위치해 있었고, 이 시기는 약 100여 년 동안 지속되었다. 이로 인해 삼국의 역사적 위치는 다음 한 문장으로 요약된다. '선대의 유업을 발전시키고, 그를 기반으로 새로운 시작을 한다.' 마지막 '새로운'이라는 단어가 바로 이 문장 중에서 가장 중요한 핵심이다.

앞으로 이어질 내용에서 우리는 이 '새로운'이라는 글자를 핵심으로 연구 조사를 진행할 것이다.

1. 군국체제의 새로운 변혁

동한 말년은 천하 혼란의 시기였다. 이 혼란한 상황 속에서 탄생한 삼국은 실질적으로 정권 기구의 재건이라고도 할 수 있었다. 이 재건 속에서 새로운 형세에 적응하기 위해 어쩔 수 없이 옛 정권 기구의 운영 체제, 즉 군국제도를 개혁해야만 했다. 그중 가장 중요했던 것, 그리고 역사에 가장 큰 영향을 미쳤던 개혁은 다음 네 가지로 요약해 볼 수 있다.

첫째, 군국기밀사무 중서장권의 새로운 제도

중국 봉건 황조는 중앙 군주의 황권에 집중되어 있는 국가 권력

시스템의 핵심 부분이었다. 봉건 황조는 실질적으로 세 부분으로 구성된다. 결정권, 심사권, 집행권이 바로 그것이다.

전반적으로 서한시기에는 승상집정제를 실행하였다. 승상은 중앙 행정 시스템의 수뇌였고, 황제에 대해 책임을 지고, 황제의 위탁으로 행정권을 행사하였다. 일반적으로 한 사람을 배치하고, 그 사람을 상국이라고 불렀다. 중앙집권제도를 실행한지 얼마 되지 않았기 때문에, 권력은 매우 명석한 구분이 부족했다. 승상은 집행권을 행사하였을 뿐만 아니라 결정권과 심사권에도 영향을 미쳤다. 이렇게 군주의 황권에 심각한 위협을 행사한 것이다.

광무제 유수는 동한 황조를 건립하고 군주의 황권 강화를 시작하였다. 그래서 옛 승상집정제를 없애고 새로운 삼공집정제를 세웠다. 삼공집정제란 태위, 사도, 사공을 삼공으로 조정을 함께 나누어 장악하는 것이었다. 삼공은 원래 승상 한 사람에게 속했던 권력을 분산시키는 것이었다. 그리하여 한 사람이 권력을 독점하여 군주 황권을 위협하는 가능성은 근본적으로 사라져버렸다. 이와 동시에 광무제는 삼공의 집정 권력에 대해 명확한 구분을 두었다. 군국기밀사무의 주관과 처리는 황궁 중 자신의 옆에 있는 상서대에 두었다. 이렇게 결정권과 심사권은 자신의 수중에 두었던 것이다.

이후의 수당(隨唐)시기에 삼성육부제를 시작하여, 황제의 추진과 관리 감독 아래 국가 기구의 운영은 비교적 분명한 분업이 이루어졌다. 중서성은 정령(政令:정치상의 법령이나 명령)을 주관하였고 문하성은 심사를 주관, 상서성은 집행을 주관하였으며, 이호예병형공 6부를 설치하였다. 삼성의 장관, 중서령, 시중, 상서령은 집정대신의 신분으로 정사당에서 군사와 국가 대사를 의논하였다. 이 제도는 국가 기구의 고효율 운영을 보장할 수 있었을 뿐 아니라 권력을 과도하게 집중시키지 않고도 군주 황권을 안정적으로 보장할 수 있는, 봉건 황조에서 가장 합리적인 운영 체제와 프로세스였다. 수당의 휘황찬란한 번영은 이와 밀접한 관련이 있다.

하지만 삼성육부제를 형성한 가장 중요한 첫걸음은 핵심적인 정령의 정권을 상서대에서 분리하여 중서성에 배치시킴으로써 원래 긴밀한 권력을 장악하고 있던 상서대를 비교적 단일한 집행기구로 만드는 것이었다. 이 중요한 첫걸음은 바로 삼국 시기 조위가 완성하였다.

사서에는 조조가 위왕이 되었을 때 자신의 옆에 비서령, 비서승을 설치하고 상서대로 온 기밀 공문을 처리하는 일을 담당하도록 하였다고 명확하게 기재되어 있다. 위문제 조비가 황제가 되고 '비서'를 '중서'로 개명하였다. 중서성의 장관은 중서감, 부장관은 중서령이었으며 군국 기밀 문서들을 처리하는 일을 담당하였다. 문서를 모두 처리하고 나서는 정책 문건을 편집하였고 중서성의 통사랑이 그 문건을 황제 앞에 가져가서 낭독한 뒤 황제가 직접 '가(可, 허가의 의미)'라는 글자를 서명하면 상서대에 제출하여 집행하였다. 그래서 중서성은 정식으로 황제가 정책 결정을 하는 데 필요한 중추 기구가 되었다. 이후 수당의 중서성은 실질적으로 조위의 중서성으로 변했다.

둘째, 관리 선발과 등급을 9품으로 구분하는 새로운 제도

중국 고대의 인재 선발 제도는 혈연, 혹은 타인의 추천과 시험에 참여하는 방법 3종류로 이루어졌다. 소위 혈연이라는 것은 당신이 어떤 사람의 자손인지, 부친과 조부가 만약 정치적 권력을 장악하고 있다면, 관리가 될 수 있는 자격을 갖추고 있는 것이었다. 선진 시기

의 귀족제 사회는 대부분 이러했다. 진한 이후의 사회는 많은 발전을 이룩하여 타인 추천과 시험 참여라는 두 가지 선발 방식으로 인재를 선발하였다. 삼국 이전의 동한의 인재선발은 효렴과 수재를 주로 하였다. 효렴은 각 군국의 장관이 담당하였고 20만 명당 한 사람을 추천하는 방식으로 진행되었으며 효도하고 올바른 품행을 주로 보았다. 수재는 각주의 장관이 담당하였으며 매년 매 주에서 한 사람씩 추천하는 방식으로 진행되었고, 재능의 우수함을 주로 보았다. 동한 전국 13주의 등록 인구는 약 5천만 명이었다. 이론적으로 매년 추천된 수재는 13명 밖에 되지 않았고, 효렴은 250여 명 정도 되었다. 그래서 효렴이 또 하나의 절대적인 주체였다. 효렴으로 선발되기 위한 첫걸음은 바로 소재 지방의 추천을 받는 것이었다. 그리고 그 다음은 수도 낙양에 모여 정부에 의해 주관된 시험을 치르는 것이었다. 시험에서는 유가 경전 문구의 간책을 작성한 사람을 골라내었는데 이를 '사책(射策)'이라고 하였다. 시험에 합격한 자들은 대부분 관리의 예비 대오로 보충되었다. 그리고 정식으로 관직이 수여되고 점차 높은 지위로 올라갔다. 이것은 일종의 추천과 시험이 결합된 선발방식이자 정국의 통일과 안정 속에서만 진행할 수 있었던 선발방식이었다.

동한 말기 천하가 혼란스러웠고 인구가 대량 이동하여 변화가 일어났다. 이로 인해 효렴의 선발방식이 제대로 진행되기 어려워, 조비가 위왕이 된 이후 대신들에 의해 새로운 인재 선발 제도인 구품중정제도, 역사에서는 '구품관인지법'이 설계되었다. 이 제도의 요점은 다음과 같다.

첫째, 지방의 각 주와 군에 중정 한 사람을 배치하여 해당 주와 군에 속하는 사람 중 인재를 선발하는 일을 담당했다 각 주와 군의 중정은 관례에 따라 또 해당 주와 군의 인사들 중에서 중앙 관리를 겸임하고 있는 사람들이었다.

둘째, 선발 조건은 주로 두 가지가 있었다. 선배 관리들의 상황과 본인의 재능과 덕의 표출이었다.

셋째, 위 두 가지 조건에 따라 마지막으로 추천을 받은 자들에게 등급이 매겨지는데 이를 '품'이라고 불렀다. 등급은 총 9등급, 즉 9품이 있었다. 그중 가장 높은 것은 1품으로 관례에 따라 거짓으로 설치된 직무였으며 어느 사람에게도 이 관직이 주어지지 않았으니, 실질적으로 가장 높은 등급은 바로 2품이었다.

넷째, 중앙의 관리 선발 임명 기구인 상서대와 이부는 중정이 제공한 선배 관리들의 상황과 인재 본인의 재능과 덕의 표출과 매겨진 등급에 따라 종합적인 평가로 선택이 이루어졌고 그 후 관직에 인재들을 임명하였다.

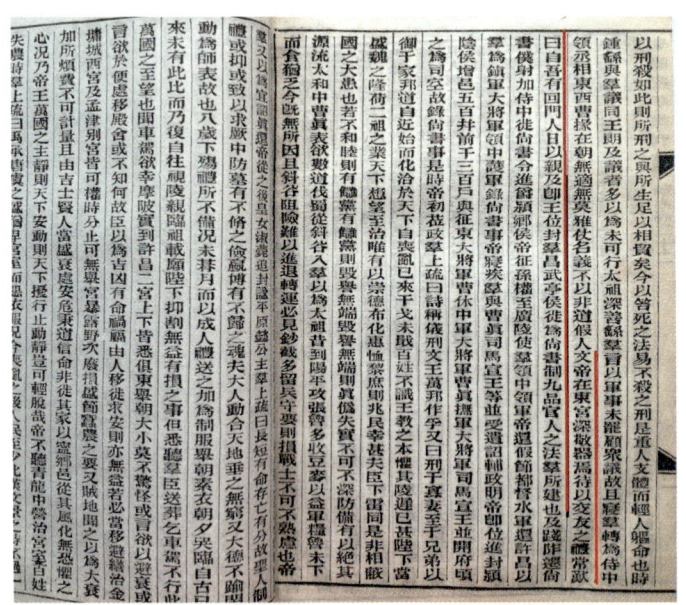

진수《삼국지·진군전》의 9품 중정 제도를 설립한 글귀

여기서 우리는 구품 중정의 실질이 바로 현임 관리들에 의해 후배 관리들을 추천, 선발하는 제도라는 것, 동한의 효렴 추천제와 다를 바가 없다는 것을 알 수 있다. 하지만 여기에도 세 가지의 새로운 요소가 있다.

첫째, 선배의 관리 임용 상황이라는 조건에 들고, 가장 첫 번째 조건이 되는 것이었다.

둘째, 중앙 집중 시험을 삭제하는 것이었다.

셋째, 평가하고 결정하여 등급을 부여하는 것이었다.

결론적으로 이러한 새로운 제도는 효렴 선발이라는 구 제도보다 더 간단하고 운영하기 쉬웠다. 게다가 전쟁이 빈번히 발생하는 현실 사회 환경에 더 적합했다. 이로 인해 이 제도는 후에 오랜 기간 동안 위진남북조에서 실행되고, 수당시기에 이르러서야 과거제도에 의해 대체되게 되는데, 이 제도야 말로 대단히 합리적이라고 볼 수 있다. 명확한 단점이라고 할 수 있는 기득 관리집단의 이익에 따라 이 인재선발제도가 독점되었기 때문이었다. 위진남북조 시기 문벌 사족이 대량 출현하고 장기간 존재할 수 있었던 것도 이와 큰 연관관계가 있었다.

9품등급제는 원래 예비 관리들을 선발하는 데 쓰였다. 대상은 아직 관리가 되지 않은 사람들이었다. 하지만 이 제도는 오늘날 현임 관리의 9품등급제에 깊은 영향을 미쳤다.

삼국은 고대 관리 제도가 아래 위로 변하던 변혁기였다. 각국 관리들의 등급 제도는 모두 달랐다. 전반적으로 촉한, 손오 양국은 동한의 옛 제도를 답습하여 17등급으로 나누고 있었다. 최고 등급인 1급은 중앙 집정 대신으로 대장군, 삼공이 이에 속했다. 2급은 중앙구경으로 '중이천석(中二千石)'이라고 불렸다. 3급은 지방의 주목, 군태수로 '이천석(二千石)'이라고 불렸다. 가장 낮은 17급은 저층에서 작은 일을 하는 직원으로 '좌사'라고 불렸다.

조위 조조시기에도 동한의 구제도를 따랐다. 조비는 한을 대신해 황제가 된 후, 새로운 황조는 정치적 필요에 따라 새로운 조치를 취해야만 했고, 동한의 구제도는 원래 복잡하고 조작하기가 쉽지 않았다. 그래서 인재 선발 중간에 조작하기 쉬운 9품 등급제를 두었고, 점점 이것을 간략한 9품 등급의 새로운 과제로 변화시켰다. 가장 높은 등급은 1품이었다. 삼공, 대사마, 대장군 등이 있었다. 가장 낮은 등급은 9품이었는데, 여기에는 중앙과 지방의 저급사무원 등이 포함되었다. 9품 관제는 이때부터 시작하여 명청시대까지 장기간 실행되었고, 부근의 이웃 나라에게도 전해졌다. 결국 조위가 창조한 9품관제는 후의 각 나라의 조정에까지 영향을 미쳐 명청시대까지 실행되어 총 수천 년간 실행된 것이다.

셋째, 군사 지휘의 '독장전구'라는 새로운 제도였다.

삼국은 또 고대 군사 제도의 변혁기이기도 했다. 삼국시대에는 군사 제도와 관련된 변혁이 두 가지 있었다. 하나는 독장전구제의 형성이었고, 또 다른 하나는 고급작전 군관의 군계, 직무, 위권 세 가지가 명확하게 구분된 것이었다.

이전의 동한에서는 군사 행동이 있다면 일반적으로 임시로 장수를 선발하여 군대를 소집한 뒤 전쟁터로 출정하였다. 군사 행동이 종료되면 장수는 군권을 다시 반납하고 사병들은 다시 본인이 있던 자리로 복귀하였다. '상비병이 없고, 병사들에게도 평소에는 통솔하던 장수가 없는 상황, 병사들이 상주하는 곳이 없고, 해당 지역은 상주하는 병사들이 없다'는 뜻이었다. 삼국시기에 이르러 전쟁이 오랜 기간 동안 끊이지 않자 이러한 군사 상황에도 변화가 일어났다. 동한은 원래 이러한 상황에 효과적으로 대처하기 어려웠다. 그래서 각국의 지반에는 약간의 고정적인 작전 구역을 나누어 상주 부대를 파견하고 상주 지휘관을 임명하여, 언제든지 전쟁의 변화에 대처할 수 있도록 하였다. 작전 구역의 지휘관은 오늘날의 사령관과 비슷했다. 일반적으로 '독(督)' 혹은 '도독(都督)'이라는 글자를 달고 있었다. 이렇게 독장전구제가 정식으로 탄생하게 된 것이다.

예를 들어 진수의 〈삼국지〉에서 촉한의 대장수 관우가 맡은 일은 '동독형주사'였다. 즉 형주 작전 구역의 사령 장관이었던 것이다. 조위 대장수 조인이 맡은 일은 '도독형, 양, 익주제군사'였다. 즉 형주, 양주, 익주 구역의 사령장관이었던 것이다. 후에 당대의 절도사, 명청의 총독, 심지어 오늘날의 작전사령관은 모두 시간을 거슬러 올라가 보면 이와 기원상의 관계가 있는 법이다.

독장전구제가 출현한 뒤 고급 작전군관에게 이전의 군계와 같은 이름은 사라지고, 군계, 직무, 권위라는 세 가지 종류의 다른 이름으로 표시하였다. 관우의 '전장군, 동독형주사, 가절월'이 그 예시다. '전장군'은 그의 군계였는데 오늘날 군대의 계급과 유사했다. 이 군계는 그의 계급의 고저, 봉록, 대우를 결정했다. '동독형주사'는 그의 직무로 그의 구체적인 직책을 결정하였는데, 형주 작전 구역의 각 군대를 지휘하는 것이 그의 임무였다. '가절월'은 그가 보유하고 있는 권위로 그가 군법을 어긴 장사들을 처형할 수 있는 권리가 있다는 것을 의미했다. 지금은 이와 유사한 명호가 없다. '가절월'의 '가(假)'는 진짜, 가짜를 의미하는 '가'가 아니라, 소유의 의미를 지니는 '가' 자다. '절월'은 절장과 대부를 의미했는데, 군주가 수여한 특수한 권위라는 상징이자 증거였다.

　직무 명호 중에서 '도독중외제군사'는 아주 특수한 경우였다. 이 명호를 가진 자는 수도 내외의 모든 군대를 지휘할 수 있는 권리가 있었다. 이 군대에는 중앙군과 지방군을 모두 포함하고 있었다. 바로 전국 군대의 총사령관이었다. 조위의 조진, 조상 부자, 사마의, 사마사, 사마소 부자가 모두 이와 같은 중요한 직무를 맡은 적이 있었다.

　하지만 군계, 직무, 권위 세 가지는 모든 군관들이 모두 갖추고 있는 것이 아니었다. 직무가 없는 군계는 봉록만 받으며 직무를 수행하지 않았다. 군계와 직무만 있고 권위가 없는 장수는 아래 장수들에게 강력한 위엄을 지니지 못했고, 일반적으로 중요하지 않은 작전 구역에 배치되었다.

　넷째, 환관 직권을 엄격히 제한하는 제도다.

　동한 환관 전권은 황조의 정국에 아주 큰 부정적인 영향을 초래한, 동한 말년의 사회 대 혼란을 일으킨 중요한 원인 중 하나이다. 이를 거울로 삼아 조비는 위왕의 권위를 승계한지 2개월만인 연강 원년(서기 220년) 2월에 특수한 새로운 제도를 선포하였다. 그는 환관들은 모두 궁중 내 제왕의 일상 생활 복무 기구의 책임자를 초월할 수 없다고 명령했다. 그리고 이 명령을 금속판 위에 새겨 영원히 궁중 내에서 사용되는 돌로 만든 방화 건물에 보존되도록 하였다.
　당시 제왕 궁중에는 각종 생활 서비스형 기구들이 있었다. 예를 들어 의복의 공급을 책임지는 어부서, 시녀 관리를 담당하는 영항서, 정원을 가꾸고 보호하는 일을 맡는 구순서 등이 있었다. 이 일을 담당하는 관리는 령이라고 하였는데, 어부령, 용항령, 구순령이라고 불리는 사람들이 모두 남성 생식기를 잘린 환관이었다. 그리고 돌을 사용해 만든 석실은 조정의 중요 문서와 문건, 도서들을 보관하는 곳이었는데, 불에도 타지 않을 만큼 견고했다.

조비는 환관의 직무에 엄격한 제한을 가하고 그들의 최고 직권을 규정하여 궁중 내 생활 서비스형 기구의 책임자에만 그치도록 하였다. 그들이 핵심 군정 권력을 오염시키는 일은 절대로 용납하지 않았다. 이것은 반역을 뿌리뽑기 위한 새로운 제도였다. 적어도 위진시기까지는 환관이 정치에 간섭하는 현상이 효과적으로 억제되었다.

2. 경제 발전의 새로운 개척

삼국이 정립하던 시기 전쟁의 필요에 대응하기 위해 각국은 경제 발전에 있어 모두 새로운 개척을 이룩하였다. 하지만 중국의 후세 역사 발전에 큰 영향을 미친 중요한 경제적 새로운 개척은 남방의 넓은 지역에 대한 경제개발뿐이라고 할 수 있겠다.

황하 유역과 장강 유역, 속칭 북방과 남방은 고대 중화민족의 생존과 발전에 있어 중요한 경제적 기반이었다. 전반적인 상황을 살펴보면 북방의 경제발전은 비교적 이른 시기에 이루어졌는데, 양한시기 특히 서한시기에 왕조의 경제가 주로 의존하는 구역으로 전국 경제 중심의 소재지였다. 하지만 남북조시기에 이르러 남방의 경제는 점점 북쪽을 따라잡기 시작해 전국의 경제 중심지가 점점 남쪽으로 이동하기 시작하여, 국가 통일과 민족 생존이라는 두 가지 측면에서 모두 거대한 영향을 미쳤다. 이것은 중국 고대 역사 발전에서 첫 번째로 중요한 대사건 중 하나이다.

하지만 남방의 넓은 지역이 경제적으로 신속한 발전을 이루던 시기는 삼국의 정립이 막 시작되던 때였다. 서쪽에 있었던 촉한이 주로 신경썼던 것은 행정적인 다스림을 통해 남중 지역을 경제적으로 심도 있게 개발하는 것이었다. 이 지역은 오늘날의 사천성 남부와 운남, 귀주 두 성이다. 하지만 후세에 더 크고 깊은 영향을 미쳤던 일은 손오의 남방 경제 개발이었다.

손오가 흥성하던 시기의 지역은 동한 13주의 3개 주를 포함한다. 이곳은 장강 하류의 양주, 중류의 형주 그리고 영남의 교주인데 전반적으로 장강 중하류인 강남 부분이 포함되어 있었다. 오늘날의 화동, 화중, 화남까지 이르는 지역으로 매우 넓은 면적의 토지였다. 손오는 과거 중류의 형주, 영남의 교주에 다른 정도의 개발을 진행한 적이 있었다. 영남 지역을 개발하기 위해 손권은 황무 5년(서기 226년)

남경 도서관 육조고성 유적의 벽돌

에 먼저 교주의 동쪽 부분을 분리하여 광주를 설치하고 번옹(오늘날 광동성 광주시)에 지방관청을 두었다. 이것은 광주라는 지명이 역사적으로 처음 출현한 것이었다. 하지만 손오의 중대한 조치는 강동 지역의 전면적이고 심층적인 경제 개발이었다.

장강은 오늘날 안휘성 무호시와 강소성 남경시 사이에 위치하며, 남쪽에서 북쪽으로 흘러 당시 장강 아래인 강남 지역을 '강동'이라고 불렀다. 오늘날 강남이라고 부르는 곳이다.

손오가 세워진 초기, 강동의 경제 상황은 아주 불균형했는데, 전반적으로 3개의 경제 구역으로 나누어 볼 수 있었다.

첫 번째는 선진 구역이었다. 소남 평원과 호북 평원을 포함하는 지역인데, 일찍이 선진시기에 개발이 되어 오랜 기간 동안 강동 경제의 중심구역이 되었지만 면적이 강동의 오분의 일 밖에 되지 않았다.

두 번째는 이제 막 개발이 시작되는 지역이었다. 이 지역은 영진 구릉, 환남 산지, 절서 구릉과 절동 구릉을 포함하고 있었는데 두 평원의 주변에 위치하고 있었다. 마치 중심 구역을 하나의 고리가 둘러싸고 있는 모습이었으며 면적은 강동의 오분의 이 정도 되었다. 이곳의 개발은 전반적으로 양한시기에 이르러서야 시작되었다.

세 번째는 후진 지역이었다. 이 지역에는 금구분지, 절남 산구역이 포함되어 있었는데 거리가 비교적 멀었다. 중심 지역에서 2환(二環; 중국에서는 도시와 가까운 구역을 1환, 조금 멀리 떨어질 수록 2환, 3환, 4환, 5환으로 부른다.) 정도 벗어난 곳이었으며 면적은 오분의 이 정도 되었다. 이곳의 개발은 손오 시기에 이르러서야 정식으로 시작되었다.

손오가 건국된 이후 계속해서 선진 개발 구역의 선진 경제 수준을 유지하는 것 외에도, 더욱더 중시되었던 것은, 이제 막 개발이 시작되는 지역과 후진 지역에 대한 심도 깊은 개발이었다.

이제 막 개발이 시작되는 지역의 개발은 산월을 대규모 통제하는 것으로부터 시작되었다. 소위 '산월'이라는 것은 구릉 산 구역에 모여 살고 있는 거주민을 말했다. 대부분 고대 월족의 후예였다. 손오는 그들을 현지에서 강제로 이주시켜 일부는 군대에 편입시키고 일부는 주둔 지역에서 밭을 갈며 농사를 짓도록 하였다. 그리고 주요 경작지는 대부분 이제 막 개발이 시작되는 구릉지대에 있었다. 특히 도성 건업이 소재한 영전 구릉이었다. 그래서 이곳에는 끊임없이 새로운 관리 기구가 설치되었다. 이와 동시에 손오는 적오 8년(서기 245년)에 3만여 명의 정예병으로 하여금 영전 구릉에서 동서 방향으로 흐르는 대운하를 뚫고 그곳을 파강독이라고 불렀다. 이 곳은 서쪽으로 수도 건업(오늘날 강소성 남경시)과 이어져 있었고 동쪽에는 여러 중요한 경작지가 있었다. 하천을 따라 14개의 '태(埭)'를 세우고 선박 항행용 수문을 제공하여 경제의 개발을 더욱 촉진시켰고 도성 건업의 양식과 물자 공급을 충분히 보장시켜 주었다.

세 번째 후진 지역의 개발에 대한 상징은 두 가지가 있었다. 하나는 대규모로 행정 기구를 설치한 것, 또 하나는 현지 조건에 적합한 산업을 발전시키기 시작한 것이었다. 양한 시기 이곳은 땅은 넓은 곳이었으나 인구가 한적한 곳이어서 서너 개의 현급 도시만이 존재할 뿐이었다. 손오 시기에 이르러 이러한 상황에는 큰 변화가 발생하게 된다. 첫 번째 변화는 군급의 행정 기구가 출현했다는 것이다. 금구 분지에는 동양군(지방관청이 오늘날 절강성 금화시에 있었다.)이 새로 설치되었고 장안 등 6개의 현을 관할했다. 풍부한 목재와 광산 자원을 가진 절남 산지에서 가장 빠르게 발전한 것은 조선업과 야금업이었고, 이곳은 빠르게 손오의 조선 중심지 중 한 곳이 되었다.

손오가 남방의 경제 개발에 전면적인 시작을 하였기 때문에 그 후

동진과 남조에서도 지속적으로 개발을 강화하였고 역사적으로 모범이 되는 본보기가 될 수 있었다. 게다가 손오는 건업의 성공적인 조성과 경영을 유기적으로 함께 결합시켜 이후 동진이 성공적으로 남쪽의 수도로 이동할 수 있도록, 남조가 번영을 누릴 수 있도록 아주 튼튼한 기초를 마련해 주었다.

3. 중요 도시의 새로운 증가

삼국이 정립하여 서로 경쟁을 펼치자 각종 요소의 촉진으로 중요 신흥 도시들이 대거 출현하였다.

조위, 동한의 임시 수도 허현(조위는 한나라를 대신한 후 이 도시의 이름을 허창으로 바꾸었다. 오늘날 하남성 허창시이다.) 위국의 최초 수도 업현(오

남경도서관 육조 고성유적의 우물

늘날 하북성 임장현), 조조 가족의 고향 초현(오늘날 안휘성 박주시), 그리고 낙양과 장안(오늘날의 낙양시와 섬서성 서안시)은 '5도' 즉, 5개의 수도라고 불렸다.

촉한에서는 수도 성도(오늘날 사천성 성도시) 외에 한중(오늘날 섬서성 한중시)의 중요성이 점점 커지고 있었고, 한중은 제갈량 북벌의 대본영이 되었다. 그리고 부현(오늘날 사천성 면양시)과 강주(오늘날 중경시)도 북쪽과 동쪽 양쪽 방향으로부터 성도를 수호하는 중요한 성지로 조성되었다.

손오가 만든 새로운 도시의 발전속도가 가장 컸다. 게다가 이후의 역사에 아주 깊은 영향을 미쳤던 도시 강소성 남경시의 전신, 건업이 있었다.

건업 5년(서기 200년) 19세의 손권이 황위를 이어받아 통치를 하게 되었을 때 정치적 중심지는 오현, 오늘날 강소성 소주시에 있었다.

남경도서관 육조고성 유적의 도랑

건안 13년(서기 20년) 적벽대전이 발발하기 전날 밤, 전쟁의 필요에 의해 오현으로부터 북쪽으로 장강 남안변으로 옮긴 수도도 경성이라고 불렸는데, 이곳은 오늘날 강소성 진강시였다. 적벽대전에서 대승리를 거둔 후, 손오의 영토는 장강 상류의 형주까지 확장된다. 그리하여 손권은 정치적 중심지를 장강 상류를 향해 이동하게 되는데, 이것이 바로 건업이라는 신흥 도시의 탄생이다.

건업의 소재지는 이전에 말릉현의 관할 범위에 속했다. 하지만 말릉현은 가장 초기에는 그저 일반적인 작은 현에 불과했다.

건안 16년(서기 211년) 손권은 조정을 말릉으로 옮겼다. 그리고 그 두 번째 해에 이곳에서 돌성을 쌓기 시작했는데, 말릉 서북쪽의 견고한 방어막을 만들기 위함이었다. 견고한 방어막이 만들어진 후, 손권은 말릉의 이름을 건업으로 고친다. 그 뜻은 정치적으로 원대한 사업 건립의 시작이라는 뜻이었다. 그래서 이 도시 건설의 원대한 사업도 이름이 바뀐 후 정식으로 전면적으로 시작되었던 것이다.

건안 5년(서기 200년) 손권이 정권을 장악하고 통치가 시작된 시기부터 서기 20년 손오가 멸망하기까지 약 80여 년 동안의 역사 중 건업은 약 60여 년 동안 수도였고, 이는 손오 역사의 사분의 삼을 차지하는 비중이었다.

이전의 양한 시기에는 강동 지역의 중심 도시는 바로 오현, 오늘날 강소성 소주시였다. 사마천의 〈사기〉에서는 강동 지역에서 번영한 도시들을 나열할 때, 오현 하나만을 언급한다. 하지만 손오의 장기적인 조성과 경영을 통해 건업은 정치적으로뿐만 아니라 보통의 현에서 손오 황조의 수도로 거듭나게 되었다. 게다가 도시 건설, 경제 개발, 문화 발전, 교통 구성 등 여러 방면에 있어 오현의 역할을 모두 대체하여 당시 장강 중하류에서 중국 전역의 두번째라고도 할 수 있는 중심 도시가 되었다. 이것은 서진 문학가 좌사의 명작〈오도부(吳都賦)〉만 제대로 읽어도 충분히 느낄 수 있는 것이다.

부문에서는 새로운 중심도시 건업의 원대한 기상에 대해 묘사하고 있다. 그중 가장 인상이 깊었던 것은 바로 길거리 녹화사업이었다. 당시 손오 황궁의 남대문 밖에는 남북으로 통하는 큰 도로가 있었다. 길이가 7리나 되었고 '원로(苑路)'라고 불렸다. 양측에는 관서와 군영이 빽빽하게 늘어서 있었을 뿐만 아니라 푸르른 모습이 무척 아름다웠다. 시구를 사용해 그 풍경을 다음과 같이 묘사해 보도록 하겠다.

> 주홍빛의 두 대궐이 높게 서 있으니 황가의 전용 도로는 마치 칼을 가는 숫돌처럼 곧고 평평하다.(朱紅色的雙闕高高挺立, 皇家專用大道像磨刀石一樣又直又平;)
> 도로 양측에는 푸르른 회화나무가 있고, 회화나무 아래에 흐르는 작은 하천은 먼 곳으로 굽이치며 이어져 있다. (道路兩旁是青青的槐樹, 而槐樹下的小河向远方不斷曲折延伸;)
> 빽빽한 나무 그늘이 보내오는 청량함, 차가운 강물이 빠르게 졸졸 소리 내며 흐른다. (浓密樹荫送來陣陣清爽, 清澈河水歡快地不停流淌, 淙淙有聲。)

이것이 바로 1700여 년 전에 신흥의 중심 도시 건업의 녹화 사업으로 이루어진 아름다운 풍경이다.

거시적으로 살펴보면 건업이라는 신흥 중심 도시의 출현은 앞에서 언급한 남방 경제의 새로운 발전과 아주 밀접한 관계를 가지고 있다. 건업은 강남 지역 경제의 새로운 발전이 가져온 상징적인 성과였다. 그리고 건업의 정치적 지위의 빠른 상승은 또 한번 강남 지역의 경제 발전을 촉진시키는 역할을 하였다.

4. 외부 교류의 새로운 방향

삼국 이전 시기인 한대는 밖으로 개방되어 있어 경제와 문화적 교류가 외부로 이루어졌다. 동쪽, 서쪽으로 개방이 되어 있었는데 동쪽은 한반도와 일본군도, 서쪽으로는 서역과 교류를 하였다. 하지만 삼국의 손오 시기에 이르러 동남 그리고 남쪽이라는 새로운 방향으로 진출이 시작되었다.

동남쪽은 〈삼국지〉에 기재된 내용에 따르면 손권 황룡 2년(서기 230년) 수만 명의 군대를 보내 대륙 이외의 해상 지역을 정탐하였을 때 발견되었다고 한다. 그 당시 목표는 두 곳이었는데, 한 곳은 이주라고 불리는 오늘날의 대만이라는 섬이었다. 또 다른 곳은 단주라고 불리는 곳이었는데 오늘날까지 어디인지 밝혀지지 않은 곳이다. 어떤 학자들은 오늘날의 일본 열도라고 여긴다. 정탐해 본 결과 단주는 너무 멀어 도달할 수 없었고 이주(오늘날 대만)에는 성공적으로 상륙할 수 있었다. 이 역사적 문장은 중국 대륙과 대만이 분리할 수 없는 관계에 있다는 것을 의미한다. 사서에서 최초로 중국과 대만에 대해 언급한 것으로 아주 중요한 의미를 지닌다.

남쪽 방향으로는 〈삼국지〉의 기록에 따르면 손권이 황무5년(서기 226년) 이후에 시작되었다. 그는 영남의 교주에서 여러 번 배를 파견하여 남해로 향했다. 그중 부대를 데리고 떠난 두 명의 사자는 바로 강태와 주응이었다. 이 둘은 부남(오늘날의 캄보디아), 임읍(오늘날의 베트남 남부), 당명(오늘날의 캄보디아 북부) 등 국가에 도착하였다. 강태는 부남국에서 옛 인도 중천축국에서 부남국으로 온 사자를 만나 이야기를 나누었다. 천축국의 사자는 강태에게 자신의 국가를 중천축국은 불교로 흥성한 곳이며 토지가 비옥하고 대강(오늘날의 갠지스강) 등이 있다는 것을 설명해 주었다. 이를 계기로 손오는 또 고인도와 연락이 닿게 되었다.

강태, 주응 두 사람이 남해의 여러 국가 상황에 대해 기록한 전문 서적에는 전자의 내용을 다룬 〈오시외국전(吳時外國傳)〉, 그리고 후자의 내용을 다룬 〈부남이물기(扶南異物記)〉가 있고 나머지 내용들은 〈태평어람〉 등 서적에 남아 있다. 중국은 남해의 해상 항도를 통해 적극적으로 외부의 세계를 향해 나아갔으며 남해의 여러 국가들과 교류를 하였다. 이 시기는 해외와 교류한 최초의 시기였다.

5. 과학기술 진보의 새로운 성취

삼국시기에는 과학 기술이 다양한 새로운 성취를 이루었다. 이곳에서는 가장 대표적인 성취와 사회에 복을 가져다준 성취들에 대해 간략한 소개를 하도록 하겠다.

첫째, 외과 의학의 고난이도 수술의 개발이다.

고난이도 수술을 창조해 낸 사람은 당시의 명의 화타였다. 〈삼국지〉에 기재된 내용에 따르면 화타는 복용 마취제인 '마비산'의 발명자이다. 환자들이 먹으면 감각이 상실되어 그는 환자의 배를 가르고 괴사한 창자를 잘라내고 봉합하여 자신이 제작한 연고를 발랐다. 그러면 한 달 뒤에 환자가 건강을 완전히 회복할 수 있었다. 이러한 대형 복부 외과 수술은 오늘날 외과의 마취의사들도 복잡한 설비의 도움을 받아 마취제를 주사한 뒤 다른 외과 의사가 엄격하게 소독을 하며 진행된다. 당시의 화타는 환자가 마취제만 복용한 상태에서 수술을 순조롭게 완성하고 이상적인 치료 효과를 달성하였다. 이 수술의 난이도가 얼마나 높은지는 가히 짐작할 수 있을 것이다.

둘째, 보건 의학의 보양 방안을 완벽하게 하였다.

화타는 보양 방안의 완성자이기도 하다. 보양의 개념은 비록 화타 이전 시기에 출현하였지만 구체적으로 완벽한 방안으로 보양을 하고, 이에 대한 눈에 띄는 효과를 성취한 자는 화타가 처음일 것이다. 그는 보양 방안을 완벽하게 하기 위해 두 방면을 결합하였다. 한 방면은 동적인 것(動)과 정(靜)적인 것을 결합하는 것이었고, 또 다른 한 방면은 외(外)적인 것과 내(內)적인 것을 결합시키는 것이었다. 동적인 것과 외적인 방면에 대해 그는 보양 체조 '오금희(五禽戲)'를 발명해냈다. 이 체조는 호랑이, 사슴, 곰, 원숭이, 새 다섯 가지 동물의 동작 모방을 통해 사람의 근육과 뼈를 이완시켜 신체를 강하고 건강하게 만드는 것이었다. 정적인 것과 내적인 것에 대해 그는 조제하기 쉬운 보건약방 '칠엽청점산(漆葉靑黏散)'을 개발해냈다. 그는 옻나무 잎에 청점이라는 한약을 더해 비율대로 혼합하여 복용하도록 하였다. 이 약을 복용하게 되면 내부에서 신체를 보양해 주어 외모를 아름답게 가꿀 수 있었다. 화타의 제자 오보는 '오금희'의 실험자인데, 그는 백 살이 넘도록 수명을 유지하여 사람들을 놀라게 하였다. 화타의 보양 방안의 완벽성은 여러 실제 사례를 통해 충분히 증명된 것이다.

셋째, 임상 의학 최신 경전의 탄생이다.

동한 건안 시기, 화타와 이름을 나란히 하던 다른 유명한 의학자인, 후세에 '의성'이라고 찬미 받았던 장중경이라는 사람이 있다. 그가 저술한 임상 의학 저작은 오늘날에 이르러 무궁한 불후의 경전이 되었다.

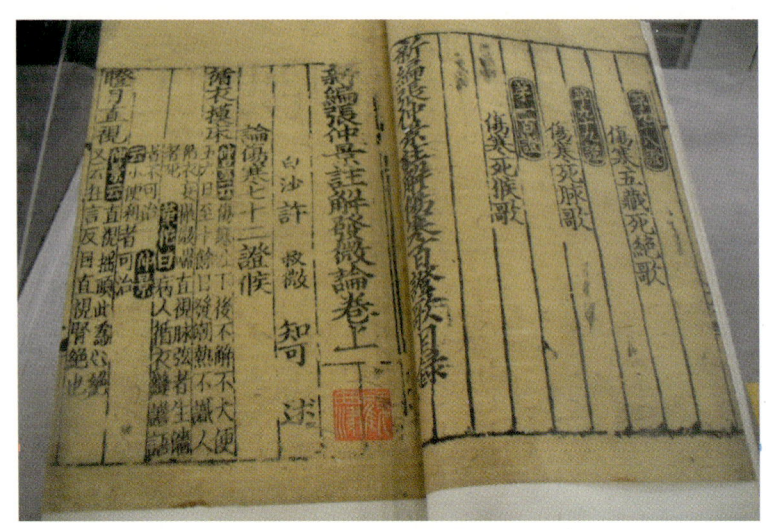

남경도서관 원각본《신편장중경주석발미론(新编張仲景注解发微論)》부분 발췌

장중경, 남양군(지방관청이 오늘날 하남성 남양시에 소재하였다) 출신으로 동한 말년 관리가 되어 의학 서적들을 전문 연구하여 병든 사람을 치료해 주었다. 그는 자신의 풍부한 임상 경험을 바탕으로 독창적인 수준의 〈상한, 잡병론(傷寒、雜病論)〉16권을 저술하였다. 북송 시기 이후 이 저작은 두 책으로 나누어져 오늘날의 〈상한론(傷寒論)〉과 〈금궤요략(金匱要略)〉으로 전해져 내려왔다.

오늘날 학자들은 장중경의 〈상한론〉을 창조적으로 중의학의 '육경변증'을 진단하는 원칙으로 언급하며 각종 중의학 치료의 원칙과 방법을 총정리하였다. 그의 〈금궤요략〉은 경전 처방 262가지 사례를 모아 기록하여 중의학 처방학의 기초를 다졌다. 두 책은 오늘까지도 모두 중의약학의 경전이다.

넷째, 침구 치료에 관한 저작물을 출품하였다.

침과 구(뜸) 두 가지 수단을 사용하여 질병을 치료하는 것은 중국에서 오래된 역사를 가진 치료 방법이다. 하지만 침과 뜸의 치료학과 영역에서 이전 사람들의 경험과 저술에 대해 전면적으로 정리를 하고 이를 더 업그레이드를 하여 기초를 다진 저작을 완성한 것은 황보밀의〈침구갑을경(針灸甲乙經)〉밖에 없을 것이다.

황보밀은 안정군 조나현(오늘날 영하 자치구역 고원시) 사람이다. 그는 서기 214년, 즉 동한 건안 18년에 출생하였고 52년 동안을 살았다. 그리고 이 중 사분의 삼의 인생을 삼국의 조위에서 보냈다. 그리고 그가〈침구갑을경(針灸甲乙經)〉이라는 불후의 저작을 저술한 것은 바로 조위 말기였다.

오늘날 학자들은 이 경전의 독창적인 점이 주로 두 부분에서 나타난다고 여긴다. 먼저 이전 사람들의 학술 성과에 대한 태도에서 중요한 부분만을 추려내어 그중에서도 오래된 것을 버리고 새로운 것만을 취했던 것이다. 다음으로는 구체적인 학술 성취 영역에서 침구변증치료의 뼈대를 완성하고 침구학의 발전에 깊은 영향을 미쳤다는 것이다.

다섯째, 수학 연구 중 불후의 책이 나타난 것이다.

삼국에서 가장 독창적인 정신을 가지고 있는 수학가는 유휘라고 할 수 있을 것이다.〈구장산술주(九章算術注)〉는 바로 그가 조위 경원 4년(서기 263년)에 지은 후세에게 남겨준 훌륭한 저작이다.

〈구장산술(九章算術)〉은 삼국 이전의 수학 저서로, 다른 유형의 수학 문제와 답안을 소개하는 데, 총 아홉 가지의 분류로 한 분류마다 한 장으로 구성되어 있어 이러한 이름을 얻게 된 것이었다. 후에 개방, 구고, 방정 등의 여러 수학 명사들은 모두 이 오래된 수학 서적에서 유래한 것이었다. 하지만 이 책의 답안은 너무 지나치게 간단하여 유휘가 이에 대한 해석을 달았다. 그리고 그의 가장 두드러진 성취는 바로 약간 중요한 문제에 대해 심도 있는 주석을 달았는데, 이 주석이 전문적인 연구 논문에 버금갔다는 것이다. 가장 훌륭하고 유명한 부분은 새로운 원주율 계산 방법을 개발했다는 것이다.

첫 단계, 그는 평소에 말하던 '원 둘레는 직경 3배라는 설법'이 정확하지 않은 계산 방법이라는 것을 지적하고, 원 안에 육각형을 그려 적용시킨 것이라고 말하였다. 사실 원 안에 육각형을 그리면 변의 길이가 같아 이를 모두 합치면 직경의 3배 길이가 되었다.

두 번째 단계, 그는 자신의 정확한 원주율 계산 방법을 언급했다. 원 안에 근접한 육각형에서 시작하여 정십이각형, 정이십사각형, 정사십팔각형, 정구십육각형, 정백구십이각형을 만들어 원의 둘레길이를 추이했다. 이렇게 원둘레에 대해 더 많은 분할을 한 뒤 원 안의 다각형 둘레 길이 및 원둘레와 직경의 비를 계산하는 것이다. 원주율에 대한 분할이 많을수록 정다각형의 둘레 길이도 원둘레 길이에 더 비슷해졌다.

세 번째 단계, 그는 직접 계산을 시범해 보았다. 그는 정육각형에서 시작하여 백구십이각형까지 그렸고 그 결과 그가 계산해 낸 정다각형의 둘레와 직경의 비율은 약 3.141029였다.

유휘의 이러한 독창적인 계산 방법은 후세에 '할원술'이라고 불렸으며 여기서 그가 창조해 낸 새로운 핵심요소는 다음의 세 가지로 정리해 볼 수 있다.

첫째, 새로운 개념이다. 현대 고등 수학의 미적분의 기초는 '극한'이라는 개념이다. 즉 무한으로 근접한다는 것인데, 도달하려는 지점에는 영원히 도달할 수 없다. 고대 중국에서는 이미 일찍이 이와 유사한 사고를 한 적이 있었다. 예를 들어 〈장자〉에서는 '1척을 계속 다듬어 매일 그의 반을 취하면 오랜 세월 동안 끊임이 없을 수 있다'라고 하였다.

하지만 장자의 사고방식은 그저 철학적인 관점이었을 뿐이었다. 극한의 개념을 수학의 영역에서 적용시킨 것은 유휘가 첫 선구자였다.

둘째, 새로운 방법이다. 원주율의 정확한 계산을 위해 실물을 측량하는 것은 결국 완성할 수 없는 것이었다. 왜냐하면 어떠한 실물의 길이 측량도 오차가 날 수 있기 때문이다. 따라서 계산 결과는 이상적인 정확도에 도달할 수 없게 된다. 이와 반대로 이론만을 가지고 연산을 하는 방법이어야만 완성을 할 수 있게 된다. 하지만 어떠한 이론적 계산 방법으로 이상적인 정확도에 도달할 수 있고, 또 아주 간단하게 계산을 할 수 있을까? 유휘의 독창적인 새로운 방법은 바로 이러한 장점을 가지고 있었다. 그는 정육각형은 정육각형을 정십이각형으로 만든 뒤 정육각형의 한 변, 즉 원의 반경을 한 단위의 길이로 일 척으로 설정하였다. 그리고 직각 삼각형의 구고정률을 이용하여 2회의 직각 삼각형의 변의 길이를 계산을 통해 정십이각형의 한 변을 구하였다. 이것은 한 단위 길이의 변 및 그 둘레의 길이에 상당하는 길이였다.

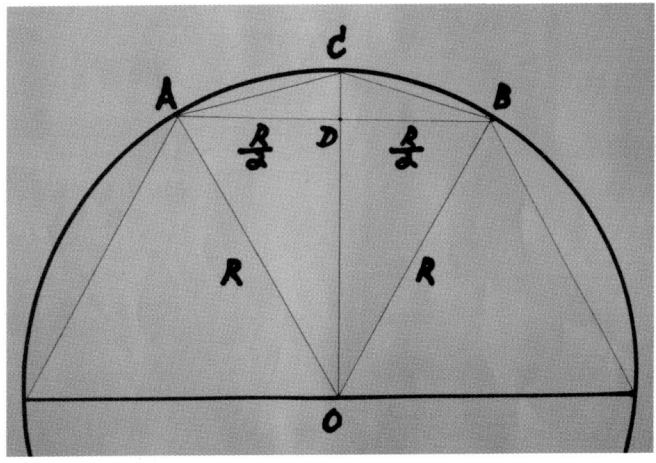

유희의 할원률 계산 표시 설명도

설명도를 참조하면 이 방법이 얼마나 오묘한 지 더 쉽게 알아볼 수 있다. 먼저 첫 번째로 큰 직각 삼각형 AOD를 살펴보자. 그 변의 길이는 AO인데 이는 원의 반경과 같은 길이, 즉 유휘가 설정한 한 척이다. AD의 길이는 원의 반경의 반이다. 즉 한 척의 이분의 일이되는 길이다. 이 구고정률에 따르면 한 변 길이의 제곱을 한 뒤 한 변의 제곱을 감하고 제곱근을 풀이하면 OD의 길이를 구할 수 있다. 다시 두 번째로 작은 직각 삼각형 ACD를 살펴보자. DC의 길이는 일 척의 원반경 OC에서 OD를 뺀 길이와 같다. OD의 길이는 이미 구했기 때문에, 이 길이도 구할 수 있다. 그리고 AD 길이는 또 원반경의 반이다. 이 또한 알고 있는 사실이다. 그래서 AC의 길이는 정십이각형의 한 변이다. 마지막으로 다시 구고정률을 사용하면 이 길이도 구해 낼 수 있다.

이 방법은 교묘할 뿐만 아니라 지속가능성도 가지고 있다. 계속 사용해서 다음 일련의 다각형의 둘레를 구할 수 있고 이렇게 되면 더 정확한 원주율을 구할 수 있게 된다.

셋째, 수치의 새로움이다. 유휘 자신의 시범적인 계산은 아쉽게도 192각형까지에서 그쳤다. 하지만 오늘날 학자들은 이렇게 얻은 근사치 3.1416은 이미 당시 세계에서 가장 정확한 수치였다고 여긴다. 후에 남조 조충의 원주율 계산법으로 소수점 뒤 7자리까지 계산한 결과를 세계 최초로 얻을 수 있었는데 그 수치는 3.1415926과 3.1415927 사이었다. 이 역시 유휘의 할거원술법을 사용한 것으로 정육각형을 12288각형으로 분할한 뒤 계산해 낸 것이었다. 유휘는 수학이라는 학문에 큰 공헌을 했으며 오늘날 세계 수학계에서 아주 높은 평가를 받는 인물이 되었다.

여섯째, 견직기술이 발달한 촉의 비단제품이 가장 우수하다.

촉한에서 생산된 비단은 당시 아주 정교하고 우수한 품질로 천하에 명성을 떨쳤다. 이 책의 도입부〈제갈량이 성도에 가져다준 3대 복〉이라는 부분을 읽어보면 이에 대해 상세히 알 수 있다. 촉의 비단이 이렇게 유명할 수 있었던 이유의 주요 요소는 산업 관리 상의 집단화 개조 외에도 견직 기술의 우수함 때문이라고 할 수 있다. 비단은 직기에서 도안과 꽃무늬를 편직하는 공예품으로 기술 난이도가 매우 높다. 당시의 과학 기술 조건에서 촉의 비단 생산 중 가장 장악하기 어려운 기술 부분은 바로 색을 염색하는 부분과 편직, 이 두 부분이었다. 제품의 품질을 높이기 위해 알록달록한 색을 추가하는 것은 필수였다. 또한 제품의 생산량을 높이기 위해 반드시 직기의 구조 설계를 개조하여 효율을 높여야 했다. 당시의 조건으로 최초 상태의 염료를 사용하여 실을 여러 색으로 물들이고 그 색채를 빛나게 그리고 균일하게 그리고 색이 잘 빠지지 않게 하는 것은 무척 쉽지 않은 일이었다. 게다가 원시 인공 페달식 직기에서 정교한 구조를 설계해 내고 수량이 극히 많은 경선에 수동으로 위선을 끼워 넣어 완벽한 조합을 만들고 변화무쌍한 도안과 꽃무늬를 편직해 내는 것은 기계공 장인이 반드시 해결해야만 하는 난이도가 높은 기술이었다. 역사 문헌에 기재된 내용에 따르면 삼국시기 촉한에서 생산된 비단은 완성품의 정교함 정도 그리고 생산량이 눈에 띄게 증가한 정도가 모두 이전 시기에 비해 전면적으로 제고되었다고 한다.

일곱째, 칠보기술에 의한 청자의 제품혁신이다.

청자는 중국 고대 자기 중 가장 주요한 품종으로 삼국이전 시기에 이미 출현하였다. 삼국이전의 청자는 품종이 비교적 단일하고 그 구조가 비교적 조잡했으며 타일도 쉽게 탈락되는 등 전반적인 기술이

마안산시 손오 주연묘에서 출토된 청자도관

원시 단계에 머물러 있었다. 하지만 삼국의 손오시기에 이르러 이러한 상황이 눈에 띄게 바뀌게 된다

　　라종진 선생의 〈육조고고(六朝考古)〉라는 책의 통계에 따르면 강소성 경내에서 1984년말까지 청자 수장품을 가진 손오의 묘가 27곳이 발견되었으며 구체적인 연대가 표기된 곳은 7곳이며 총 110개의 청자가 출토되었다고 한다. 이 제품들 중 청자가 기술적인 혁신을 이뤄냈다는 것을 알 수 있다. 먼저 품질 측면에서 일부 최고급품은 그 구조와 색채, 그리고 질감이 모두 진정한 자기의 우아한 자태를 보유하기 시작했다. 예를 들어 적오 연대가 적혀있는 청자호자 및 감로 연대가 적혀있는 청자 양존은 모두 균일하고 정돈된 구조, 섬세한 소재, 깔끔한 유약, 광택있는 표면으로 초기 청자의 모습에서 이미 많은 발전을 이룬 상태였고 동한의 청자와 다른 면이 있었다. 다음으로 품종 측면에서 유약을 바른 새로운 자기 제품이 있었는데, 이러한 제품들은 지금까지도 세상에 제작되고 있는 것들이다. 1983년 채색이 되어 있는 청자대개호는 남경 남교 우화대구 장강촌의 손오묘에서 발견되었다. 이 물건은 주전자인데 주전자의 몸체 높이가 약 32.1센티미터 둘레길이는 약 31.2센티미터로, 갈흑색으로 채색을 하였으며 전체적으로 무늬를 가지고 있으며 덮개는 청황색 유약이 발라져 있었다. 역가승 선생은 이 진품의 출토는 삼국시기에 이미 자기에 유약을 칠한 뒤 굽는 선진 공예 기술이 있었다는 것을 증명한다고 말하였다. 이 진품은 자기 제작 공예와 회화 예술

을 유기적으로 결합하여 자기 장식의 새로운 길을 개척하였다. 이것은 채색을 칠하고 유약을 말라 자기를 아름답게 만드는 가장 초기의 전형이며, 자기 장식 예술 중 아주 중대한 발명으로 중국 도자 역사에서 아주 중요한 의미를 지니고 있다.

여덟째, 선박제조 공정기술의 발전이다.

삼국의 대형 제조 공정 중 조선 기술의 발전이 가장 눈에 띈다. 담량소 선생의 〈삼국과기성취탐비(三國科技成就探秘)〉에서는 이에 관해 전면적으로 서술하고 있다. 그중 과학기술 방면에서 이전에는 없었던 새로운 풍모를 보여준 것은 다음 세 방면의 증가이다.

하나, 조선 수공업장의 현저한 증가이다. 손오의 장강 연안 및 동해 연안, 조위의 발해 연안, 내륙 수로 교통의 요도, 그리고 촉한의 대형 하류 연안에는 모두 조선 수공업장이 분포되어 있었다.

둘, 대형 선박의 현저한 증가이다. 당시의 대형 선박 중 수천 명의 사람을 실을 수 있는 선박은 전혀 희귀한 것이 아니었다. 손오는 심지어 장강 남안 번구(오늘날 호북성 적벽시)의 조선 기지에 삼천여 명의 사람들을 실을 수 있는 대형선박을 만들고 선박의 이름을 '장안'이라고 지었다. 그리고 손권은 여러 군신들을 데리고 배를 타며 시범 항해를 하기도 했다.

셋, 선박 종류의 현저한 증가이다. 주로 군사 용도로 쓰였던 각종 선박 이외에도 손오가 전문적으로 원양 항해에 나갈 때 쓰던 선박, 그리고 남해 각국과 우호적인 교류를 할 때 쓰던 대형 항해용 선박이 있었다. 북송 문헌 〈태평어람(太平御覽)〉에 기록된 이러한 해양선박들은 모두 체형이 거대하였고 배의 높이가 약 20여 장이나 되었다. 오늘날의 길이단위로 환산하면 약 50미터 이상이다. 수면 위의 높이도 약 3장, 7미터 이상이었으니 배 위의 복도는 마치 공중 속에 있는 복도와도 같았다. 그리고 적재량도 놀라웠다. 육칠백 명의 사람들을 탑승시킬 수 있었고 약 100만 킬로그램, 1000톤의 물건을 적재할 수 있었다. 우리는 손오의 대형 해양선박의 제조기술이 이미 천톤급 이상의 새로운 수준에 이르렀음을 알 수 있다. 이러한 대형 해양선박은 손오가 해외로 진출하는 새로운 형세 속에서 생산된 과학기술의 새로운 산물이었다.

삼국의 과학기술을 살펴보면 가장 주의 깊게 살펴볼만한 부분은 총 두 가지가 있다. 하나는 의학 방면에서 뛰어난 성취를 이루었다는 것이다. 이것은 당시 끊임없이 발발하는 전쟁과 도탄에 빠진 백성들의 면모와는 선명한 대비를 이루는 것이다. 또 하나는 중국이 세계에 이름을 날린 두 가지 불후의 발명품인 비단과 자기가 모두 삼국 시대에 새로운 성취를 이루었다는 것이다. 이 두 가지는 우리가 어떻게 삼국을 정확하게 평가할 수 있을까라는 질문에 대해 절대 그냥 지나쳐서는 안 되는 객관적인 증거를 마련해 준다

6. 문화 사상의 새로운 물결

고대 중국의 역사를 전반적으로 살펴보면 분열시기에는 종종 문화사상이 가장 융성하고 발전했던 시기였고, 이후 출현한 통일시대를 위한 없어서는 안될 문화사상의 영양분을 제공해 주었다. 분열의 춘추전국 시대에는 제자백가들의 분분한 사상 분쟁이 일어났으며 이는 이후 출현한 진한 절정기에 문화사상의 풍부한 영양분을 제공해 주었다. 이와 비슷하게 분열의 위진남북조시기에는 문화사상의 새로운 물결이 한꺼번에 나타났고, 이는 이후에 출현한 수당 절정기

를 위한 문화사상의 풍부한 영양분을 제공해 주었다. 위진남북조에서 중요한 지위를 차지하고 있는 삼국은 상술한 새로운 물결 방면에서 가장 주의할 만한 가치가 있는 것이다. 이 포인트는 다음 여섯 가지로 정리해 볼 수 있겠다.

첫째, 유학의 새로운 형태 – 현학의 탄생이다.

중국의 유학은 탄생 이후 변하지 않는 상태를 유지해왔고 시대의 다름에 따라 여러 차례의 변이를 겪었다. 만약 공자가 창설한 유학을 원시 유학이라고 부른다면 이후 발생한 변이는 전반적으로 3번으로 나누어볼 수 있겠다. 바로 한대의 유학, 위진현학, 그리고 송명이학이다. 이러한 세 가지 종류의 변이 이후의 유학은 공자의 원시 유학과 비교했을 때 실질적으로 큰 차이를 보인다. 그중 위진현학은 바로 삼국시기에 발단이 되었다.

한대 유학은 한무제가 유학만을 떠받들던 시기 이후에 출현하였다. 그 실질은 봉건왕조를 위한 통치의 정치학설을 공고히 하기 위함이었다. 특히 그중 가장 유행했던 것은 전문적으로 정치에 이론을 제공해 주었던 금문경학 그리고 금문경학의 극단적인 형태인 참위이론이다.

위진현학은 이와 완전 다르다. 위진현학의 실질은 지식인 집단에게 지도사상을 제공해 준 인생철학이었다. 현학의 학술 특징은 주로 세 가지이다. 연구 토론 내용 측면에서 유가와 도가 두 학파를 융합한 것, 연구 토론의 과제 측면에서 추상적 철학적 이론에 더 편중되어 있다는 것, 연구 토론의 학풍 측면에서 간명하고 요점만 이야기한다는 점이다.

현학의 발단은 동한말년 즉 삼국이 성숙한 단계에 발생하였다. 〈삼국지〉 등 사서에 기재된 내용에 따르면 당시 형주에서 군정장관 유표의 제창과 지지 속에서 형주의 지방관청 양양(오늘날 호북성 양양시) 일대에 한 무리의 학자들이 모여 소위 '형주학파'를 형성하였다. 이 무리의 지도자는 송충, 사마휘, 기무개 등이었고 그들의 주위에는 사방에서 온 삼백여 명의 청년 인재들이 모였다. 후에 촉한을 위해 힘을 다한 제갈량, 방통, 향랑, 운묵과 조위를 위해 힘을 다한 서서, 왕찬, 유이, 왕필, 그리고 손오를 위해 힘쓴 반준 등이 모두 이 학파의 우등생들이었다. 여영시 선생은 형주학파는 학풍상 간명하고 핵심만을 강조하고 과제에서는 추상적 철학적 이론에 편중되어 있어 후기의 현학에 기본적인 학술 특징의 기반을 다져 주었다고 여겼다. 이러한 판단은 아주 정확하고 적당한 것이다.

현학의 정식 출현은 조위 소제 조방의 정시 연간이어서 '정시의 소리'라는 별명을 지닌다. 대표인물은 하안, 왕필이 있다. 하안은 〈도론(道論)〉, 〈무명론(無名論)〉을 저술하였으며 〈논어집해(論語集解)〉의 편찬

남경박물관에서 출토된 '죽림칠현' 묘전도

에 참여하였다. 왕필은 〈노자주(老子注)〉와 〈주역주(周易注)〉를 저술하였다. 저작명칭에서 우리는 두 사람이 모두 유가와 도가를 함께 중시했다는 사실을 알 수 있다. 그중 왕필은 형주학파 출신이었다. 〈삼국지〉에 기재된 내용에 따르면 왕필의 조부 왕개는 와찬의 족형으로 유표의 딸을 아내로 맞이하였다. 그래서 왕필은 유표의 외증손이다. 여기에서 우리는 위진현학과 형주학파의 연원이 관계가 있다는 것을 알 수 있다.

현학의 탄생과 일치하는 것은 현학명사 집단들의 출현이다. 그들은 현학 명제에 대해 담론을 나누는 것에 흥미를 가졌다. 그중 전형적인 대표는 조위말년에 혜강, 완적을 지도자로 하는 '죽림칠현'이다.

둘째, 문학의 새로운 지위로서의 독립이다.

삼국이전의 한대에는 문학의 기본은 유학의 부속물일 뿐, 절대 독립적 지위가 없었다. 문학작품을 쓰는 작가 역시 문학의 가치에 대해 특별히 중시하지 않았다. 서한의 사마천은 그의 〈보임안서(報任安書)〉에서 서한 양웅은 그의 〈법언(法言)〉에서 모든 문학이 사회적 중시를 받고 있지 않다는 사실을 반영하고 있다. 삼국시기에 이르러 대문호 조식도 여전히 이와 유사한 생각을 가지고, 문학은 어떠한 사회적 기능도 없다고 여겼다.

하지만 조식의 형 조비는 이와 완전 달랐다. 그는 문학의 사회적 기능에 새롭게 높은 평가를 했다. 그는 자신의 〈전론·논문(典論·論文)〉의 문장에서 문장은 국가를 통치하는 하나의 대업이며 사람으로 하여금 대사를 하도록 하기에 충분하며 영원히 후세에 전해질 수 있음을 특히 강조하였다. 중국 역사에서 문학의 사회적 기능에 대해 이토록 새로운 깊은 인식을 가질 수 있고 이에 대해 높은 평가를 한 사람은 이러한 새로운 흐름을 만들어낸 조비 한 사람뿐이었다고 할 수 있겠다.

〈삼국지〉에 기재된 내용에 따르면 조비는 직접 당시 문학가의 창조작품에 대해 하나하나 평가를 했다고 한다. 그 본인도 문학대가였고, 문학이 얼마나 달고 쓴지 잘 알고 있기 때문에 그의 평가는 무척 공정하고 중립적이었다고 한다. 예를 들어 그가 진림을 평가하며 그가 주장 같은 유형의 문장을 쓸 때 기세는 너무 충만하지만 문구가 약간 복잡한 점이 아쉽다고 말한 적이 있다. 중국 역사에서 작가의 신분으로 동일 시대의 작가 집단을 평가하고 공정하고 애호의 태도를 모두 가진 자는 조비가 처음이었다. 그는 자신의 저작 〈전론·논문〉의 시작에서 '문인은 상대적으로 가볍다고 여겨왔다'라고 말하며 문단의 이러한 열등한 분위기에 대해 실질적인 행동으로 엄숙하게 평가를 한 첫 번째 사람이었다.

조비가 앞서 언급한 두 방면에서 특출난 공헌을 했기 때문에 노신 선생은 '조비의 시대에는 문학의 자각 시대라고 할 수 있다'라고 언급할 수 있었다.

문학이 점점 중시를 받으면서 문학의 지위도 점점 독립적으로 변해갔고 문학 창작도 점점 새로운 기상으로 출현하기 시작했다.

새로운 작가 집단이 출현하였다. 동한 건안 시기의 '삼조칠자(三曹七子)'였는데, 이들은 조조, 조비와 조식 부자 삼조, 공융, 진림, 왕찬 서간, 완우, 응창, 유정의 칠자였다.

새로운 친족 작가 집단도 출현하였다. 앞서 언급한 '삼조' 외에 '이육', 육기, 육운 형제가 있었다. 그들은 명장 육손의 손자들이었다. 손오시기에 훌륭한 인재가 되어 서진문단을 밝게 비추는 쌍둥이자리 별이 되었다.

새로운 작품의 시대적 풍격도 출현하였다. 시가예술의 '건안풍골'이 바로 그것인데, 이는 감정을 충분히 표현하였으며 격조가 강건하고 참신하였다. 당시는 중국 고전 문학의 최고봉이다. 그리고 건안 문학 중의 시가는 이후 당시(唐詩)에 아주 큰 영향을 미쳤다. 초기 당시 혁신의 선구자 진자앙과 당시가 가장 성행했을 때의 시인 이백은 모두 건안 시가를 추종하였다. 이백은 '봉래의 문장 속에는 건안의 뼈가 있다.'라는 시구로 찬미하였다.

셋째, 학설의 새로운 영역-인재이론이다.

삼국은 또한 인재가 배출되던 시대였다. 인재가 배출되었기 때문에 인재 이론의 탄생을 촉진할 수 있었다. 당시 지식단체들의 단골 토론제목 중 하나는 '재성사본(才性四本)'이었는데, 전문적으로 재능과 품성을 토론하고 이 두 가지의 내용과 상호 관계에 대해 토론하며 어떻게 인재를 정확히 평가할 지에 대해 더 완벽하고 전면적인 인식을 갖는 것이었다. 이 토론 제목에서 더 갈라져 4개의 소토론주제가 있었는데, 그것은 바로 '재능과 품성은 분리가 가능한가, 결합이 가능한가, 상동한 것인가, 아예 다른 것인가'였고, 이를 줄여 '이합동이(離合同異)'의 '사본(四本)'이라고 불렀다. 이 논제의 출현은 현실 정치 특히 조조의 '재능이 보이면 임용하는' 인재 정책과 밀접한 관련이 있었다.

인재 화제의 열렬한 토론에 참여하는 것 이외에 이 방면의 더 중요한 성과는 중국 최고 인재학의 저서〈인물지(人物志)〉가 삼국시기에 출품되어 오늘날까지 전해졌다는 것이다. 이 저서의 작가 유초는 조위의 학식이 깊고 넓은 대신이었다. 그는〈인물지〉3권 총 20편의 문장을 통해 인재를 인식하고 식별하고 평가할 수 있는 각 방면에 대해 심도 있게 논술하였다. 아주 강렬하고 참신한 특색이 있는 독창적인 저서였던 것이다. 유초는 문화 영역에서 또 하나의 독창적인 큰 공헌을 하였는데, 이 내용은 다음 단락에서 설명하도록 하겠다.

넷째, 전적의 새로운 품종-대형유서(같은 종류의 책을 모아서 일정한 방식에 따라 분류하여 검색에 편리하도록 편집해 놓은 책)이다.

중국의 최고 대형 유서는 삼국 시기에 출현했다. 이것은 바로 위문제 조비가 명령을 내려 편찬한 〈황람(皇覽)〉이다. 소위 유서라는 것은 중국 고대 서적 중 한 종류이다. 그것은 편찬자가 세상에 존재할 때 전적 문헌 중 기재한 모든 지식, 자연계와 인류사회를 포함한 모든 내용을 모두 해체하여 다시 분류하고 정리하여 새로운 면모를 지닌 전적을 만드는 것이다.

유서의 지식에는 포함되지 않는 것이 없기 때문에 유서는 지식의 대백과전서라고도 불렸다.

유서에는 원래 전적문헌의 명칭과 원문을 그대로 보존하였기 때문에 자료를 집대성한 서적이었다.

유서에는 당시 거의 모든 전적문헌들을 포함하고 있었기 때문에 이전의 중국 문화에 대한 전면적인 정리와 총괄을 할 수 있었다.

정리하자면 대형의 유서는 백과사전식의 자료 편찬으로 '중국식 대백과사전'이라고 불릴 수 있었으니, 그 중요성은 말로 하지 않아도 알 수 있는 것이었다.

위문제 조비는 문학과 문화를 좋아한 창작의 대가였다. 하지만 그가 생존하던 시대에는 세상에 전해지던 전적문헌들이 이미 많은 상태였다. 만약 조비가 붓을 들고 문장을 쓸 때 갑자기 어떤 방면의 전고를 사용하고 싶은데 구체적 문구와 출처가 제대로 생각나지 않는다면, 이 〈황람〉만 있으면 그는 바로 실마리를 찾아 신속하게 찾고 싶은 부분을 찾을 수 있었다. 그가 명령을 내려 이 책을 편찬하도록 하고 이름을 〈황람〉이라고 지은 이유는 편찬 동기가 이러하였기 때문이다.

〈황람〉 편찬에 참여한 신하들은 학식이 넓고 깊은 신하 왕상, 유초 등 여러 사람이었다. 책은 40여 개의 부류로 나뉘며 총 수천 편의 문장, 800만여 자가 실렸으니, 인쇄술이 아직 발명되지 않았던 당시에는 아주 거대한 저서라고 할 수 있었다. 아쉽게도 이 책은 수당시기에 이르러 없어지고 훼손되어, 오늘날 온전하지 못한 상태로 남아 있다.

하지만, 조비가 만든 유서편찬은 중지되지 않고 후에도 이러한 기풍이 널리 퍼져 계속 유지되었다. 이 예로 후에 출현한 〈예문유취(藝文類聚)〉, 〈북당서초(北堂書鈔)〉, 〈초학기(初學記)〉, 〈태평어람(太平禦覽)〉, 〈책부원구(冊府元龜)〉, 〈용약대전(永樂大典)〉 등이 있다.

다섯째, 처세에 관한 새로운 태도―대범한 인생관이다.

삼국 이전 동한 시기, 지식집단 사이에 널리 퍼진 처세술은 바로 적극적으로 세상에 뛰어드는 것이었다. 그들은 정치에 열렬히 충성하고 사회에 관심을 가졌고 윤리기강을 태산만큼 중시하였다. 하지만 동한말년의 대혼란으로 많은 사람이 죽자 사람들은 생명의 무상함에 슬퍼하였고 인생이 짧음을 통한하였다. 그래서 새로운 처세 술이 나왔는데 그것은 바로 인생을 대범하게 사는 것이었다. 구체적인 특징은 두 가지가 있는데, 첫째 살아 있는 동안의 자유, 둘째 죽음에 대한 초탈이었다.

소위 살아 있는 동안의 자유는 바로 살아 있을 때 유유자적하게 통쾌하게 살며 자신에게 떳떳하게 살아가는 것이었다. 이 방면의 사례는 〈삼국지〉 등 전적에 기재된 바가 무척이나 많다. 조조가 군무로 바쁠 때에도 여전히 시적 감흥이 일어 '술을 마주하고 노래를 하자, 이런들 인생이 어떠하리'라는 노래를 부른 적이 있다. 공명은 융중에서 밭을 갈아 자급자족 생활을 하며 한가할 때는 청산녹수를 바라보며 무릎을 안고 큰 소리로 울부짖었다. 주유는 술을 마실 때 음악에도 도취되었다. 조식은 손님을 맞이할 때 자신을 꾸미고 공연을 하였다. 이 외에도 많은 사례가 있다.

소위 사망의 초탈이라는 것은 바로 죽음이 다가왔을 때 담담하고 조용하게 대면하며 무서워하거나 놀라지 않는 것이다. 이 방면의 사례 역시 〈삼국지〉 등의 서적에 적지 않게 기재되어 있다. 예를 들어 조조는 임종 전에 한대 전통 장례를 치르는 것을 반대하고 자신이 제작한 수의를 입고 장례식을 위한 네 개의 상자밖에 없었다. 그의 아들 조비는 성대한 장례 의식을 치르는 것을 반대하며, 보기 드물게 엄격한 지령을 내렸다. 제갈량도 자신의 장례식을 간단히 치를 것을 요청하였다. 이렇게 인생관의 큰 변화가 나타난 시기가 바로 삼국시대였다.

여섯째, 새로운 사상의 등장 ― 군주를 비난하다.

삼국이전의 동한은 유학기로 절대적인 정치적 지위를 차지하고 있어 다른 이단사상은 나타나기가 어려웠다. 동한말년 천하가 혼란스러워지자 유학의 통일된 상태가 깨지고 동한 후기 정치가 부패하기 시작하여 사람들은 군주 정치에 대한 반감이 일기 시작한다. 이에 군주를 비난하는 사상이 새롭게 등장하기 시작한 것이다.

삼국말기 혜강이 쓴 〈태사잠(太師箴)〉은 비판의 방향을 지위가 가장 높은 군주에게로 돌렸다. 그는 당요, 우순, 하우 삼대군주는 천하 민중들의 행복을 위해 가장 수고한 군주라고 여겼다. 하지만 이 이후의 군주는 자신의 사익만 고려한다고 하며, 군주의 지위가 추종될수록 사회 분위기가 더 악화되고 민중들의 생활이 더 고통스러워진다고 여겼다. 혜강의 군주를 비난하는 사상은 이 시기 보기 드문 것이었다.

당시의 대명사 공융은 공자의 20대 자손으로 비판의 화살을 가정의 주재자인 아버지에게 돌렸다. 사서에 기재된 내용에 따르면 그는 과거 예형에게 다음과 같이 말한 적이 있다고 한다. '아버지는 아들에게 있어 어떤 면에서 친애의 관계가 있겠는가? 만약 당초 아버지가 아들에게 부여한 생명의 원본 동기를 논한다면 자신의 끓어 넘치는 성욕을 만족시키기 위해서였을 뿐이다.'

군신과 부자는 유가에서 가장 강조하고 중요하던 윤리기강의 관계였다. 이러한 사상이 등장하여 직접 군주를 가리키며 이 이야기들이 공자의 후예의 입에서 나온 현상은 이전에는 없었던 새로운 현상이었다.

● ● ●

지금까지 총 여섯 가지 방면에서 삼국시대에 대해 전면적으로 독창적인 성취에 대해 알아보았다. 간략한 소개였지만 여기서 우리는 삼국시대의 진실된 역사적 면모가 시대와 함께 발전하며 끊임없이 새로운 것을 창조하고 발전해 나가는 시대였음을 알 수 있다.

제20장
삼국 군사전략가에 대한 수치화 심사

삼국시기는 전쟁이 끊이지 않는 시대였다. 성숙 단계와 정식 단계를 포함한 약 90년 동안 전쟁에 동원된 병력이 총 5만 명 이상이었던 대형전쟁, 그리고 50만 명 이상의 특대형전쟁이 총 92번 이상 일어났다. 중소형 전투는 너무 많아 통계하기조차 어렵다. 쇠붙이로 만든 창과 철갑을 두른 말, 피비린내가 진동하는 전쟁터는 군사전략가를 성장시키는 아주 비옥한 토양이었다. 그래서 전쟁에서 자신의 실력을 펼친 군사전략가는 삼국 역사에서 눈에 띄는 대집단이 되었다. 하지만 어떠한 기준을 가지고 이러한 군사전략가들을 평가해야 하는가? 이러한 평가는 어떻게 해야 객관적이고 정확할까? 이를 위해서는 당연히 객관적인 방법인 수치화 심사 기준을 사용해야 할 것이다.

1. 등급별 수치화 심사 기준의 내용 요점

삼국시기의 군사전략가에 대한 일종의 새로운 등급 수치화 심사 기준을 세운다면 이 기준의 내용은 절대 너무 복잡해서는 안 될 것이다. 그렇지 않으면 실제 조작에 있어 아주 큰 어려움이 있을 것이기 때문이다. 실질적 조작이 부족한 기준은 절대 좋은 기준이라 할 수 없다. 내용이 절대 복잡할 수 없으니 고려해야 하는 방면은 반드시 세세한 부분은 제거하고 요점만 드러내야 한다. 이로 인해 이 본문에

조위 합비 신성 군사 진영 유적

서는 간략하고 객관적이며 조작하기 쉬운 등급 수치화 심사 기준을 세웠다. 기준의 내용에 대해서는 총 9개의 요점으로 구성되어 있다. 자세한 내용은 다음과 같다.

첫째, 군사전략가의 선발 범위를 확정하였다. 군사전략가의 기본적인 측면을 고찰하는 것은 대형전투를 할 때 군사자원방면에서의 효율적인 장악과 합리적인 이용을 할 줄 아는 실질적인 재능이다. 구체적으로 이 실질적인 재능은 주로 두 가지로 나타난다. 하나, 지휘 기술이다. 즉, 여러 군대를 통솔하여 작전을 지휘하는 능력이다. 둘, 최종 공적이다. 즉, 중대한 전투를 완성하고 예정한 목표를 완성하는 능력이다. 이로 인해 군사전략가의 선발 범위는 삼국시기 중대한 전투에서 전쟁터 일선에 위치하여 독립적으로 방대한 부대를 지휘하고 작전을 지휘하는 주사령관이다. 해당 군사 행동을 심사하는 후방 군주, 주사령관의 책략에 협조하는 신하들, 해당 주사령관의 지휘를 받는 예하부대의 장수들은 이 유형에 속하지 않는다.

둘째, 삼국시기의 대형 전투와 특대형 전투를 확정하였다. 소위 대형 전투라는 것은 반드시 두 가지의 조건을 갖추고 있어야 한다. 하나는 규모이다. 참전 양 측이 출동한 병력의 총수가 5만 명을 넘어야 한다. 또 하나는 영향력이다. 참전 양측이 해당 지역에서의 군사 태세를 바꿀 수 있을 만큼의 영향력이 있어야 한다. 특대형 전투는 참전 양측의 출동 병력이 총 50만 명을 넘어야 하며 더 큰 지역의 군사 태세 그리고 전체 국면의 군사 전략 태세 혹은 정치 발전 국면에 큰 변화를 일으킬 수 있어야 한다. 만약 참전 양측이 출동한 병력의 총수가 눈에 띄게 50만 명을 초과하지만 큰 지역의 군사 태세에 중대한 변화를 일으키지 않는다면 대형 전투로 간주할 수밖에 없다. 극소수의 대형전투에서 참전 양측의 출동 병력이 5만여 명밖에 되지 않지만 더 큰 지역의 군사 태세 특히 전체 국면의 군사 전략 태세 혹은 정치 발전 국면에 중대한 변화를 일으키는 전투가 있는데, 이러한 전투는 특대형 전투로 분류해야 한다.

셋째, 삼국시기 대형 전투의 시한을 확정하였다. 삼국시기 전체는 성숙단계와 정식단계로 나뉜다. 그래서 삼국시기의 대형전투의 시한을 확정하는 것은 성숙단계인, 동한 헌제 초평원년(서기 190년) 정월을 시작점으로 해야 한다. 이때를 시작점으로 각지의 군웅들이 군대를 일으켜 동탁을 제거하였고, 이때부터 정식단계의 종점은 삼국에서 최후까지 남은 손오 정권이 멸망한 서진 무제 태강원년(서기280년) 3월 까지를 말한다. 이로 인해 삼국시기 전체는 총 90년의 역사로 총괄된다. 그중 서진 무제 태시원년(서기 265년) 12월 서진 왕조가 건립된 후의 서진, 손오가 대치하던 기간, 양측에서 발생한 대형전쟁 및 특대형전쟁 중 손오의 주사령관만이 그 선발 범위에 분류되며, 이에 따라 승패의 득점과 추가점수를 계산하였다. 서진의 주사령관은 선발범위에 들지 않는데 이로 인해 승패로 인한 득점과 추가 점수를 계산하지 않았다.

넷째, 득점 기준을 확정하였다. 앞서 결정한 모든 대형전투 중 완전 승리를 거두고 예상한 전과를 올린 측의 전군 지휘를 맡은 일선 주사령관은 2점을 획득한다. 전투에서 패배한 전군 지휘를 맡은 일선 주사령관은 0점을 획득한다. 기본적으로 승부가 나지 않는 전투는 양측의 주사령관이 각 1점을 획득한다. 양측에서 정면 결전이 발생하지 않아 전쟁터에서 물러나면 양측의 주사령관은 모두 점수를 획득하지 못한다. 전투가 진행 중인데 한 측의 주사령관이 다른 사람으로 교체되면 전후 주사령관의 구체적인 작용이 얼마나 크고 작았는지에 따라 누가 점수를 얻는지가 결정된다.

다섯째, 추가 점수 획득 기준을 확정하였다. 만약 특대형 전투에 참여하였다면 승리한 측의 주사령관이 2점을 추가 획득한다. 승부가 가려지지 않는다면 양측의 주사령관이 각 1점씩 추가 획득한다. 이 외 군사이론소양방면을 중시한다는 점을 드러내기 위해 한 측의 주사령관이 군사이론방면에서 가치 있는 전문 저서(병법이론, 병법주석, 군대훈련, 군사보장, 군사조령 등을 포함)를 작성하였다면 저작물 하나에 대해 1점씩 추가한다.

여섯째, 삼국시기의 각급 군사전략가를 선발하였다. 삼국시기의 군사전략가는 3개 등급으로 나뉜다. 낮은 등급부터 높은 등급까지 순차적으로 '군사전략가', '우수군사전략가', 그리고 '걸출군사전략가'로 나누었다. 지금까지 전투에 참여한 작전 득점과 상술한 득점을 합해 '군사전략가'의 총득점은 최소 6점에 이르러야 한다. '우수군사전략가'의 총 득점은 최소 8점에 이르러야 한다. '걸출군사전략가'의 총득점은 최소 10점에 이르러야 한다.

일곱째, 중대한 전투가 발생했을 때 전투의 진행에 대해 비준과 지시를 내린 적이 있지만 1선 전쟁터에 가지 못하고 구체적인 지휘를 진행한 후방 군주는 해당 전투에 참여한 득점을 얻지 못한다. 하지만 만약 군주가 직접 1선 주사령관이 되어 전쟁터에서 지휘를 한 경우 해당 전투에서 득점을 할 수 있다.

여덟째, 중대 전투에서 주사령관을 위해 책략을 내놓고 그 책략이 눈에 띄는 효과를 발휘한 신하는 단독 유형으로 분류하여 '책략가'의 후보자로 심사를 진행한다.

아홉째, 중대 전투에서 주사령관의 지령을 받아 작전에 참여하거나 국부성 전투에서 단독으로 하나의 군대를 통솔하여 용감하게 적진에 돌진하여 여러 번 승리를 한 장수는 단독 유형으로 분류하여 '호장', '효장' 혹은 '명장'으로 분류하여 심사를 진행한다.

이상의 아홉 가지 기준 중에서 1~6번째 조항은 정식 심사 기준이며 7~9번째는 부가 심사 설명이다.

조위 합비 신성 군사 진영 유적에서 출토된 공성 당차 조각

2. 삼국 시기의 대형, 특대형 전투 및 주사령관의 득점

〈삼국지〉 등 여러 믿을만한 역사 서적들의 자료에 의거하여, 일정시한 내의 삼국시기 대형전투와 특대형전투 그리고 그 승부결과와 주사령관의 득점을 확정하였다. 또한 〈자치통감(資治通鑒)〉에서 기재된 시간을 선후로 서기년도를 표시하였다. 표 안에 기입한 92번의 전투는 그 지속시간의 길고 짧음에 상관없이 전투가 종료되었을 때의 연도를 기준으로 기입하였다.

번호	전투명	종료시기	양측의 주사령관 이름	등급	결과 및 득점
1	산조전투 (酸棗之戰)	190년	원소/동탁	특대형	각자 퇴각하여 득점 없음
2	노양전투 (魯陽之戰)	190년	손견/동탁	대형	각자 퇴각하여 득점 없음
3	양현전투 (梁縣之戰)	191년	손견/서영	대형	서영 승/2점 획득
4	대곡전투 (大穀之戰)	191년	손견/동탁	대형	손견 승/2점 획득
5	동광전투 (東光之戰)	191년	공손찬/ 청주 황건 우두머리	대형	공손찬 승/2점 획득
6	양양전투 (襄陽之戰)	191년	유표/손견	대형	유표 승/2점 획득
7	중모전투 (中牟之戰)	192년	우보/주준	대형	우보 승/2점 획득
8	계교전투 (界橋之戰)	192년	원소/공손찬	대형	원소 승/2점 획득
9	동평전투 (東平之戰)	192년	청주 황건 우두머리/ 유대	대형	황건 우두머리 승/ 2점 획득
10	수장전투 (壽張之戰)	192년	조조/ 청주 황건 우두머리	대형	조조 승/2점 획득
11	장안전투 (長安之戰)	192년	이각/여포	대형	이각 승/2점 획득

12	봉구전투 (封丘之戰)	193년	조조/원술	대형	조조 승/2점 획득
13	수춘전투 (壽春之戰)	193년	원술/진온	대형	원술 승/2점 획득
14	업현전투 (鄴縣之戰)	193년	우독/원소	대형	우독 승/2점 획득
15	조가전투 (朝歌之戰)	193년	원소/우독	대형	원소 승/2점 획득
16	팽성전투 (彭城之戰)	193년	조조/도겸	대형	조조 승/2점 획득
17	계현전투 (薊縣之戰)	193년	공손찬/유우	대형	공손찬 승/2점 획득
18	장평관전투 (長平觀之戰)	194년	이각/마등	대형	이각 승 2점 획득
19	복양전투 (濮陽之戰)	194년	조조/여포	대형	무승부/각 1점씩 획득
20	정도전투 (定陶之戰)	194년	조조/여포	대형	조조 승/2점 획득
21	옹구전투 (雍丘之戰)	194년	조조/장초	대형	조조 승/2점 획득
22	우저전투 (牛渚之戰)	195년	손책/유요	대형	손책 승/2점 획득
23	노현전투 (潞縣之戰)	195년	염유/추단	대형	염유 승/2점 획득
24	포구전투 (鮑丘之戰)	195년	국의/공손찬	대형	국의 승/2점 획득
25	여남전투 (汝南之戰)	196년	조조/하의	대형	조조 승/2점 획득
26	완현전투 (宛縣之戰)	197년	장수/조조	대형	장수 승/2점 획득
27	하비전투 (下邳之戰)	197년	여포/원술	대형	여포 승/2점 획득
28	안중전투 (安眾之戰)	198년	조조/장수	대형	조조 승/2점 획득
29	하비전투 (下邳之戰)	198년	조조/여포	대형	조조 승/2점 획득

30	역경전투 (易京之戰)	199년	원소/공손찬	대형	원소 승/2점 획득
31	환현전투 (皖縣之戰)	199년	손책/유훈	대형	손책 승 2점 획득
32	사선대전 (沙羨之戰)	199년	손책/황조	특대형	손책 승/4점 획득
33	관도대전 (官渡之戰)	200년	조조/원소	특대형	조조 승/4점 획득
34	성도전투 (成都之戰)	201년	유장/조위	대형	유장 승/2점 획득
35	평양전투 (平陽之戰)	202년	종요/흉노족 남단우	대형	종요 승/2점 획득
36	업현전투 (鄴縣之戰)	204년	조조/원상	대형	조조 승/2점 획득
37	유성대전 (柳城之戰)	207년	조조/오환족 답돈	특대형	조조 승/4점 획득
38	면구전투 (沔口之戰)	208년	손권/황조	대형	손권 승/2점 획득
39	적벽대전 (赤壁之戰)	208년	주유/조조	특대형	주유 승/4점 획득
40	강릉대전 (江陵之戰)	209년	주유/조인	특대형	주유 승/4점 획득
41	동관대전 (潼關之戰)	211년	조조/마초	특대형	조조 승/4점 획득
42	유수전투 (濡須之戰)	213년	조조/손권	대형	각자 퇴각하여 득점없음
43	성도대전 (成都之戰)	214년	유비/유장	특대형	유비 승/4점 획득
44	형주삼군전투 (荊州三郡之戰)	215년	여몽/관우	대형	여몽 승/2점 획득
45	한중대전 (漢中之戰)	215년	조조/장노	특대형	조조 승/4점 획득
46	합비대전 (合肥之戰)	215년	장료/손권	특대형	장료 승/4점 획득
47	유수전투 (濡須之戰)	217년	조조/손권	대형	각자 퇴각하여 득점 없음

48	정군산대전 (定軍山之戰)	219년	유비/하후연	특대형	유비 승/4점 획득
49	한중대전 (漢中之戰)	219년	조조/유비	특대형	각자 퇴각하여 득점 없음
50	번성대전 (樊城之戰)	219년	관우/조인	특대형	관우 승 4점 획득
51	강릉대전 (江陵之戰)	219년	여몽/관우	특대형	여몽 승/4점 획득
52	이릉대전 (夷陵之戰)	222년	육손/유비	특대형	육손 승/4점 획득
53	동구전투 (洞口之戰)	222년	조휴/여범	대형	무승부로 각자 1점씩 획득
54	유수전투 (濡須之戰)	223년	주환/조인	대형	주환 승/2점 획득
55	강릉전투 (江陵之戰)	223년	주연/조진	대형	무승부로 각자 1점씩 획득
56	남중전투 (南中之戰)	225년	제갈량/옹개	대형	제갈량 승/2점 획득
57	가정대전 (街亭之戰)	228년	장합/제갈량	특대형	장합 승/4점 획득
58	석정대전 (石亭之戰)	228년	육손/조휴	특대형	육손 승/4점 획득
59	진창전투 (陳倉之戰)	228년	학소/제갈량	대형	학소 승/2점 획득
60	무도 음평전투 (武都 陰平之戰)	229년	제갈량/곽회	대형	제갈량 승/2점 획득
61	기산전투 (祁山之戰)	231년	제갈량/사마의	대형	제갈량 승/2점 획득
62	여강전투 (廬江之戰)	232년	육손/만총	대형	각자 퇴각하여 득점 없음
63	합비신성전투 (合肥新城之戰)	233년	만총/손권	대형	만총 승/2점 획득
64	합비신성대전 (合肥新城之戰)	234년	만총/손권	특대형	각자 퇴각하여 득점 없음
65	오장원대전 (五丈原之戰)	234년	제갈량/사마의	특대형	각자 퇴각하여 득점 없음

66	무릉군전투 (武陵郡之戰)	234년	반준/ 무릉만족 우두머리	대형	반준 승/2점 획득
67	요수전투 (遼隧之戰)	237년	공손찬/관구검	대형	공손찬 승/2점 획득
68	양평대전 (襄平之戰)	238년	사마의/공손연	특대형	사마의 승/4점 획득
69	교주전투 (交州之戰)	·240년	여대/요식	대형	여대 승/2점 획득
70	작피전투 (芍陂之戰)	241년	왕릉/전종	대형	왕릉 승/2점 획득
71	번성전투 (樊城之戰)	241년	사마의/주연	대형	각자 퇴각하여 득점 없음
72	한중대전 (漢中之戰)	244년	왕평/조상	특대형	각자 퇴각하여 득점 없음
73	강릉전투 (江陵之戰)	250년	왕창/시적	대형	왕창 승/2점 획득
74	백척대전 (百尺之戰)	251년	사마의/왕릉	특대형	사마의 승/4점 획득
75	동흥대전 (東興之戰)	252년	제갈각/왕창	특대형	제갈각 승/4점 획득
76	남안전투 (南安之戰)	253년	강유/진태	대형	각자 퇴각하여 득점 없음
77	합비신성대전 (合肥新城之戰)	253년	사마부/제갈각	특대형	사마부 승/4점 획득
78	항현대전 (項縣之戰)	255년	사마사/관구검	특대형	사마사 승/4점 획득
79	도서전투 (洮西之戰)	255년	강유/왕경	대형	강유 승/2점 획득
80	적도전투 (狄道之戰)	255년	강유/진태	대형	무승부/각 1점 획득
81	단곡전투 (段穀之戰)	256년	등애/강유	대형	등애 승/2점 획득
82	양연전투 (陽淵之戰)	256년	주태/주이	대형	주태 승/2점 획득
83	여장전투 (黎漿之戰)	257년	석포/주이	대형	주태 승/2점 획득

84	수춘대전 (壽春之戰)	258년	사마소/제갈탄	특대형	사마소 승/4점 획득
85	심령전투 (沈嶺之戰)	258년	사마망/강유	대형	각자 퇴각하여 득점 없음
86	후화전투 (侯和之戰)	262년	등애/강유	대형	등애 승/2점 획득
87	관구전투 (關口之戰)	263년	종회/부첨	대형	종회 승/2점 획득
88	면죽대전 (綿竹之戰)	263년	등애/제갈첨	특대형	등애 승/4점 획득
89	수안전투 (永安之戰)	264년	라헌/육항	대형	각자 퇴각하여 득점 없음
90	교지전투 (交阯之戰)	271년	도황/양직	대형	도황 승/2점 획득
91	서릉전투 (西陵之戰)	272년	육항/보천	대형	육항 승/2점 획득
92	판교대전 (板橋之戰)	280년	왕혼/장제	특대형	서진 왕혼 승/ 점수에 포함되지 않음

3. 군사 저작을 쓴 주사령관 및 추가점수

본 절에서는 앞 표에서 언급한 참전 주사령관 중 가치 있는 전문 군사 저작물을 쓴 자들의 우위를 가리고 점수를 책정할 것이다. 책 이름과 권 수는 약간 다르지만 실질적으로 동일 서적을 저작한 사람은 한 종류의 저작으로 간주하고 계산하였다. 이러한 군사 저작물을 기재한 주요 역사 서적에 대해서는 진수의 〈삼국지〉 등 여러 권을 포함하여 모두 명기하였다. 점수를 획득한 주사령관의 이름 순서는 앞 표에 나타난 순서를 기준으로 하였다.

순서	성명	저작 명칭	저작물의 유래 근거	점수 획득
1	조조	《손무병법십삼편주(孫武兵法十三篇注)》2권	1. 《삼국지(三國志)》 2. 《수서(隋書)》 3. 《구당서(舊唐書)》	1
2	조조	《태공음모해(太公陰謀解)》3권	1. 《수서(隋書)》 2. 《통지(通志)》	1
3	조조	《병서접요(兵書接要)》10권	1. 《삼국지(三國志)》 2. 《수서(隋書)》	1
4	조조	《군령(軍令)》8권	1. 《수서(隋書)》 2. 《통전(通典)》 3. 《태평어람(太平禦覽)》	1
5	제갈량	《병요(兵要)》1편	1. 《삼국지(三國志)》 2. 《통전(通典)》 3. 《태평어람(太平禦覽)》	1
6	제갈량	《전운(傳運)》1편	1. 《삼국지(三國志)》	1
7	제갈량	《군령(軍令)》3편	1. 《삼국지(三國志)》 2. 《북당서초(北堂書鈔)》 3. 《태평어람(太平禦覽)》	1
8	제갈량	《팔진도(八陣圖)》	1. 《삼국지(三國志)》 2. 《통지(通志)》	1
9	제갈량	《병법(兵法)》5권	1. 《수서(隋書)》	1
10	왕창	《병서(兵書)》10여권	1. 《삼국지(三國志)》	1
11	왕릉	《손자병법집해(孫子兵法集解)》1권	1. 《수서(隋書)》 2. 《통지(通志)》	1

4. 삼국시기 참전 주사령관 총 점수표

여기서는 앞서 나열한 삼국시기 참전 주사령관의 총 점수를 높은 인물부터 표기하도록 하겠다. 같은 점수를 얻은 자는 앞의 2번째 표에서 나타난 순서대로 배열하였다. 명확한 성명을 모르는 황건군 주사령관은 점수를 책정하지 않았다.

순서	성명	실전 점수	저작 점수
1	曹操	35	4
2	諸葛亮	6	4
3	孫策	8	0
4	周瑜	8	0
5	劉備	8	0
6	陸遜	8	0
7	司馬懿	8	0
8	鄧艾	8	0
9	袁紹	6	0
10	呂蒙	6	0
11	李傕	4	0
12	公孫瓚	4	0
13	張遼	4	0
14	關羽	4	0
15	張郃	4	0
16	諸葛恪	4	0
17	司馬孚	4	0
18	司馬師	4	0
19	州泰	4	0
20	司馬昭	4	0
21	呂布	3	0
22	王淩	2	1
23	王昶	2	1
24	薑維	3	0
25	徐榮	2	0
26	孫堅	2	0
27	劉表	2	0
28	牛輔	2	0
29	袁術	2	0
30	於毒	2	0

31	閻柔	2	0
32	鞠義	2	0
33	張繡	2	0
34	劉璋	2	0
35	鍾繇	2	0
36	孫權	2	0
37	朱桓	2	0
38	郝昭	2	0
39	滿寵	2	0
40	潘濬	2	0
41	公孫淵	2	0
42	呂岱	2	0
43	鍾會	2	0
44	陶璜	2	0
45	陸抗	2	0
46	曹休	1	0
47	呂範	1	0
48	朱然	1	0
49	曹真	1	0
50	陳泰	1	0

5. 삼국시기 군사전략가의 등급 명단 및 초기 결론

앞 문장에서 확정한 심사 기준과 총 점수에 따라 삼국시기의 3개 등급의 군사전략가는 총 10명이다. 앞 표의 참선 주사령관의 총 수 50명의 5분의 1이 되는 숫자이다. 명단은 다음과 같다.

총 점수가 10점을 초과하는 걸출 군사전략가 2명: 조조, 제갈량

총 점수가 8점을 초과하는 우사 군사전략가 6명: 손책, 주유, 유비, 육손, 사마의, 등애

총 점수가 6점을 초과하는 군사전략가 2명: 원소, 여몽

이 중, 조위에 3명의 군사전략가가 있었다. 걸출 군사전략가 조조, 우수 군사전략가 사마의, 등애가 바로 조위 소속 군사전략가들이다. 촉한에는 2명의 군사전략가가 있었다. 걸출 군사전략가 제갈량과 우수 군사전략가 유비이다. 손오에는 4명이 있었다. 우수 군사전략가 손책, 주유, 육손, 군사전략가 여몽이다.

위 10명의 명단을 들여다보면 다음과 같은 결론을 얻을 수 있다.

첫째, 이 명단의 인물 선발은 이전의 비과학적인 기준으로 진행했던 심사와는 다르게 객관적이고 믿을만한 수치를 근거로 하였다. 게다가 등급 구분도 명확하다.

둘째, 명단에서 1위를 차지한 조조는 실전 점수가 다른 주사령관에 비해 월등히 뛰어날 뿐만 아니라 저술한 군사 저작물에서도 무척 뛰어난 모습을 보인다. 이에 대적할 만한 사람은 제갈량뿐이다. 이로 인해 조조는 문무를 겸비한 삼국시기의 최고 군사전략가라고 할 수 있겠다. 조조가 다른 인물들보다 뛰어난 점수를 얻을 수 있었던 이유는 그의 군사 생애가 상당히 길고 참여한 전투가 상당히 많아 다른 인물들보다 계산의 기초수가 컸기 때문이다. 또 하나의 이유는 그에게 비록 전투의 패배, 심지어 아주 큰 패전 기록이 있지만 전체 승률이 무척 높았기 때문이다.

셋째, 2위를 기록한 제갈량은 군사 저작에서 높은 점수를 얻었다. 그는 조조와 다르게 병법과 군령 두 방면에서 여러 가지 건설적인 저작물들을 남겼고, 군사의 후방근무와 군대 훈련 방면에서도 독창적인 지도 문헌을 남겼다. 촉한 군대는 북벌을 진행하던 시기에 반드시 험난한 진령산 구역을 통과하여 후방에서 물자를 운반해야만 했다. 촉한의 군대는 전반적인 숫자 면에서 조위를 이길 수 없었고, 매우 강

한 전투력을 지닌 기병을 가지고 있었지만 병력이 상대방에 비해 극히 적었다. 이러한 극악한 상황에서 북벌을 통솔하는 주사령관으로서 제갈량은 전방의 물자 공급을 보장하기 위해 반드시 군사의 후방기지 운송수단에 대해 신중히 고려해야만 했다. 동시에 군대의 훈련에서도 새로운 방법을 강구해 군대의 질을 우세 삼아 수량의 약세를 극복해 내야만 했다. 그야말로 그는 삼국시기의 군사 논술 영역에서 가장 광범위한 영역에서 우수했던 걸출 군사전략가라고 할 수 있겠다.

넷째, 삼국 군사전략가 중, 손오에서 배출한 인물들의 수가 4명으로 가장 많았다. 손책, 주유, 육손과 여몽 4명의 주사령관은 공통적인 특징이 있는데 모두 대승리를 거둔 적이 있고, 대패배를 겪은 적이 없는 모두 휘황찬란한 전적을 가지고 있는 장수들이라는 점이다. 아쉽게도 육손 외에 다른 3명은 모두 젊은 나이에 세상을 떠났고 더 많은 혁혁한 전공을 세우지 못했다. 그렇지 않았다면 삼국 시기의 걸출 군사전략가라는 최고 지위는 그들이 차지하게 되었을 것이다.

손오에서 배출한 군사전략가가 가장 많은 데에는 깊은 원인이 있다. 바로 손권이 세상에 살아 있을 때 특히 그의 전반생에 인재를 알아보는 혜안이 있어 그들에게 그들의 군사적 재능을 펼칠 기회와 공간을 충분히 주었다는 점이다. 그리하여 주유, 육손, 여몽은 혁혁한 공훈을 성취할 수 있었던 것이다. 수하에 통솔력을 갖춘 인재들이 많았기 때문에, 손권은 자신이 직접 주사령관으로 참전할 수 있는 기회가 적었다. 그리하여 손권은 작전 방면에서 조조, 유비 두 사람보다 높은 점수를 얻지 못했던 것이다. 이는 사실 그가 군사적으로 무능해서 그런 것이 아니라 그가 인생의 전반에서 군사 인재를 누구보다 잘 사용하였기 때문인 것이다.

제21장
삼국 연호에 포함되어 있는 흥미로운 비밀

중국 고대의 연호는 서한 무제 때부터 정식으로 사용되기 시작하여 청조가 멸망할 때까지 고대 중국에서 2천여 년 동안 사용하였으며 심지어 외국에도 전파되었다. 연호의 가장 흔한 용도는 당연히 연도를 표시하는 것이다. 하지만 연호는 연도를 표기하는 수단일 뿐만 아니라 일종의 중요한 정치적 선포이자, 일종의 특수한 문화적 상징이기도 했다. 삼국의 연호도 바로 이러했다. 그렇다면 삼국의 연호에 숨겨져 있는 정치와 문화 방면의 흥미로운 비밀은 무엇일까? 함께 깊이 파헤쳐 보도록 하자.

삼국의 연호는 총 다음 34개가 있었다.

조위 11개 : 연강(延康), 황초(黃初, 이상 조비), 태화(太和), 청룡(靑龍), 경초(景初, 이상 조예), 정시(正始), 가평(嘉平, 이상 조방), 정원(正元), 감로(甘

성도 무후사 박물관에서 출토된 촉한 연희16년 글자 벽돌

露, 이상 조모), 경원(景元), 함희(咸熙, 이상 조환)

촉한 54개: 장무(章武, 이상 유비), 건흥(章武), 연희(延熙), 경요(景耀), 염흥(炎興, 이상 유선)

손오 18개 : 황무(黃武), 황룡(黃龍), 가화(嘉禾), 적오(赤烏), 태원(太元), 신풍(神鳳, 이상 손권), 건흥(建興), 오봉(五鳳), 태평(太平, 이상 손량), 용안(永安, 이상 손휴), 원흥(元興), 감로(甘露), 보정(寶鼎), 건형(建衡), 봉황(鳳凰), 천책(天册), 천새(天璽), 천기(天紀, 이상 손호)

수적인 면으로 보았을 때 3개의 왕조 중 촉한은 연호가 5개로 가장 적다. 반면 손오는 18개로 가장 많다. 3개 왕조의 군주 중 유비가 가장 적은 사람 중 한 명이며, 손호는 8개로 가장 많다. 손호는 삼국 시기의 가장 어리석고 포악한 군주였는데 연호를 가장 빈번하게 바꾸었다. 글쓴이의 저작 〈성도 학자의 멋진 삼국〉에서 연호를 빈번하게 바꾼 정치적 폐단 문제에 대해 상세하게 언급해 놓았으니 참고하길 바란다.

이상의 34개 연호의 명명 기인은 모두 다음 5가지 부류로 나뉜다.

성도 무후사 박물관에서 출토된 손오 봉황 원년 글자 벽돌

조위 합비 신성 군사 진영 유적에서 출토된 성을 방어하는 데 쓰였던 뇌석

첫 번째 부류, 새로운 왕조 건립의 선포이다. 이에는 총 4가지 연호가 있다. 조비의 황초, 유비의 장무, 손권의 황무, 황룡이다.

두 번째 부류, 황제를 계승하여 등극한 것이다. 이에는 총 6가지 연호가 있다. 조모의 정원, 조환의 경원, 유선의 건흥, 손량의 건흥, 손휴의 영안, 손호의 원흥이다.

세 번째 부류, 상서로운 물건의 출현 때문이다. 이에는 총 13개가 있다. 조예의 청룡, 조모의 감로, 유선의 경요, 손권의 가화, 적오, 신봉, 손량의 오봉, 손호의 감로, 보정, 봉황, 천책, 천새, 천기가 있다.

네 번째 부류, 상서로운 장래에 대한 바람이다. 이에는 총 8개가 있다. 조비의 연강, 조예의 태화, 조방의 가평, 조환의 함희, 유선의 연희, 염흥, 손권의 태원, 손량의 태평, 손호의 건형이 있다.

다섯 번째 부류 현행역법의 교체로 인한 연호이다. 이에는 총 2개가 있는데 이에는 조예의 경초, 조방의 정시가 포함된다.

그중 소위 상서로운 물건의 출현으로 연호를 바꾼 세 번째 부류의 수량이 가장 많은데 총 13개나 된다. 손호가 재위하던 시기 8개의 연호 중 6개가 이 부류에 속하며, 이 부류의 연호가 총 숫자에서 차지하는 비중이 반이나 된다. 반면 강렬한 풍자의 의미가 있는 것이 손호가 재위하던 기간 동안 국민들의 생활이 가장 비참하고 어려웠었다.

다섯 개 부류의 연호 중 첫 번째 부류인 '새로운 왕조 건설의 선포'가 가장 주의해서 볼만한 가치가 있다. 왜냐하면 이것은 당시 유행하던 일종의 정치 문화 이론인 '오덕종시(五德終始)'와 밀접한 관련이 있기 때문이다.

소위 '오덕'은 목화토금수 오행의 특성이다. 이곳의 덕은 품성의 의미이다. 고대 중국의 선민들은 목화토금수는 물질세계를 구성하는 요소이며 인류 생활에 필요한 다섯 가지 기본 요소의 공급이라고 여겼다. 오행의 특성은 모두 다른데 상생과 상극 두 개의 관계가 있다. 목재를 화염으로 태우고 화염이 잿더미 즉 진흙을 만들어낸다. 토층에 섞여 있는 광석이 금속을 만들어 내고 금속이 녹아 물과 같은 액체 상태가 된다(혹은 수증기가 차가운 금속 위에 응결한 물방울). 그리고 물은 수목을 자라게 한다. 이렇게 서로 상생하며 순환하는 것이다. 이것은 본래 중국 고대 선민들이 오랫동안 실제 생활을 통해 얻은 체험이자, 물질 세계의 일종의 원시적인 인식이었다. 하지만 선진시기부터 이 오행지설은 점점 현실의 정치와 결합되기 시작하였다. 동한 시기에 이르러 저명한 사학자 반고는 〈한서〉에 인용된 〈세경〉에는 이미 이러한 결합을 완전히 하고 계통화하여 소위 '오덕종시'라는 이론을 형성하였다. 게다가 현실의 정치와 문화에 깊고 넓은 영향을 미쳤다. 삼국은 이러한 이론이 사회에 유행했던 시기였다.

〈세경〉은 '오덕종시' 방면의 내용을 기술함에 있어 다음과 같은 핵심 내용을 포함하였다.

첫째, 중국 고대의 군주와 왕조를 연도별로 배열한 뒤 상생의 관계로 '오덕'을 하나하나 짝을 지었다.

둘째, 군주 첫 번째 위치에 배열한 복희씨는 태호제라고도 불렸는데 그와 대응하는 것은 '목덕'이었다. 그 이유는 첫 번째 덕은 나무에서 시작하기 때문이었다.

셋째, 복희 이후 염제, 황제, 소호, 전욱 4명의 군주가 순서대로 화덕, 토덕, 금덕, 수덕과 어울려 첫 번째 '오덕'의 순환을 완성하였다.

넷째, 다음은 제곡, 당요, 우순, 하우, 상탕 5명의 군주가 두 번째 '오덕'의 순환을 완성하였다.

다섯째, 세 번째 순환은 주무왕이 건립한 주왕조에서 시작하였다. 주무왕은 목덕이었다. 주의할 것은 시기적으로 진시황이 창건한 진왕조에서 주왕조를 잇지 않고, 진왕조 이후에 유방이 창건한 한왕조가 화덕이 되었다는 것이다. 이에 대한 이유는 진나라 이전 장기적으로 주왕조에 속한 제후국들이 나중에 짧은 시간 동안 통일이 되었을지라도 이전의 귀속을 바꿀 수 없어 '천명을 받들어' 창건한 새로운 왕조라고 할 수가 없다는 것이다. 그래서 '오덕'의 정규 순열에 들지 못했던 것이다.

여섯째, 광무제 유수가 건립한 동한은 전체 한왕조의 중흥과 중건에 속하여 새로운 하늘의 명령의 행위가 아니었다. 그래서 여전히 화덕에 속하며 그 속성이 변하지 않았다.

일곱째, 전체 군주와 왕조의 정규적 순서는 광무제 유수까지만 기록되었다. 즉 '오덕종시'의 순환은 3번째 순환의 화덕까지였다는 것이다. 동한의 충성스러운 신하인 반고의 기록 중에는 이렇게 할 수밖에 없었던 원인에 대해 기록되어 있다. 먼저 한조의 국운이 오랫동안

이어지고 무궁하기를 희망하였기 때문에 영원히 화덕이 운행되어야 한다는 것이다. 그리고 자신도 이후의 왕조가 흥하고 쇠퇴할 것에 대해 예측을 할 수 없었다. 그가 생활하고 있었던 동한왕조까지밖에 알 수 없었던 것이다.

소위 '오덕종시'론이라는 것은 실질적으로 신흥 왕조를 위한 특히 한가 왕조를 위해 만들어진 '하늘의 명을 받들어 운을 행하다'라는 문장의 근거였음을 알 수 있다. 따라서 정권을 신성화하였던 사상 정치 이론이었던 것이다. 동한은 유가를 안으로 배웠다. 즉 참위지학이 이상하리만큼 유행하던 시대였다. 참위는 일종의 간단하고 신비로운 정치 예언이었다. 본래 일종의 생경하고 잡다하며 억지스러운 문자여서 완벽한 이론으로 기반을 다져줄 필요가 있었다. 〈세경〉에서 기재된 '오덕종시'론은 바로 이러한 시대적 배경 하에 나타난 것이다.

'오덕종시'론이 삼국 정치와 문화에 미친 영향해 대해서는 진수 〈삼국지〉의 내용에서 여러 차례 볼 수 있다. 앞서 언급했던 연호 중 첫 번째 부류인 '새로운 왕조 건립을 위한 선포'는 바로 이와 매우 밀접한 관계를 지니고 있는 것이다.

〈세경〉에서 확정된 순서에 따르면 한조에 대응하는 것은 화덕이다. 만약 한조의 명운이 다하여 천명이 새로운 왕조에게 강림했다면 이렇게 출현한 새로운 왕조는 당연히 토덕에 속해야 하는 것이었다. 전문적인 설법으로는 '이토덕왕' 즉 토덕을 갖추고 있는 군주가 천하에 강림하다라는 뜻이었다. 오행에는 또 5가지의 색깔을 가지고 있었는데, 목, 화, 토, 금, 수가 각각 청, 적, 황, 백, 흑에 속했다. 그래서 토덕에 대응하는 새로운 왕조는 당연히 황색을 자신의 정치 문화의 상징색으로 삼아야만 했다. 이러한 이론의 지도 아래 조비가 한을 대신하여 황제가 되었고 새로운 연호는 '황초'라고 정했다. 황초, 이에 대응하는 황색 토덕의 새로운 위나라 왕조 시작의 첫 페이지가 바로 여기서 시작된 것이었다. 이와 같이 손권은 강동에서 왕이 되어 자립을 한 뒤 연호를 '황무'라고 하였다. 황무, 토덕에 대응하는 새로운 오나라는 무력으로 천하를 정복할 것이다. 그 후 손권이 왕이 되었고 연호를 '황룡'이라고 하였다. 황룡, 토덕에 대응하는 새로운 오나라 왕조에 상서로운 황룡이 출현하여 하늘이 오나라 왕조의 황제야말로 진정한 명을 받은 천자라는 것을 암시했다는 것, 마치 황룡이 구천으로 날아올랐다는 것과 같은 것이다.

유비가 황제가 된 후 정식으로 확립한 국호는 진수 〈삼국지〉에 명확히 기재된 내용에 따르면 양한 왕조를 계승하는 '한'이었으며 '촉한'이 아니었다. '촉한'은 후세의 사람들이 동한왕조와 구별을 하기 위해 별도로 부른 칭호였다. 〈세경〉에서는 동한의 광무제 유수가 여전히 한조의 화덕에 해당한다고 확정하였다. 그렇다면 유비가 양한왕조를 계승하여 건립한 한조도 응당 화덕에 대응하며 변하지 않는 것이었다. 즉 계속해서 적색을 자신의 정치문화의 상징색으로 사용해야 한다는 것이다. 이로 인해, 조위, 손오는 모두 '황'이라는 글자를 혁신천명 정치 선포로 사용할 때 촉한의 유비는 이러한 시대적 흐름을 따르지 않고 '장무'로 황제가 된 후의 연호를 정하였다. '장무'는 무공으로 한나라 황실을 부흥시킨다는 것이다. 비록 자신의 정치 문화적 상징색을 언급하지는 않았지만 여전히 일종의 정치적인 선포를 한 셈이다. 이 외에도 촉한의 후주 유선의 '염흥'은 비록 '상서로운 미래를 위한 바람'이라는 부류에 속하지만 그중 '염'이라는 글자는 '화'라는 글자와 중첩이 된다. 즉 한조의 화덕을 대신해서 가리키는 것이다. 불에 다시 불을 더하여 국운이 더욱 창성하기를 희망한다는 뜻이었다.

연호 외에 동한 군대의 군장도 상징색인 홍색을 사용하였다. 예를 들어 〈후한서〉에 기재된 내용에 따르면 왕망 말년 유수가 병사를 일으켜 나라를 건국하였을 때 '강의(絳衣), 대관(大冠)'이라는 글자가 쓰여진 옷을 입고 있었는데, 진홍색의 옷과 군모로 군장을 하였다. 진수 〈삼국지〉에도 동한 말년 손권이 정권을 잡고 통치를 시작한 뒤 당시 그의 신분은 여전히 동한의 신하였고 그래서 그의 부하 장수 여몽의 군대가 모두 진홍색의 군장을 입었음을 기재하고 있다.

여기서 주의해야 할 것은 '오덕종시'로 확정된 왕조의 정치문화 상징색이 통상 새로운 왕조가 건립되는 초의 연호에만 사용되었다는 것이다. 건립 초, 정치적인 강렬한 선포를 한 뒤 그 후의 연호는 만약 다시 색깔과 관련이 있다면 이러한 상징색 이외에 상서로운 색을 결코 배척하지는 않았다. 예를 들어 위명제 조예의 '청룡', 오제 손권의 '적오'가 그러하다.

'오덕종시' 이론으로 확정된 정치 문화적 상징물, 상징색은 새로운 왕조가 건립되기 전 신하들이 여론을 만들어 군주에게 황제의 자리

마안산시 손오 적오 2년 옛 우물 유적

로 등극할 것을 권할 때 항상 언급되던 중요한 증거였다. 예를 들어 진수의 〈삼국지〉에서는 조비가 황제가 되기 전에 신하들이 그에게 황제로 등극할 것을 권하며 말하기를 '황가가 흥하고 적가가 쇠한다', '순은 토덕으로 요의 화덕을 계승하였고 오늘날 위도 토덕으로 한의 화덕을 계승한다' 등의 문구가 있었다. 손권이 황제가 되기 전에 그가 통제한 장강에서 어떤 사람이 장강에 황룡이 출현하였다고 보고한 적이 있었다.

하지만 재미있는 것은 촉한 신하들이 유비에게 황제에 등극하기를 권하며 언급하던 상서로움은 그 색채가 한조의 정치 문화 상징색인 적색이 결코 아니었다는 점이다. 동시에 신하들은 '오덕종시'의 순서에 따라 응당 적색을 대체하는 황색을 언급하였다. 예를 들어 '서남쪽에 황색 기운이 여럿 있어 높이 곧게 섰다', '황룡이 무양 적수에서 나타났다'등의 문장이었다. 그리고 유비는 이를 흔쾌히 받아들였다. 결코 이로 인해 의심을 하거나 항거를 하지 않았다. 이러한 표면적으로 모순처럼 보이는 현상도 곰곰이 생각해 볼 만한 가치가 있다. 보아하니 촉한 군신들은 자신의 정권이 한조를 계승하여 이어간다는 것을 인정하는 동시에 자신이야 말로 한조의 부흥자이자 갱신자라는 것을 표명했던 것이다.

사실 이러한 '오덕종시'론은 당시에 성행했을 뿐만 아니라 이후의 삼국 문화의 변화 발전 속에서 은연중에 감화되는 작용을 하였다. 예를 들어 후세의 문학 작품과 희곡 무대에서 자주 출현하는 관공, 즉 촉한 대장 관우는 어째서 붉은 얼굴을 하고 있었는지 학계는 이에 대해 여러 번 심층적인 토론을 한 적이 있었다. 하지만 '오덕종시'론으로 확정된 한조 정치 문화 상징색인 적색은 종종 사람들에 의해 주의를 받지 못하곤 했다. 한대에 적색은 한가 정통의 정치 문화 상징이었다. 그리고 정통의 충성스러움에 대해 또 사람들이 자주 사용하는 '적심'이라는 말은 충성스러운 말을 형용하는 단어이다. 그래서 〈삼국지〉 등 정사에서는 '적심'이라는 단어가 끊임없이 출현한다. 예를 들어 조조가 양봉에게 보내는 서신 속에서 '나는 장군의 이름을 오래 전부터 듣고 흠모해왔습니다. 항상 충성스러운 마음(적심)을 가지고 있었습니다.'라고 했다. 손권과 조비의 서신에서도 '나 손권은 당신을 향해 충성스러운 마음(적심)을 가지고 있어 그와 같은 생각을 감히 가지지 않습니다.'라고 하였다.

당시 소위 '적심'이라는 것은 오늘날 우리가 자주 말하는 '하나의 붉은 마음'이었다. 이러한 역사 문화 배경에서 관찰해 보면 후세의 소설에서 묘사하는 희곡 무대에서 특히 관공의 얼굴을 크고 붉은 얼굴로 묘사하는 것은 두 가지의 문화적 함의를 지닌다고 할 수 있겠다. 먼저 한조의 정통을 드러내며 관공이 한조에 속하며 다른 왕조에는 속하지 않는 용맹한 장군이라는 것을 드러내는 것이다. 동시에 관공의 품성을 드러내며 그는 누구와도 비교할 수 없는 충성스러운 마음을 가진 대장군이라는 점을 설명하는 것이다. 후세에 관우를 찬미하는 한 폭의 잘 쓰여진 대련이 있으니 함께 살펴보도록 하자.

> 푸른 등으로 청사를 보네, 손에는 청룡 언월도가 들려 있네
> (靑燈觀靑史, 手中靑龍偃月);
> 붉은 마음은 항상 붉은 황제를 보좌하니, 가랑이 밑으로 붉은 토끼가 바람을 쫓는 구나 (赤心輔赤帝, 胯下赤兔追風).

여기서 '붉음 마음은 붉은 황제를 보좌한다(赤心輔赤帝)'라는 시구는 바로 상술한 두 가지 정치 문화적 함의를 지닌 것을 간명하게 전달한 것이다.

제22장
삼국시기의 중요 관직에 대한 수첩

관리는 국가의 중요한 역량이다. 그래서 삼국을 이해하고 싶다면 반드시 당시의 중요 관직에 대해 이해할 필요가 있다. 만약 당신이 늠름하고 용맹한 명장 조운 조자룡을 좋아한다면 그가 맡고 있는 '정남장군'이라는 관직을 들어 보았을 것이다. 그렇다면 삼국시기에는 도대체 어떠한 중요 관직이 있었으며 그들은 또 무슨 일을 하였을까? 여기서는 삼국시대의 중요 관직에 대해 간명하고 실용적으로 소개하도록 하겠다. 후에 종류별로 찾아본다면 바로 그 관직에 대해 이해할 수 있게 될 것이다.

진수의 〈삼국지〉에서는 직관제도의 〈직관지(職官志)〉에 대해 전문적으로 소개한 적이 없어 후세 사람들이 삼국시기의 관직제도를 이해하는 데 있어 불편한 점이 많다. 후세 학자들 중 이 방면에 있어 보충을 한 자는 청나라 시대 홍이손인데 그의 저서 〈삼국직관표(三國職官表)〉에서는 자료를 가장 자세하게 수집하여 삼국 직권을 연구할 때 가장 좋은 참고 문헌이다. 하지만 홍씨의 저작 중에도 일부 오류들이 있다. 문자도 충분히 정제되어 있지 못하다. 아래에서는 그의 〈삼국직관표〉를 기반으로 중요한 군정 관리들을 선택하여 오류를 정정하고 정리한 뒤 적합한 해석을 더하여 삼국역사문화의 종사자와 애독자들에게 참고할 만한 자료를 마련하였다.

1. 중앙 정부 문직 관리 부분

상공과 삼공류(조위 9품 관제의 제 1품)

승상 – 모든 관리들의 우두머리이며 군주를 보좌하며 국가를 통치한다. 혹은 상국이라고도 불린다. 유비가 황제였을 때 제갈량이 승상이었다. 하지만 정식으로 승상 부서를 개설하지는 않고 국가 사무를 보았는데 이는 후주 유선이 즉위한 뒤였다. 조조는 위왕이 되었고 위왕의 나라에는 상국을 설치하였다. 조비가 한을 대체하여 황제가 되고 삼공제로 바꾸어 시행하게 되면서 상국을 취소하였다. 조휘 후기에 사마소가 정권을 잡게 되었고 다시 상국을 설치하고 사마소가 이 직무를 맡았다. 손오는 계속 승상을 설치하여 운영하였으며 손호 시기 좌승상, 우승상으로 나누어졌다.

다음은 각 공무를 처리하던 각종 관리들에 대한 설명이다.

태부– 군주를 보좌하며 군주의 지도 교사였다. 이 직무를 맡는 자는 나이가 많고 덕이 높은 원로였다.
사도 – 삼공 중 하나, 명의상의 집정대신으로 민정 사무를 주관하였다.
사공 – 삼공 중 하나, 명의상의 집정대신으로 수토공정 사무를 주관하였다.

전반적으로 삼공 직무의 설치 및 그 하속 관리들의 배치는 현존하는 사적에 기재된 내용에 의하면 조위 왕조가 가장 완벽하게 갖추어져 있었고 손오가 그 다음이었다. 촉한에서는 이 임무를 맡은 사람들이 극히 적었다.

구경류(조위 9품 관제에서 모두 제 3품에 속한다)

태상 – 조정의 예의, 제사, 천문 관찰, 황가릉원 및 중앙의 태학교육을 주관하였다.

광록훈– 황궁 안의 일을 주관하며 궁전 내에서는 군주 옆에서 지내며 군주를 수위하였다.

위위 – 황궁의 문과 황궁 중전당 외부의 순찰을 주관하였다.

태부– 황제가 타는 차와 말을 주관하였다.

정위 – 중대한 안건의 심판 및 지방 정부 안건을 주관하며 그중 의혹이 풀리지 않는 문제에 대한 최종 판결을 내렸다.

대홍려 – 각지의 제후들에게 토지를 분봉해 주는 일을 주관하고 사방에서 귀순한 소수 민족들을 접대하였다. 지방 군국 정부를 접대하고 중앙에 사람을 보내 인구, 경작 농지 등 통계 수치를 보고하는 일을 관리하였다.

종정– 황실 친인척 관련 사무를 주관하였다.

대사농 – 화폐, 금은, 양식, 면직물과 견직물의 수지 배치를 주관하였다. 전국 화폐, 양식 그리고 중요 물자의 총 관리자였다.

소부 – 황제 가정 구성원의 생활 서비스를 주관하였다. 의복, 음식, 용품, 보물, 장난감의 관리 공급 등을 주관하였다.

위의 구경 이외에 중앙 정부에는 두 개의 관련 기구가 더 존재하였다. 어사대와 부절대였다.

어사대 – 장관은 언사 중승이었으며 불법 관리들의 탄핵 조정 대회 시 예의 감독을 책임졌다. 조위 조정에서는 이름을 관정으로 바꾸었다. 어사대에는 란대령사가 있었는데 관리에게 수여하는 관직 인장을 제작하는 일을 담당하였다.

부절대 – 장관은 부절령이었으며 황제 전용 옥새, 호부, 죽사부, 절장 등 군권을 상징하는 특수 물품을 관리하는 일을 맡았다. 병마 징발을 할 수 있는 호부는 모두 두 부분으로 구성되어 있었다. 이 호부를 수여받은 자는 이 중 한 부분만을 받게 되는데 그중 남은 부분은 부절대에 보관되어 이후 대조할 수 있도록 준비해 두었다. 기타 징발과 관련된 죽사부는 좌, 우 두 부분으로 나누어져 있었는데, 이 죽사부를 수여받을 때는 왼쪽 부분의 반만 수여 받았고 오른쪽 부분의 반은 부절대에 이후 대조할 수 있도록 준비해 두었다.

특수유형

중서감 – 중서성의 장관으로 기밀 사무를 주관하여 군주가 군국 대사에 대한 결정을 내릴 수 있도록 보좌하였다. 조위 9품 관제에서는 제 3품이었다. 조조가 위왕이 되었을 때 비서령과 비서승을 설치하여 상서대에서 오는 기밀 공문을 처리하는 일을 담당하고 문서와 도서들을 겸임하여 관리하도록 하였다. 조비가 황제가 되었을 때 중서성을 설치하였고 장관을 중서감, 부장관을 중서령이라고 하였으며 원래 비서성에서 담당하던 기능을 맡고 전문적으로 군국기밀 문서들을 처리하는 일들을 담당하도록 하였다. 중서성은 정식으로 황제가 정책 결정권을 행사하는 일을 돕는 중추 기구였다.

중서령 – 중서성 부장관이다. 조위 9품 관제에서 제 3품이다.

중서시랑 – 황제의 공문서를 담당하였다. 조위 9품 관제에서 제 6품이었다. 간략히 줄여 중서랑이라고 불렸다.

비서감 – 비서성의 장관이다. 조비가 중서성을 설치하고 비서성이 담당했던 군국기밀 문건들을 처리하는 일을 하도록 했고, 비서성은 문서, 그림, 책을 관장하도록 한정하여 중앙의 문서관이자 도서관과 비슷한 기능을 하도록 했다. 조위 9품 관제에서 제 3품이었다. 하지만 촉한의 비서성은 군주를 대변할 수 있는 기능을 충당하여 조위의 후의 비서성과는 약간 다른 면이 있다.

시중– 황제의 시중장관으로 수시로 고문 응대를 해 주고 국가의 기밀 정책 결정에 참여하였다. 조위 9품 관제에서 제 3품에 해당하였다. 후에 문하성의 장관이 되었다.

산기상시 – 황제의 시종 부장관이었다. 조위에서 설치되었으며 시중과 같은 제 3품이었다.

급사황문시랑 – 황제의 주요 시종 관리였다. 시중을 도와 공무를 처리하였다. 조위 9품제에서 제 5품에 해당하였다.

상서령 – 상서대 장관으로 상서대 기구를 통솔하며 군국대사를 처리하였다. 조위 9품 관제에서 제 3품에 해당하였다.

상서부사 – 상서대 부장관이다. 조위에서는 좌, 우부사에 각 1사람씩 배치하였으며 좌부사 지위가 약간 더 높았다. 촉한에는 좌우를 나누지 않았다. 조위 9품 관제에서 제 3품에 해당한다.

상서– 상서대의 각 분지 기구의 책임 관리다. 조위에는 5조가 있었다. 이부조는 관리 선발과 임용을 주관하였다. 좌민조는 궁정의 수리 보수를 주관하였다. 객조는 외국사절단과 사방의 오랑캐들과 관련된 일을 주관하였다. 오병조는 각종 군대의 군무를 주관하였다. 도지조는 군국 비용의 지출을 주관하였다. 그중 이부상서의 지위가 가장 높았다. 조위 9품 관제에서 제 3품에 해당하였다.

상서랑 – 상서대 분지 기구의 주관 관리다. 조위 9품 관제에서 제 5품에 해당하였다.

녹상서사 – 일종의 매우 특수한 이름이다. 소수의 중요 대신에게만 수요되었다. 이 이름을 가지고 있는 자는 상서대의 모든 공무를 물을 수 있는 권리를 가지고 있어 실질적인 집정대신이었다. 자격과 경력이 약간 낮은 자는 '평상서사'라고 불렸다. 촉한의 마충, 제갈첨, 동궐, 손오의 유기, 고옹 등이 있었다.

기타류

집금오 – 황궁 외부의 순찰 경비 업무, 물과 불의 긴급 구조, 중앙 무기고 수위 등의 업무를 주관하였다. 조위 9품 관제에서 제 3품에 해당하였다.

대장추 – 황후궁의 사무 총괄자였다. 한대 황후가 '장추궁'이라고 전문적으로 칭하여 이로 인해 얻은 이름이다. 조위 9품 관제에서 제 3품에 해당하였다.

장락소부 – 황태후궁의 사무 총괄자였다. 한대 황태후가 '장락궁'이라고 전문적으로 칭하여 이로 인해 얻은 이름이다. 조위 9품 관제에서 제 3품에 해당하였다.

태자태부 – 황태자의 보조 교사였다. 조위 9품 관제에서 제 3품에 해당하였다.

광록대부 – 중앙 관리 중 하나로 도리를 논하는 간언을 하는 역할을 담당하였다. 조위 9품 관제에서 제 3품에 해당하였다.

2. 지방 정부 문직 관리 부분

사이교위 – 수도 소재주의 행정 장관이었다. 해당 주의 정무를 주관하며 수도 및 수도 주변 지역의 탄핵 신고 업무를 겸임하였다. 중앙과 지방 관리들의 불법행위를 통제하였으며 무척 큰 실권을 가지고 있었다. 조위 9품 관제에서 제 3품에 해당하였다.

주자사– 주정부의 행정장관이었다. 동한 전기와 중기 주의 성질은 감찰구에 속했고 행정구에 속하지는 않았다. 이때의 자사의 직책은 지역 내의 불법 관리와 민중들을 괴롭히는 독재 세력들을 순찰하고 신고하는 일을 담당하여 황제의 특파사자로서 활동하였다. 동한 말기, 주가 행정구역으로 개편되면서 자사는 한 주의 행정장관이 되었다. 조위 9품 관제에서 제 5품에 해당하였다. 경력과 자질이 깊거나 자사 중 공이 있는 자는 '주목'이라고 불렸고 등급도 이에 따라 상승되었다.

종사사– 주정부의 주요 부하였다. 간략히 종사라고 불렸다. 인원 수는 상황에 따라 결정되었다. 통상 치중(인사 관리), 별가(주장관을 모시고 외부 순찰하는 일을 담당), 부군국(각 군의 관리들을 감독) 등의 업무에 종사하였으며 여러 사무에 분리 배치되어 일을 하였다.

군태수– 군정부의 행정장관이다. 한 군의 정무를 주관하였으며 효렴을 추천하였다. 관례대로 봄마다 각 현을 순찰하며 농사와 양잠을 격려하고 빈곤한 백성들을 구제하였다. 가을과 겨울에는 범죄 안건을 심사하였다. 연말에는 전문 인원을 파견하여 중앙 정부에 밭, 호구, 전량수지, 도적 수량 등에 대한 통계 수치를 보고하였고 이러한 업무를 전문적으로 '상계'라고 칭하였다. 조위 9품 관제에서 제 5품에 해당하였다.

한 군이 만약 종실친왕의 봉토가 되었다면, 그 군은 이름을 '국'으로 개명하고 태수상도 이름을 '국상'으로 개명하였다. 부하 관리들의 배치와 명칭들도 약간 달라졌다.

이외 소수민족들이 집중된 지역에는 속국도위를 설치하여 '속국'이라고 간략히 칭하였고 그들의 직책은 군태수와 같았다.

연사 – 군정부의 주요 하급관리였다. 간략히 '연'이라고 불렸다. 통상 오관연(인사관리를 나누어 관리하고 또 '공조연'이라고도 칭하였다.), 오부독우(하급 각현의 관리들을 감찰하는 일), 상계연(수치를 중앙정부에 보고하는 일) 등이 있었다.

현령, 현장 – 현 정부의 행정 장관이다. 만호 이상은 대현으로 '령'이라고 칭하였다. 만호보다 적은 곳은 '장'이라고 칭하였다. 한 현의 정무를 주관하였으며 악을 징벌하여 선을 더욱 발전시켰다. 안건을 처리하고 빈곤에 빠진 백성들을 구제하였다. 매년 시기에 따라 군정부에 각 통계 수치를 보고하였다. 9품 관제에 따라 대현의 현령은 제6품에 속하였고 중소현의 현장은 제 7품 혹은 제 8품에 속하였다.

연사 – 현 정부의 주요 하급 관리도 연사라고 불렸다. 전반적으로 사읍 정부 기구와 비슷한 일을 하였다.

한 현이 종실공주의 봉토가 되면 명칭을 '읍'으로 개명하였다. 후작이 된 봉토는 이름을 '후국'으로 개명하였고 현 장관의 관직 이름도 '후상'으로 개명하였다.

소수 민족들이 집단 거주하는 현은 이름을 '도'로 개명하였다.

321

3. 중앙 계통 군사 장령 부분

상규군함류

대사마 – 최고급 군대계급으로 정벌을 관장하였다. 매우 특수한 지위가 수여된 장령이었다. 조위 9품 관제에서 제 1품에 해당하였다. 손오는 한 때 대사마를 좌, 우대사마로 나누었다. 만약 주연이 좌대사마였다면 전종이 우대사마였다. 오늘날 안휘성 마안산시의 손오 대장 주연묘에서는 주연이 생전에 사용한 목알이 출토되었다. 이는 후세의 대형 정식 명함에 해당하는 것으로 위에 주연이 맡고 있는 '좌대사마'라는 직함이 적혀 있었다.

마안산시 손오 주연묘에서 출토된 목알

주연묘에서 출토된 목알 문자 안내도

대장군- 대사마보다 낮은 고급군대계급으로 정벌을 관장하였다. 대사마가 상시 설치되어 있는 것이 아니었기 때문에 대장군은 통상 지위가 가장 높은 군함이었고 소위 '내조관'의 우두머리로 언제든지 황궁에 출입하여 황제를 볼 수 있고 나라와 군사 관련 중요 정책 결정에 참여할 수 있어 실질적인 지위가 무척 높았다. 조위의 9품 관제에서 제 1품에 해당하였다.

손오에는 대장군이 있었고, 또한 상대장군을 설치하여 육손, 여대가 이 직위를 맡았다. 상대장군은 대장군보다 지위가 높았다. 촉한 장완, 비의, 강유가 대장군을 맡은 적이 있었고 우대장군 염우도 있었다.

태위- 삼공의 우두머리로 형식적인 집정대신이었다. 군무를 분리하여 관리하였다. 하지만 실질적으로 군사적 실권을 많이 가지고 있지 않았다. 조위 9품 관제에서 제 1품에 해당하였다.

표기장군- 정벌을 관장하였다. 조위의 9품 관제에서 제 2품에 해당하였다.

차기장군- 정벌을 관장하였다. 조위의 9품 관제에서 제 2품에 해당하였다.

위장군- 정벌을 관장하였다. 조위의 9품 관제에서 제 2품에 해당하였다.

중군대장군- 정벌을 관장하였다. 조위에 설치되었으며 9품 관제 중 제 2품에 해당하였다.

진군대장군- 정벌을 관장하였다. 9품 관제에서 제 2품에 해당하였다.

무군대장군- 정벌을 관장하였다. 조위에 설치되었으며 9품 관제에서 제 2품에 해당하였다.

정동, 정남, 정서, 정북 사장군- 정벌을 관장하였다. 조위 9품 관제에서 제 2품에 해당하였다. 조위의 지역이 넓어 전투지역을 지휘하는 자는 그 전투지역 방위가 관례에 따라 그리고 직함 속에 가지고 있는 방위자에 들어 있는 함의와 부합하였다. 예를 들어 조위 정동장군은 통상 동남쪽의 회남 전투지역에 주둔하고 수위하는 역할을 담당하였고 정서장군은 통상 사방의 관중 전투지역 등에 주둔하고 수위하는 역할을 담당하였다.

진동, 진남, 진서, 진북 사장군 – 정벌을 관장하였다. 조위 9품 관제에서 제 2품에 해당하였다. 지위가 '사정' 다음이었다. 이 역할을 맡는 자의 방위자는 사정과 같았다.

안동, 안남, 안서, 안북 사장군 – 정벌을 관장하였다. 조위 9품 관제에서 제 3품에 해당하였다. 이 역할을 맡는 자의 방위자는 사정과 같았다.

평동, 평남, 평서, 평북 사장군 – 정벌을 관장하였다. 조위 9품 관제에서 제 3품에 해당하였다. 이 역할을 맡는 자의 방위자는 사정과 같았다.

이상 사정, 사진, 사안, 사평은 '정진안평'이라고 통칭하였다.

전, 후, 좌, 우 사장군 – 정벌을 관장하였다. 조위 9품 관제에서 제 3품에 해당하였다.

이상의 구급 장령들은 모두 자신의 부서와 각 부류의 부하들을 가지고 있었다. 이 외에도 다양한 종류의 장군들의 이름이 있는데 통칭하여 잡호장군이라 칭하고 하나하나 나열하지 않겠다.

이 외, 삼국의 군사 장령은 그 지위의 높고 낮음에 따라 장군, 중랑장, 교위, 도위 4개의 대 부류로 나뉘었다. 매 부류마다 그에 해당하는 명호가 있었다. 지금까지 나열했던 것은 장군 부류의 중요 직무들이었다.

경성금위군류

중령군 – 조위 경성금위군의 총지휘관이었다. 직접 경성금위군을 지휘하였다. 조조가 설치를 시작하였으며 9품 관제에서 제 3품에 해당하였다. 자질이 우수한 자는 영군장군이라고 칭하였다.

중호군 – 조위 경성금위군의 부총지휘관이었으며 군사장령의 선발과 임명 업무를 겸임하였다. 조위 9품 관제에서 제 4품에 해당하였다. 자질이 우수한 자는 호군장군이라고 칭하였다.

무위장군 – 경성금위군 장령 중 하나로 무위대영의 위사들을 통솔하였다. 황제를 따라다니며 수위하고 보위하였다. 조위 9품 관제에서 제 4품에 해당하였다.

중루장군 – 경성금위군 장령 중 하나로 무위대영을 통솔하였다. 조위 9품 관제에서 제 4품에 해당하였다.

둔기교위 – 경성금위군 장령 중 하나로 오교대영의 둔기분대를 통솔하였다. 조위 9품 관제에서 제 4품에 해당하였다.

보병교위 – 경성금위군 장령 중 하나로 오교대영의 보병분대를 통솔하였다. 조위 9품 관제에서 제 4품에 해당하였다.

월기교위 – 경성금위군 장령 중 하나로 오교대영의 월기분대를 통솔하였다. 조위 9품 관제에서 제 4품에 해당하였다.

장수교위 – 경성금위군 장령 중 하나로 오교대영의 장수분대를 통솔하였다. 조위 9품 관제에서 제 4품에 해당하였다.

사성교위 – 경성금위군 장령 중 하나로 오교대영의 사성분대를 통솔하였다. 조위 9품 관제에서 제 4품에 해당하였다.

전중장군- 궁정전당위대 지휘관이었다. 조위에서 설치하였으며 9품 관제에서 제 6품에 해당하였다.

성문교위- 수도의 성문을 수위하였다. 조위 9품 관제에서 제 4품에 해당하였다.

4. 지방계통 군사장령 부분

도위- 한 군에 한 사람, 큰 군에는 두 사람이 배치되었다. 해당 군의 치안부대를 통솔하여 도적에 대비하였다. 조위 9품 관제에서 제 5품에 해당하였다.

현위- 작은 현에는 한 사람, 큰 현에는 두 사람이 배치되었다. 본 현의 치안부대를 통솔하며 도적에 대비하였다. 조위 9품 관제에서 제 9품에 해당하였다.

5. 지방 계통 둔전 장령 부분

전농중랑장- 둔전관리의 명칭이다. 등급이 군태수에 상당하였다. 건안 원년(서기 196년) 조조가 광범위하게 설치하였으며 군사 편제로 둔전의 농민들을 강제적으로 관리하여 식량을 생산하여 군량의 공급을 보장하였다.

전농교위- 둔전관리의 명칭이다. 등급은 전농중장랑과 전반적으로 비슷하다.

전농도위- 둔전관리의 명칭이다. 등급은 현령 혹은 현장과 비슷하다.

6. 특수 군사 명호 부분

삼국시기의 군사 장령, 특히 고급 장령이 보유하고 있는 군사 명호는 세 가지 종류가 있었다.

첫 번째 종류는 상규성 명호다. 위에서 나열한 각종 직함은 주로 등급의 높고 낮음과 봉록의 많고 적음을 결정하였다.

두 번째 종류는 권위를 나타내는 특수성 명호로 그 명호를 가지고 있는 자의 사살권의 크고 작음을 표시하였다.

세 번째 종류는 지휘권한이 미치는 범위에 대한 특수성 명호로, 지휘 범위의 크고 작음을 표시하였다.

사지절, 지절, 가절- 즉결심판권(사살)의 특수성 명호였다. 절은 절장으로 죽간과 소의 꼬리로 만들어 황제가 부여한 특수 권위를 상징하였다. '사지절'은 중급 이하의 관리를 즉결심판할 수 있었다. '지절'은 평소 관직이 없는 자들을 즉결심판할 수 있었고 전쟁기간에는 중급 이하의 관리들을 즉결심판할 수 있었다. '가절'은 전쟁기간에만 군령을 위반한 자를 죽일 수 있었다. 여기서 '가(假)'의 뜻은 잠시 보유한다는 뜻이다. 위의 세 가지 종류의 명호를 가진 장령들은 당시 '절장'으로 불렸다. 이전 문장에서 언급한 안휘성 마안산시에서 출토된 손오 대장 주연의 생전 사용한 목알이 있었는데, 그 위에는 주연이 보유한 '가절'이라는 특수 군사 명호도 표시되어 있었다.

가황월, 가절월 - 즉결심판을 표시하는 명호 중 가장 특수한 두 종류다. 여기서 '가(假)'의 의미는 잠시 보유한다는 의미이다. '황월'은 황금을 사용하여 장식한 대부다. 원래는 황제의장대의 의장기물 중 하나다. '절월'은 절장과 황월을 합쳐 부른 것이다. 이 두 가지 명호를 가지고 있는 조정 중신은 모두 황제의 출정을 대표하는 것과도 같아, 앞서 언급한 세 가지 종류의 '절장' 중 군령을 위반한 자를 즉결심판할 수 있는 권리가 있었다.

도독- 지휘 권한이 미치는 범위를 표시하는 특수성 명호다. 만약 지휘 권한이 미치는 범위가 국부 지역뿐이라면 '도독모지제군사', 간략히 '도독모지'라고 불렸다. 예를 들어 '도독관중', '독한중'과 '독전부'가 있다.

도독중외제군사- 지휘 권한이 미치는 범위를 표시하는 명호 중 가장 특수한 종류이다. 이 명호를 가지고 있는 조정 대신은 경성에서 지방까지 모든 군대를 지휘할 수 있는 권리를 지닌다. 즉 전국 군대의 총사령관이 되는 것이다.

주요 참고 문헌

진수(陳壽)《삼국지(三國志)》, 중화서국, 1959년.
노필(盧弼)《삼국지집해(三國志集解)》, 중화서국, 1982년.
범엽(範曄)《후한서(後漢書)》, 중화서국, 1965년.
사마천(司馬遷)《사기(史記)》, 중화서국, 1959년.
반고(班固)《한서(漢書)》, 중화서국, 1962년.
방현령(房玄齡)등《진서(晉書)》, 중화서국, 1974년.
침약(沈約)《송서(宋書)》, 중화서국, 1974년.
상거(常璩)《화양국지(華陽國志)》, 유림주(劉琳注), 파촉서사, 1984년.
역도원(酈道元)《수경주(水經注)》, 진교역점교(陳橋驛點校), 상해고적출판사(上海古籍 出版社), 1990년.
허숭(許嵩)《건강실록(建康實錄)》, 장침석점교(張忱石點校), 중화서국, 1986년.
사마광(司馬光)《자치통감(資治通鑒)》, 중화서국, 1956년.
무월(繆鉞)《무월전집(繆鉞全集)》, 하북교육출판사, 2004년.
왕중락(王仲犖)《위진남북조사(魏晉南北朝史)》, 상해인민출판사, 1979년.
당장유(唐長孺)《위진남북조사론습유(魏晉南北朝史論拾遺)》, 중화서국, 1983년.
주일량(周一良)《위진남북조사찰기(魏晉南北朝史劄記)》, 중화서국, 1985년.
나홍증(羅洪曾)《위진남북조문화사(魏晉南北朝文化史)》, 사천인민출판사, 1989년.
담량소(譚良嘯)《삼국과학기술 성취 비밀의 탐구(三國科技成就探秘)》, 호북인민출판사, 2011년.

후기

본인은 30여 년이라는 오랜 시간 동안 성도 본토의 우수한 전통문화를 깊이 연구하고 적극 선양하였다. 이 책 원고의 출판은 이러한 노력의 마지막 총결이자 종합적 보고라고 할 수 있을 것이다.

이 책은 책의 항목을 세우고 출판하는 과정 속에서 성도시 위선전부로부터 지속적인 관심과 큰 지지를 받았다.

성도전매집단, 성도시대출판사와 성도무후사박물관도 출판 과정 속에서 적극적인 협력과 도움을 주었다.

성도무후사박물관 담양소(譚良嘯) 연구원은 특약 원고 심사 전문가로서 깊고 풍부한 학식과 소양, 그리고 책임의식을 가지고 원서 전서의 원고를 2번이나 세심하게 검수해 주었으며 자료의 수집과 감별, 판단에 대한 심사숙고와 정확성 그리고 내용의 충실성과 갱신 등 여러 방면에서 솔직하게 소중한 의견을 내주었다. 그는 원서의 전반적인 퀄리티 제고에 있어 아주 큰 역할을 해준 소중한 분이다. 지금 그는 다시 한번 특약 원고 심사 전문가 역할을 맡아 이 한국어판 〈학자의 눈으로 본 삼국지〉의 전체 원고에 대해 정확하고 세심한 심사를 해주었으며 중립적 입장에서 수정 의견을 여럿 제시해 주었다.

본 책의 전문판 원서는 작년 6월 성도시대출판사에 의해 정식으로 출판되었다. 이 책의 출판에 도움을 주신 모든 분들께 심심한 감사의 인사를 드린다.

본 작가는 비록 고희의 나이를 넘겼지만, "老驥伏櫪, 志在千裏(뜻이 있는 사람은 나이가 들어도 자신의 포부를 버리지 않는다)"라는 삼국의 명언을 믿으며 고향 성도의 문화 발전을 위해 노력을 게을리 하지 않을 것이다.

2016년 2월
중국 성도에서 작가

지은이

방북진(方北辰)

중국 성도 출생. 서안교통대학 전기공정계 본과를 졸업하였고, 사천대학 역사계 위진남북조사 연구생이 되었다. 역사학 박사를 취득하고 사천대학에서 교수를 역임하였으며, 국가급 명예 칭호인 '특출난 공헌을 한 중국 박사'라는 칭호를 얻어 국무원의 특수 보조금을 받았다. 중앙공영채널 중앙방송 백가강단 '삼국명장' 프로그램에서 강연을 하였다.

유럽과 한국에서 초청 학술 강연을 하였고 중국연수 미국 학자들을 지도하였다. 한성교원출판집단의 초청을 받은 수석 전문가이며 대형 도서 한문판 〈도문삼국연의〉의 편집, 출판을 지도하였다. 오랜 기간 동안 성도무후사박물관 학술위원으로 지냈으며 집필한 부문, 영련도 성도무후사박물관에 비치되어 있다.

저서

《위진남조강동세가대족술론(魏晉南朝江東世家大族述論)》(박사논문), 태북문진출판사, 1991년
《손권신전(孫權新傳)》, 태북세계문물출판사, 1989년
《사마의신전(司馬懿新傳)》, 태북국제문화출판회사, 1990년
《조비신전(曹丕新傳)》, 태북국제문화출판회사, 1991년
《원소신전(袁紹新傳)》, 태북국제문화출판회사, 1991년
《유비신전(劉備新傳)》, 태북군옥당출판회사, 1991년
《여포신전(呂布新傳)》, 태북국제문화출판회사, 1992년
《삼국지주역(三國志注譯)》(3권), 섬서인민출판사, 1995년
《삼국경쟁 묘책모음(三國競爭妙計錦囊)》, 대중문예출판사, 2005년
《삼국지전본신역주(三國志全本新譯注)》(3권), 섬서인민출판사, 2012년
《유비: '자주 패하던' 영웅(劉備 : "常敗"的英雄)》, 북경대학출판사, 2013년
《손권: 반만 뛰어난 군주(孫權 : 半生明主)》, 북경대학출판사, 2013년
《조비: 문학의 천재(曹丕 : 文豪天子)》, 북경대학출판사, 2013년
《원소: 서출의 맹주(袁紹 : 庶出的盟主)》, 북경대학출판사, 2013년
《여포: '무적'의 실패자(呂布 : "無敵"的失敗者)》, 북경대학출판사, 2013년
《사마의: 누가 삼국을 종료시켰는가?(司馬懿 : 誰結束了三國?)》, 북경대학출판사, 2013년
《삼국명장 – 한 역사학가의 랭킹(三國名將――個曆史學家的排行榜)》, 북경대학출판사, 2014년
《한 성도학자의 훌륭한 삼국(一個成都學者的精彩三國)》, 성도시대출판사, 2016년

감수

담양소(譚良嘯)

제갈량과 삼국문화의 연구에 40여 년을 몰두하여 왔는데 이에 적지 않은 공적과 영향을 갖고 있는 학자이다. 현재 성도(成都:청두)시 제갈량연구회의 부회장이며, 성도(成都:청두) 무후사박물관학술위원회 위원, 연구원이며 국무원의 특수수당이란 대우를 받고 있는 전문가이다. 중국 충칭(重慶)에서 태어났으며 사천대학 역사과를 졸업하였다. 가양매광자제학교에 배치되어 글을 가르쳤고, 1974년에 성도(成都:청두) 무후사로 재발령되었다. 2001년에 영령박물관의 관장으로 임명되었다.

저서로는 《방고화공명》, 《제갈량치촉》, 《팔진도와 무우류마》(논문집), 《천하영웅유비》, 《와룡부패-제갈량성공지미》, 《삼국문화고금담》, 《삼국시기과학기술탐구》, 《삼국연의대사전》(농백준〈沈伯俊〉과 합편) 등 십여 편이 있으며, 또 수십 편의 학술논문도 발표하였다. 한국어와 일본어로 번역된 그의 저작과 문장을 해외에서도 적지 않게 찾아 볼 수 있다.

옮긴이

김은주(金恩周)
한국 서울 출생, 한국 경희대학교 석사
중국 사천대학교 문학박사과정 재학중
현재 중국 사천외국어대학교 성도캠퍼스 한국어과 교수
중국 전자과기대학교 항공분원, 사천사범대학교 국제교육처 한국어 강사

〈김선생한국어〉 교재 시리즈 저자
중국현대문학연구 및 다수의 논문과 중국문학자료 번역

위조관(魏祖寬)
중국 사천 출생, 중국 절강대학교 학사
한국 인하대학교 박사, 인하대 강사
한국 KAIST방문학자 역임
현재 중국 전자과기대학교 교수
다수의 논문과 여행분야 관련 자료 번역

학자의 눈으로 본 三國志

초판 1쇄 발행 _ 2017년 11월 15일

역   자 · 김은주 · 위조관
발 행 인 · 정 현 걸
발   행 · 신 아 사
인   쇄 · 토탈프로세스
주   소 · 서울특별시 은평구 통일로 59길 4 2층(122-826)
전   화 · (02) 382-6411 팩스 · (02) 382-6401
홈페이지 · www.shinasa.co.kr
E-mail · shinasa@daum.net
출판등록 · 1956년 1월 5일(제9-52호)

ISBN: 978-89-8396-241-6 (03820)

정가 14,000원